U0804939

丽江文化系列丛书

三多文化文集

杨国清 主编

当代中国出版社
Contemporary China Publishing House
2020年·北京

图书在版编目(CIP)数据

三多文化文集 / 杨国清主编 . -- 北京 : 当代中国出版社, 2020.12

(丽江文化系列丛书)

ISBN 978-7-5154-1093-7

Ⅰ. ①三… Ⅱ. ①杨… Ⅲ. ①神—文化研究—丽江—文集 Ⅳ. ① B933-53

中国版本图书馆 CIP 数据核字(2020)第 267230 号

出 版 人　曹宏举
责任编辑　姜楷杰
责任校对　康　莹
印刷监制　刘艳平
装帧设计　创想一二
出版发行　当代中国出版社
地　　址　北京市地安门西大街旌勇里 8 号
网　　址　http://www.ddzg.net　邮箱：ddzgcbs@sina.com
邮政编码　100009
编 辑 部　(010)66572264　66572154　66572132　66572180
市 场 部　(010)66572281　66572161　66572157　83221785
印　　刷　北京润田金辉印刷有限公司
开　　本　720 毫米 × 1020 毫米　1/16
印　　张　20.25 印张　1 插页　223 千字
版　　次　2020 年 12 月第 1 版
印　　次　2020 年 12 月第 1 次印刷
定　　价　69.00 元

版权所有，翻版必究；如有印装质量问题，请拨打 (010) 66572159 转出版部。

丽江文化系列丛书编委会

顾　问　崔茂虎　郑　艺　何玉兰　木崇根

主　任　杨国清

副主任　陈嘉勋　李群育　和丽军

编　委　和　湛　杨树高　和红阳　杨林军　张育根
　　　　李之典　杨其昌　白　浩　王　颖

主　编　杨国清

编　辑　和卫芳　王　颖　曾昆安　余建洋　李耀煌
　　　　杨金山　姚国军　和文友

目　录

增强民族文化自信 弘扬三多文化精神

——第一、二届纳西族三多文化研讨会综述

李群育

2017 年 3 月 4 日、2018 年 3 月 23 日，丽江文化研究会、纳西文化研究会、玉龙纳西族自治县人民政府共同举办了第一届（2017）、第二届（2018）纳西族三多文化研讨会。丽江文化研究会、纳西文化研究会会长杨国清致开幕辞，副会长陈嘉勋主持会议。丽江市委秘书长金光闪、玉龙县委书记曹金明、玉龙县长和红卫、市委宣传部常务副部长张文银等到会讲话。

2017 年 3 月 4 日，来自北京和云南省的非遗专家和有关领导，出席了在玉龙县政府会议室召开的第一届纳西族三多文化研讨会。中国社科院荣誉学部委员、文化部非物质文化遗产专家委员会副主任刘魁立在会上指出：召开三多文化研讨会是一件意义重大的文化盛事。我们的民族节日是什么？如果说平时是一棵树，那么节日花是对生活的回报。纳西族三多节对其他节日有借鉴意义，是中华民族传统节日的一个典型。文化部非遗司原副司长屈盛瑞认为，丽江文化资源丰富独特，具有引领全国文化遗产保护工作的作用。纳西族三多文化有独特的价值意义，三多勇于战胜

一切困难和敌人的文化精神，特别值得民族地区学习。希望丽江进一步加强申遗工作，继续搞好优秀民族文化传承与发展。中国文联《民间文化论坛》副主编冯莉建议：一要加强对三多文化内涵的发掘研究，采用现代手段加以宣传；二要加大民众参与力度，传承弘扬优秀文化传统；三要努力增强民族文化话语权。云南省文化厅原副厅长、省非遗专家委员会副主任赵自庄说，三多文化精神难能可贵，其中有两点启示：一是祭拜活动的人性化，突出人文精神；二是折射出的理想、内动力。要进一步做好申遗工作。云南省文化厅非遗处处长蔡永辉指出，三多文化是纳西族身份的象征，三多节是民与俗结合的典范，是活态传承、动态保护民族文化遗产的典范，研讨会对于申遗很有必要，我们对三多节申报国家非遗工作坚定支持。云南省非遗中心主任尹家玉指出，每次到丽江都感受到纳西族的文化自觉、文化自信，看到文化遗产保护的成果，除了纳西三多节之外，还有纳西族的祭署、祭天等传统习俗也很有价值，有条件申报国家非遗。云南省非遗保护专家委员会副主任、西南林业大学社科处处长木基元结合三多文化的特点、传承保护、打造三多文化品牌，建议加强对三多文化的发掘、研究、阐发，吃透内涵，传承弘扬，全面做好申报工作，要特别重视做好申报文本。云南省非遗中心调研规划部主任胡荣梅指出，三多节充分体现出纳西族自立、自强、自豪的传统文化，有很强的包容性。申报是手段，保护是目的，要加强田野调查，申报材料要具有真实性、整体性、独特性。云南省非遗专家、云南大学教授彭多毅认为，和谐文化传统是三多文化的重要特点，申报材料要突出特色和亮点。文化遗产是丽江文化旅游的核心竞争力，要发挥好三多文化资源。

很多在外地工作的纳西族学者回到家乡出席研讨会。云南省民族学会原会长、省社科院研究员郭大烈，云南省社科院原副院长、省纳西学会会长杨福泉，广西师范学院原院长、广西语言学会会长、中国民族语言学会常务理事、国际语言学会理事杨焕典，云南省社科院社会学研究所原所长和钟华，中国社科院民族学与人类学研究所研究员、中国社科院研究生院教授木仕华，中国社科院民族学研究所副研究员杨杰宏，云南省民族学会会长郭秀文等先后在会上就纳西族三多与三多节的文化内涵、当代价值、传承保护、创新发展等进行了精彩发言，并对加快修复扩建白沙三多庙、深入发掘研究三多文化内涵与外延、加大对外宣传、学习借鉴外地办节庆的经验、加快三多节非遗申报、弘扬三多精神推进丽江发展等方面的工作提出了具体意见建议。

丽江本土学者向三多文化研讨会提交了三十多篇学术论文。在 2018 年第二届研讨会上，杨树高、和湛、和克纯、李锡、和中、张信、李之典、和文光、和学光作了重点发言。通过两次研讨会，与会学者基本形成了以下五点共识。

一、三多的定义

三多是纳西族文化信奉的保护神、和平之神、正义之神、胜利之神、和谐之神、民族团结之神。由唐代“三多颂”发展演变而来的三多节，在 20 世纪 80 年代，由丽江纳西族自治县人大常委会决定，成为纳西族法定的民族节日。

三多首先是纳西族的最高保护神，在纳西族民众看来，他是一个无处不在、无时不有、显灵解危、救人急难的保护神。在纳西族的传说中有载，每当纳西人战事危急时，总会有一位骑白马、穿白甲、戴白盔、执白矛的战神前来助战解围；当山林或民房发生火灾时，三多就会从云雾里降大雪灭火；当大地瘟疫流行时，三多就会乘风驱散病毒；当人间发生水患时，三多在夜里带着白衣人来排洪；大地干旱肆虐时，三多也会显灵除旱魔。三多身上集中体现了和平、和谐、自强、胜利、正义、解困、开放、友善等精神，是纳西族民众普遍信奉的保护神和精神偶像，被尊称为“阿普三多”。一个民族、一个地区的文化发展，需要构建优秀传统文化与时代精神相结合的一个公认标识和符号，而纳西族三多文化与三多节，正是这个地区的公认标识和符号。

三多是本土文化与外来文化结合的产物。丽江纳西族先民生存环境有两个显著特点：一是纳西先民长期处于强邻环伺，甚至是强邻逼处之中，本民族人口相对较少而周边民族人口相对较多，民族关系错综复杂；二是纳西先民生存的自然环境相对险恶，处于山高谷深、水流湍急的自然地理环境之中，洪涝泥石流灾、山林火灾、旱灾、冰雹霜冻等各种自然灾害频繁。当纳西先民自西北南下来到丽江之后，将古羌系纳西先民原有的白石崇拜文化与金沙江、玉龙雪山等艰险自然环境以及丽江纳西先民所处的人文环境相结合，创造出既有外来文化元素又符合本土实际，具有和平和谐、公平正义、自强不息、战无不胜精神的保护神三多。三多的产生体现出纳西族与时俱进的特质。

二、三多的传说及史料

在纳西族地区，有关三多来历的民间传说故事很多，其中的《雪石》传说最具代表性。传说有一年农历二月八日恰好属羊日，一个正在玉龙山上追赶獐子的猎人，发现在猎物突然消失的地方有一块奇异的雪石，而且这雪石虽然巨大却是轻飘飘的，用一只手就能轻松托起。于是，猎人将雪石背下山来，但是到了玉龙山下现今的北岳庙之地时，雪石突然变得极其沉重，如同雪山般无法撼动。一传十，十传百，当地民众深以为奇，有人认为此雪石就是玉龙山的化身，于是号召乡民就地建祠供奉，这就是有关白沙玉龙村三多庙来历的传说。类似的传说在《丽江府志略·艺文略》中也有记载，只是在该传说中，不知名的猎人变成了纳西族木氏先祖麦宗。相传“麦宗常游猎雪山中，见一獐色如雪，以为奇，逐之变为白石……其轻如纸，负至今庙处少憩，遂重不可移，因设像立祠祀之。”故三多亦有“岳神”“雪亮”之称。关于三多的传说虽有多种版本，但各种传说多与玉龙雪山及雪石、白石等有关。

除了大量民间传说，有关三多的文献史料也不少。在世界记忆遗产纳西族东巴古籍文献中有《祭三多》等经典。在汉文古籍史料中有唐代在丽江玉龙山下白沙建祠祭祀的记载，应是汉文古籍中最早有关三多的文字史料。唐时在白沙建造的北岳庙（亦称三多阁），在纳西族地区及周边地区具有重大影响力，故南诏异弁寻曾封其为“大圣北岳定国安邦景帝”，元世祖忽必烈南征大理时，也深感纳西族三多对于维护边地安宁的重要意义，特地敕封三多为“大圣雪石定国安邦景帝”。明代木氏重修白沙三多阁时，土司木公写有《重修北岳庙记》，文中写道：“恭惟乃圣乃神，福我之民，障我之疆，佑我木氏千百世之子孙”，明确指出了三多就是“福我之民，障我之疆，佑我子孙”的纳西族保护神。乾隆《丽江府志略》中也称：“时土府木氏与吐蕃战，神屡现白袍将，跨白马助阵。万历间，重拓殿宇，铸大鼎、大钟，以纪其事。至今每岁二月八日，土人祭祀祈祷多验。”在《丽江纳西族自治县志》《世界文化遗产丽江古城志》等志书中也称三多为纳西族最大保护神。

关于纳西“三多”一词的汉字记音，也有写为“三赕”“萨旦”“三多”“禅东”等。比如，洛克的《中国西南古纳西王国》中说：藏人称“三多”为“三赕”；方国瑜《纳西象形文字谱》称：“白沙禅东”神也，又称“北岳大帝”，其庙在玉龙山下。李霖灿《纳西族象形标音文字字典》称：“白石三多”纳西人之大神，即“北岳大帝”其庙在玉龙山下。此外，“三多”一词，在古代汉语中早已有之，但此“三多”非纳西语中的“三多”，纳西语“三多”是纳西族保护神的专用词。古代汉文献中的“三多”一词，为祝颂之词、吉祥之语。其主要含义有三：一是指“多福、多寿、多男子”的祝颂之词。《庄子·天地》中说：尧观乎华，华封人曰：“嘻，圣人，请祝圣人，使圣人寿。”尧曰：“辞。”“使圣人富。”尧曰：“辞。”“使圣人多男子。”尧曰：“辞。”李渔《慎鸾交·赠妓》中称：“长幡绣佛祝三多”。古代因以“三多”为祝颂之词。二是指读书做学问要“看多、做多、商量多”或“多看、多做、多商量”。如宋代陈师道《后山诗话》中称：“永叔（欧阳修）谓文有三多，看多、做多、商量多也。”三是佛教用语。指佛教徒要做到“多近善友、多闻法音、多修不净观（谓应多自省察种种不净的观念）”，“多供养佛、多事善友、多问法要”等等。我国中原地区有不少关于三多的建筑，如山西太谷县三多堂，建于北周武帝建德六年（577），内藏有众多稀世珍宝，有“稀世国宝在故宫，民间珍品三多堂”之说。

关于三多的来历，也有外来神与本土神之说。外来神说认为，三多来自遥远的北方或西北藏区，并不是丽江土生土长之神。支持这一说法的洛克认为“所谓三多神在丽江是个外来的神，是与纳西人一起来的移居者”，明确指出三多并非原产于丽江之神，而是与古羌系纳西先民一同到丽江的外来神。本土神说认为，三多就是土生土长的丽江玉龙雪山之神，其主要依据为雪石传说及有关文献资料，也有研究者认为三多原是本土一个英雄人物，有其人其事。外来说与本土说，都有各自的依据和道理。其实，外来说与本土说本是同一事物的两个方面，是一个内外结合的统一体。纳西族三多是外来文化与丽江本土文化相结合产物。

三、三多的文化价值及意义

纳西族三多文化，集中体现了纳西族文化具有的和谐和平、公平正义、自强不息、救人急难、民族团结、开放包容、人与自然统一的文化品格与精神。三多文化是纳西族文化的血脉之根、精神之魂，值得深入发掘研究。三多文化的当代价值及精神，主要有以下几个方面：

1. 保卫和平的精神

三多是纳西族保护神，保护什么呢？最根本的是保护和平与安宁。称三多为这个神、那个神，千头万绪，归根到底就是和平之神。关于这个问题，洛克在其著作《中国西南古纳西王国》中说：“在北岳庙（三多泥塑像内）保存着一份手稿，是有关三多的传奇故事，在传奇故事之后附有许多对三多神的祈祷词和一些颂扬的文字，都把三多称为宇宙的创造者、和平的保卫者，是防备水灾、火灾、病疫、兵祸等灾害的保护者。”

2. 维护国家统一的精神

纳西族三多不仅是本民族和平的保卫者，也是保卫祖国西南边陲和平与安宁、维护国家统一的定国安邦之神。元代忽必烈敕封三多，从国家层面对其作了“定国安邦”的高度定位，充分肯定了纳西族三多文化具有保卫边地和平安宁、维护国家统一的积极作用和精神。三多精神集中体现了纳西族的“三个认同”和诚心报国的爱国主义精神。纳西族地区虽地处边陲，却自觉坚持以维护民族团结、社会安定、国家统一为己任，为祖国西南边地的历史发展作出了突出贡献。元明时期，纳西先民为维护祖国西南边地安宁而战，近代以来，纳西先民在抵御外侮的鸦片战争、中法战争、护国战争、抗日战争中又高喊“阿普三多”冲锋陷阵。甚至是边纵七支队的纳西族战士，同样也曾高喊着“阿普三多”奋勇当先冲向敌阵。三多也是纳西族爱国主义精神的一个重要象征。

3. 加强民族团结的精神

三多文化充分体现了茶马古道沿线各民族亲如一家，守望相助、团结共进的优良传统。相传三多曾多次成功调解了周边各民族之间出现的矛盾纠纷，避免了流血战争的发生，从而赢得周边各民族的尊敬爱戴。因此，每到在北岳庙祭拜三多期间，丽江域内外的白族、藏族等各族群众也纷纷前来进香祭拜，祈求社会安定团结。在北岳庙大殿正中的三多塑像两旁，还塑有三多的两位夫人，左边为藏族女，衣着厚重，右臂挂哈达；右边为白族女，薄衣裙，花披肩，花围腰。人们在祭拜三多时，同样也要祭拜藏族夫人和白族夫人，这是民族团结和谐文化传统的体现。

4. 维护公平正义的精神

三多也是纳西族先民心中公平正义的化身，维护社会的公平正义的依靠。纳西人坚信，只要有了主持公平正义的恩普三多，正义必胜，正义必将战胜邪恶。为正义而战，勇于担当、奋勇当先，必定会得到恩普三多的撑腰相助，不断取得胜利。三多也是纳西族的战神、胜利之神，具有战无不胜的神力，但其绝不争强好斗、恃强凌弱、以大欺小，这种强而不霸、维护公平正义的品格和精神，其当代价值和意义不言而喻。

5. 自强不息、奋勇当先的精神

天助自助者，自救方自强。纳西人祭拜三多，祈求三多保佑、三多来撑腰时，首先强调要有自强不息的精神。因此，纳西人在喊出“三多来撑腰”之前，自己先要高呼“夏！夏！”（意为“冲！”“干！”），有了“夏！夏！”的自觉行动，奋勇当先冲锋上前，才会有保护神“来撑腰”。应该说，丽江“2·3”大地震抗震救灾期间创造的“丽江速度”和体现的“丽江精神”，正是根植于首先要“夏！夏！”才会有三多来“撑腰”文化传统。首先要自救、自强、自立、奋勇当先、勇于担当，才能在外界的帮助下取得最大的胜利。纳西族三多文化倡导的自强不息精神，是纳西族人民在困难和挫折面前自强不息、奋勇当先的精神动力，是其敢于担当、勇于献身爱国主义精神的民族基因、文化血脉。

6. 人与自然和谐统一的精神

三多也是纳西族的圣山——玉龙雪山的化身，是天人合一、人与自然和谐统一的象征。对三多的崇拜，充分体现出纳西族人民崇敬自然、热爱自然、顺应自然的传统生态观念，是对人与自然和谐美好生活的倡导与追求。三多以纳西人心中最圣洁的玉龙雪山之化身面目出现，集中代表了纳西文化中人与自然和谐统一的精神。

7. 与时俱进、创新发展的精神

随着茶马古道的形成和发展，丽江成为茶马古道重镇，传统的祭祀三多活动与商贸活动不断结合，每年春二月祭拜三多期间，要在玉龙山下举行盛大的三多庙会（也称北岳庙会），所交易的物资“除了鸡轡头外，什么都有”。同时举办丰富多彩的文化体育、赏春踏青等活动。这种与时俱进、创新发展民族节日的精神，同样显示出纳西族三多文化的鲜明特色，更值得关注与传承发展。

四、关于三多节的前世今生

纳西族三多节起始于民间的“三多颂”（即祭拜三多）活动。纳西族地区二月八日祭祀三多的节庆活动已有上千年历史，至晚从唐代开始。至于二月八日进行有关祭祀等活动的习俗甚至可以追溯到三千年前的夏代，这与纳西族的古羌人族源有关。相传三多属羊，故每年农历二月八日和八月的第一个羊日，纳西族地区村村寨寨、家家户户都要“牵牲祭三多”，举行隆重的祭祀活动，一是慎终追远、饮水思源，感恩恩普三多；二是祈求和平，祈求三多保佑家人、族人平安吉祥，保佑丽江及周边地区风调雨顺、各民族团结和睦、和平发展。明代，北岳庙祭祀三多的活动已经非常普及，不论官绅还是普通百姓无不前往虔诚祭拜。丽江纳西族土司木氏更是带头倡导，官民争先“卑躬肃祀”祭拜三多。对此，土司木公曾经撰文称：“长官齐民，卑躬肃祀，求而无所不灵，祷而无所不验。”（《重修北岳庙记》）清代“改土归流”后，丽江民众祭拜三多活动更加盛行，推动了祭祀活动与商贸文化活动的结合。这种民众祭祀三多的盛况，在清代纳西族诗人的作品也多有反映，比如，“还愿争先北岳祠，香烟二月篆霏霏。白沙路上歌来去，卜拜年年不误期。”（杨品硕《丽江竹枝词》）“北岳威灵著，神功永不磨。年年春二月，户户祝三多。”（杨菊生《丽江杂述》）

“雪岳巍巍笑面开，白袍灵迹著多回。年年二月春风里，士女如云赛庙来。”（和松樵《丽江杂咏》）

“户户祝三多”的传统习俗，不仅在丽江境内的纳西族社区年年进行，境内及周边其他民族也多从其俗，而出门在外地经商、从军、读书、为官的纳西人，在远离丽江本土期间也要因地制宜进行祭拜三多的活动。纳西人出远门前也会先去祭拜三多，20 世纪 40 年代，纳西学子杨凤、和惠祯、方宝贤等去美国留学之前，据说也曾到北岳庙祭拜三多。常年奔走在茶马古道上的丽江纳西族商人，为了及时开展祭拜三多活动，曾在茶马古道沿途建造有三多庙等场所，以便在路途中也能及时开展祭拜三多活动，其中，拉萨城内就建有纳西族商贾开展祭拜活动的三多庙。

随着历史的发展，纳西族祭拜三多活动不断与商贸、文化、娱乐等活动相结合，二月八“三多颂”的活动内容也不断得到丰富发展。比如，每年春二月祭拜三多期间，要在玉龙山下举行盛大的三多庙会，举办丰富多彩的文体活动与物资交易活动。届时，不仅纳西族民众蜂拥而至，邻近地区的白族、藏族、汉族等各族群众也纷至沓来，甚至遥远的藏区民众也会前来进香祭拜和进行商品交易。庙会期间，这里人山人海，热闹非凡，有“丽江纳西族地区庙会之首”之称。此外，在祭拜三多期间，当地民众在表达对保护神三多感恩之情的同时，也会进行赏春踏青活动，以表达对大自然的感恩之心。每年的此时，丽江城乡青年男女纷纷结伴同行来到玉龙山下，在这风和日丽、桃李争艳、山茶如霞似火的时节，尽享人间春色，尽情对歌跳舞，尽显民族文化魅力。学者冯友兰曾说：“行祭礼并不是因为鬼神真的存在，只是祭祖先的人出于孝敬祖先的感情，所以礼的意义是诗的，不是宗教的。”丽江玉龙山下祭拜三多的活动也可以说“不是宗教的”。这种在二月“春风里”，一路“歌来去”的祭拜三多活动，充满了诗情画意，是一种诗意的祭祀。三多颂堪称纳西族族特有的诗意的信仰。

改革开放后，纳西族二月八三多颂被正式确定为纳西族法定的民族节日——三多节。1986 年 8 月 29 日，丽江纳西族自治县第八届人大常委会第十二次会议审议通过，决定将传统的三多颂作为纳西族法定的民族节日三多节，每年农历二月八日全县统一放假一天，组织开展丰富多彩的祭祀三多活动，以增强民族自豪感和凝聚力。2005 年 5 月 27 日云南省人大常委会批准的《云南省玉龙纳西族自治县自治条例》进一步指出：“纳西族传统节日三多节，放假三天。”届时，丽江、昆明、大理、临沧、怒江、玉溪，以及远在成都、北京等地的纳西族同胞和曾在丽江工作过的各兄弟民族同胞，都要集会共度三多节，组织开展各种庆祝活动，畅叙同胞情，畅谈党的民族政策和家乡的新变化，为丽江的发展献计出力，祝愿丽江的明天更加美好。经过三十多年开展三多节庆典活动的实践，三多节日益深入人心，活动内容不断丰富，特色更加突出。

五、努力打造三多节文化品牌

三多节承载着纳西族人民追求和平、保卫和平、公平正义、自强自立、民族团结、社会和谐的精神和情感。传承弘扬三多文化，打造三多节文化品牌，构建纳西族文化公认的标识和符号，是进一步增强文化自觉、文化自信，铸牢中华民族共同体意识，培育和践行社会主义核心价值观，加快推进丽江世界文化名市、国际精品旅游胜地、民族团结进步示范区建设的必然要求。打造三多节文化品牌，要抓好以下七项工作。

1. 深入学习，提高认识，不断增强文化自信

文化是民族的血脉，是人民的精神家园。文化兴国运兴，文化强民族强。文化自信是更基本、更深层、更持久的力量。要在大力弘扬中华优秀传统文化，构建纳西族三多文化标识和符号，加快建设丽江世界文化名市的新实践中，进一步把三多文化中“超越时空、跨越国度、富有永恒魅力、具有当代价值的文化精神发掘出来，弘扬起来”，“从延续民族文化血脉中奋勇前进”。不断提高对三多文化的认识，特别是对三多文化具有的保卫和平、奋勇当先、自强不息、公平正义、扶弱助困、民族团结、社会安宁、人与自然和谐等文化品格与精神的认识，不断增强文化自信，切实增强纳西族文化的底气与骨气。

2. 坚持创造性转化、创新性发展，不断丰富提升三多节活动主题

要结合丽江实际，认真贯彻落实国家“传统节日振兴工程”，深入开展“我们的节日”主题活动。努力提升纳西族三多节文化内涵，必须与大力弘扬中华优秀文化，铸牢中华民族共同体意识的要求相结合，增强文化自觉与文化自信，增强纳西族人民群众对伟大国家的认同、对中华民族的认同、对中华文化的认同、对中国特色社会主义道路的认同，与时俱进、创造性转化、创新性发展民族文化。必须与自觉服务和融入“一带一路”倡议和“长江经济带”国家战略相结合；与民族团结进步示范区、生态文明建设排头兵、面向南亚东南亚辐射中心建设相结合；与建设美丽美好丽江相结合，不断丰富和提升丽江多元文化和谐共处融合发展的文化之美，各民族和睦相处共同繁荣进步的民族团结之美，人与自然和谐统一的生态环境之美，大力弘扬三多文化精神，努力把三多节打造成丽江特色文化旅游的重要品牌和新亮点。坚持创造性转化、创新性发展，打造三多节文化品牌，要按照国家《关于实施中华优秀传统文化传承发展工程的意见》要求，结合丽江实际做好顶层设计，制定专题规划设计，列入市、县、区的文化建设项目。不断加强对纳西族三多节等民族传统庆文化的研究，活态保护和利用，激发三多文化的生机与活力。总结借鉴“棒棒节”正在实现创造性转化、创新性发展的经验，不断丰富提升三多节活动内涵，开展自治县（区）政府公祭、本民族集体拜祭、群众自由拜祭等多种祭祀活动，切实体现仪式感、庄重感、自豪感。同时，与时俱进、因地制宜，开展丰富多彩的商贸交易、旅游观光、民族文化、赏花踏青等活动，不断推进二月八三多节的创造性转化、创新性发展。

3. 加快纳西族三多节申遗工作

首先争取纳西族三多节列入国家非物质文化遗产名录。纳西族三多祭祀及三多节历史悠久，影响巨大，意义深远，具有追求和倡导和平、和谐、正义、自强、友善、民族团结、扶弱助困等“超越时空、跨越国度、富有永恒魅力、具有当代价值的文化精神”，是盛开在中华传统文化百花园中的奇葩，是各民族团结友爱传统文化的典范，是纳西族先民国家认同的重要符号，也是体现边地少数民族中华民族共同体意识的珍贵文化遗产。申遗工作已进行多年，做了大量前期准备工作，特别是2017年举办的第一届三多文化研讨会上，与会的云南省、国家非遗部门和著名专家学者，对纳西族三多文化具有的突出历史价值和当代价值给予了充分肯定，并对三多节申报国家非物质文化遗产的工作提出了很多指导性意见建议。要进一步增强责任意识和机遇意识，争取申报三多节为国家级非物质文化遗产之后，创造条件再力争申报世界非物质文化遗产。

4. 认真实施三多阁修复扩建工程

玉龙雪山下白沙三多阁始建于唐代。千年古庙，唐柏见证，生长在三多阁内的一株古柏，种植于唐代贞观年间，称为“唐柏”，是云南省著名的古树名木之一。三多阁至少已有上千年历史，堪称丽江境内现存最古老的建筑，是纳西族三多文化最重要的载体。三多阁现为云南省级文物保护单位。自明代以后三多阁年久失修，损毁严重，丽江“2·3”大地震后恢复重建时虽然进行了一些抢救性修复，但修复扩建的任务仍然很重。目前，修复扩建三多阁势在必行，既是省级文物保护的必然要求，也是传承弘扬纳西族三多文化、打造三多节文化旅游品牌的基础性工程，更是增强文化自信，推进丽江发展，惠及民族和百姓的千秋大计。近期玉龙县政府已把三多阁修复扩建列为重要文化工程项目，并落实了项目用地指标。要抓住有利时机，高标准、高起点策划制定好规定，加快组织实施好这一功德无量的大事。

5. 支持指导各地开展好三多节活动

玉龙纳西族自治县是原丽江纳西族自治县的传承和延续，是目前全国唯一的纳西族自治县，是全国纳西族同胞共同的家园；丽江市古城区是原丽江纳西族自治县的组成部分，是纳西族人口与文化最集中的区域。丽江撤地设市后，玉龙与古城虽然在行政区划上分开了，但民族文化不能分家，玉龙、古城是同母亲兄弟，在三多文化和民族节庆活动上相互配合，同心协力，共同进退，它们共同关心和指导全国各地纳西族同胞过好三多节。

6. 进一步挖掘和阐发三多文化，不断扩大三多文化影响力

要紧密依靠国内外、市内外专家学者和各族群众，充分发挥各方面的积极性、主动性，深入开展三多文化的发掘、整理、研究、出版、传承、宣传工作，特别要重视发挥现代传媒的宣传优势，讲好三多文化的故事，多渠道、多形式阐发三多文化，推进优秀民族文化的传承与发展，推动丽江经济、文化、社会、生态事业的全面发展。

7. 围绕中心、服务大局、加强领导、抓好落实、协同发展

三多文化品牌建设必须围绕和服务丽江发展工作中心和大局，要在市县（区）党委政府的领导下，发挥宣传文化旅游等职能部门的主导作用，充分发挥民间社会和广大人民群众的积极性、创造性，与经济社会发展战略，特别是扶贫攻坚、生态文明建设排头兵、民族团结进步示范区建设、世界文化名市和国际精品旅游胜地建设，以及推进文化旅游转型升级、非遗保护与传承、丰富群众文化生活等有机结合起来，贵在坚守，重在落实，发挥好文化的引领、支撑作用，推动丽江的全面协调发展。

深入挖掘和研究三多文化*

杨国清

在玉龙纳西族自治县县委县政府的全力支持下，由丽江文化研究会、纳西文化研究会举办的丽江三多文化研讨会今天隆重举行。这是一次高规格、高水平的专题文化学术研讨会，也是一次弘扬优秀民族文化传统，结合地方实际，紧扣时代主题，弘扬正能量，推动地方民族文化繁荣发展的一次盛会。这次研讨会邀请到我国国家级的非物质文化遗产专家、民族文化方面著名学者，加上丽江本土学者以及民间社会文化研究者、爱好者、外地纳西族区域代表、各地纳西文化协会代表近三百位，济济一堂，共襄三多文化研讨交流之盛举。

我们为什么要开展三多文化的研讨活动呢？2015 年 1 月，习近平总书记在视察云南时指出，云南少数民族文化是中华民族文化的重要瑰宝，要积极加以支持和发展，要使各民族文化繁荣发展，使各民族相知相亲相惜，成为民族团结的滑润剂、催化剂、粘合剂。我们举办三多文化的研讨会，就是要通过做一些具体实

---

* 本文为 2017 年 3 月 4 日作者在第一届三多文化研讨会上的讲话。

事来贯彻习总书记的指示精神，高度重视优秀民族文化的挖掘保护传承，认真研讨优秀民族传统文化内涵，大力传承弘扬优秀民族传统文化，并结合时代精神，创新和发展优秀民族传统文化，更好地造福于地方和广大各族群众。

三多文化是优秀民族传统节日文化，是纳西文化的重要标识，具有重要的历史文化价值和现实意义。

千百年来，三多成为玉龙雪山的化身，民族精神的代表。许多古老的三多神故事在纳西族地区及滇西北区域世代相传。三多神是纳西族的保护神，也成为滇西北汉、白、藏、傈僳、普米等民族共同崇拜信仰的神祇。三多来自民间、来自人民群众，深深扎根民间社会，是受到纳西族和各族群众无比崇拜和信仰的战无不胜的神，也是人民群众和平幸福安宁的至高无上的保护神。从本质上讲，三多是和平正义胜利的象征，代表了民族团结以及和谐文化精神，是各民族团结和睦、凝心聚力的纽带，也体现了纳西族对美好生活的执着追求，赋予了纳西族人与自然相亲、热爱生活、奋发向上、积极进取、战胜邪恶、热爱倡导和平的民族精神。三多是纳西族群众的精神寄托和力量源泉，是民族精神的家园，对民族性格和心理素质的形成起了重要作用。

三多节是纳西族的传统节日，也是三多文化的重要载体。三多文化的传承、丰富和发展要靠广大各族群众的参与，以及节庆活动的举办。1986 年 8 月，根据纳西族专家学者的建议和广大干部群众的意愿，丽江纳西族自治县人大常委会将农历二月八三多节正式确定为纳西族传统民族节日。2003 年丽江撤地设市后，作为丽江纳西族自治县的延续和传承者——玉龙纳西族自治县，制定自治条例，于 2005 年 3 月经自治县第十三届人民代表大会第三次会议通过，云南省第十届人大常委会第十六次会议批准，确定三多节为纳西族传统法定节日，放假三天。

三多的崇拜和信仰在纳西族地区和滇西北汉、白、藏、傈僳、普米等一些地区是很普遍的。三多节有着悠久的历史，各族群众有祭拜三多神、欢度三多节（二月八）的历史文化传统。除了在玉龙雪山下的白沙北岳庙三多阁外，不少地方都建有三多庙或塑有三多神像。每年农历二月初八，各地都开展不同特点的节庆民俗活动。节日期间举办的北岳庙会盛况空前，搭彩棚、铺松毛，人山人海，热闹非凡。这一天各民族群众穿上民族盛装，扶老携幼参加祭拜三多神或山水之神的活动，祈求三多保佑、平安和顺、福泽多多、五谷丰登、六畜兴旺，等等。各地还开展丰富多彩的民族打跳、对歌、赛马、弩弓、秋千、商贸等活动。三多节也是踏青、郊游、野餐的好时节，节日期间，许多农村家庭让少年儿童，尤其是放牧的儿童带上腊肉、香肠、鸡蛋等，在野外聚餐，过快乐的“见丹”。纳西族聚居的许多地方都欢度节日，且各具特色，比如香格里拉县白地白水台二月八盛会。三多节是纳西族的传统节日，现在已成为丽江市最具代表性的各民族共庆共享共娱共乐的节日。

三多文化是融合了纳西族文化精髓、口头传说、神话故事、祭祀礼仪、民族节庆、民俗活动、古寺庙遗产等内容的文化符号，是纳西族优秀传统文化的重要组成部分。三多文化与纳西族古老的传统文化一脉相承、根脉相连。三多文化值得引起高度重视，是值得深入研究和拓展的一个领域。不少专家学者对三多文化作了研究，比如著名民俗学专家白庚胜老师《三多信仰考察》的论文在日本《比较民俗研究》刊物上发表，杨汝凤、杨志坚两位老师出版了专著《纳西三多神》。这几年丽江文化研究会、纳西文化研究会也作过专题调研，并向市委市政府提出“打造建设三多节民俗文化旅游品牌的建议”。但对三多文化进行深入田野调查，尤其是三多对白族藏族地区、川藏一些区域的影响，以及历史文化渊源关系，三多文化的内涵外延、现实意义及发展转化，研究有待深入，许多领域有待拓展，对三多文化的挖掘研究还是一个比较薄弱的领域。这次举办三多文化研讨会就要起到抛砖引玉、促进研究和保护传承发展的作用。

对民族传统文化，我们要做到挖掘其优秀文化价值内涵，汲取其精华，抛弃其糟粕。对三多文化也有个深入挖掘、深化研究、保护传承、转化创新的问题，保护传承不是一成不变的简单复制延续，而应该在社会主义先进文化的指引下，与新时代的新观念、新的生活方式有机融合。继承和弘扬优秀传统文化的根本目的，在于抓住其精华，对其创造性转化和创新性发展，按照时代特点和要求，赋予传统文化新的时代内涵和现代表现形式，激活其生命力。这样才能让优秀传统文化活起来，火起来。根据这样一种理念，确定这次研讨会的四个方面的重点：（1）三多文化的内涵和外延，历史和现实，历史文化价值、现实意义和作用；（2）三多文化与各民族团结和睦以及民族团结进步示范区建设；（3）三多文化与三多节民俗文化旅游品牌建设；（4）三多文化与申报国家非物质文化遗产以及保护传承发展等。

玉龙县是全国唯一的纳西族自治县，是纳西族聚居、人口最集中的地方，是纳西族经济社会教育文化发展的大本营。古城区作为原丽江纳西族自治县的组成部分，2003 年撤地设市由于需要一分为二，成为一个新设的区，但也是纳西族聚居地区之一，文化不可分，现在与玉龙纳西族自治县有着天然的联系。玉龙纳西族自治县最大的特点在于，它是纳西文化的一片沃土、一个宝库、一个母体。其民族文化资源极其丰富，有众多历史文化精品，众多物质文化遗产和非物质文化遗产，众多的国家级传统古村落，比如世界自然遗产、国家公园、国家地质公园、省级生态文化保护区等，此外还有独特的生物资源、旅游资源、水能资源，等等。这几年玉龙县委县政府高度重视民族文化的保护传承，在文化建设方面取得突出成绩，县文化局荣获“全国先进文化单位”称号。2017 年又全力支持开展三多文化的研讨活动，通过三多节申报国家非物质文化遗产，打造和建设在国内外具有影响力的民俗节庆文化旅游品牌，这是很好的思路，我们相信在国家非遗机构和云南省文化厅的大力支持下，在非遗专家们的指导和帮助下，通过各方共同努力，一定会取得突破性进展。

国之兴盛，文化为魂。对于中华优秀传统文化的地位作用，保护传承，发展创新，习近平总书记作了一系列深刻论述，为我们指明了方向。《关于实施中华优秀传统文化传承发展工程的意见》的印发，使我们有了更加明确的具体目标。传承发展中华优秀传统文化，首先要增强文化的自信和自觉。中华优秀传统文化是“中华民族生生不息、发展壮大的丰富滋养，是中国特色社会主义植根的文化沃土，是当代中国发展的突出优势”。我国 56 个民族共同创造了中华优秀传统文化，纳西族许多优秀传统文化是中华文化中的瑰宝和璀璨明珠。改革开放以来，丽江坚持民族文化自信，提出“文化立市”“旅游强市”，立足优秀民族传统文化保护传承发展，走文化旅游融合发展之路，打造品牌，做大文化旅游产业，带动经济社会全面发展。这条很重要的经验，在全国产生了很大影响，使丽江成为中国改革开放30年来开拓创新的18个典型地区之一。我们必须坚定不移地面向未来，增强对中华民族创造的光辉灿烂文化的自觉认同和坚定自信。

第一，深入研究、挖掘三多文化等优秀民族传统文化的价值内涵，阐释精髓，结合实际，融入现代生产生活，多出研究成果，多出民族文化人才。通过深入挖掘和研究，要为丽江市“文化立市”和“世界文化名市”建设提供动力和支撑；以三多和谐文化理念和各民族共同文脉根底为特色优势，努力推进丽江市民族团结示范区建设。

第二，高度重视三多节日活动，让三多传统文化在现实生活中活起来、火起来。做好三多节申报国家级非物质文化遗产工作，发挥三多民族传统节日、庙会活动、民族文艺、各民族共同信仰等特点，结合丽江旅游业转型升级、提质增效，着力打造建设节庆民俗文化旅游品牌。

第三，丽江优秀传统文化也要适应改革开放、社会主义现代化建设的新形势，要勇于不断学习借鉴、创新发展。纳西族被认为是小民族创造了大文化，是一个文化的民族。比如独树一帜的东巴文化、世界遗产丽江古城文化、“人与自然是兄弟”的生态文化、母系大家庭文化、木氏土司文化以及维护国家统一、诚心报国的爱国主义文化传统，等等。纳西族历史上基本的经验在于文化的开放性和包容性。纳西文化是不断学习吸收包容汉、白、藏等各民族文化的结晶，近百年来甚至对西方文化中好的东西也采取了包容的态度。“天雨流芳”就是指去读汉文化的书，努力学习吸收汉文化。丽江许多文化遗产其实也是多元文化和谐共处的结晶。今天我们必须以更宽广的胸怀、更大的气魄，努力学习吸收各种先进文化和文明成果，这样我们的民族文化才能与时俱进，跟上时代前进的步伐。

第四，优秀民族传统文化的保护传承、创新发展的关键在于地方政府，要高度重视，加强政策的支持，落实好传承发展体系，重点在于把“三个纳入”（纳入经济社会发展总体规划，纳入考核评价体系，纳入各级党校、行政学院教学的重要内容）作为切入点和突破点。总之，国家高度重视传承弘扬优秀民族传统文化，高度重视文化的建设和发展繁荣，有许多好的政策，为我们搞好民族传统优秀文化的研究和开发利用提供了千载难逢的机遇。“十三五”期间，要紧紧把握培育和弘扬社会主义核心价值观的重要任务，认真落实云南省丽江市“十三五”文化发展规划，着力构建优秀民族传统文化传承发展体系，完善和提升公共文化服务体系、文化旅游产业发展体系，切实推动“文化立市”“建设世界文化名市”各项工作的落实。

切实弘扬三多文化精神*

杨国清

阳春三月，风和日丽，山花烂漫，春潮涌动，我们又迎来了一年一度的纳西族民族传统节日——三多节。在此我谨代表丽江文化研究会、纳西文化研究会向大家表示节日的问候。

回顾2017年三多节期间，在市县党委政府的领导下，在宣传部门的指导下，我们在玉龙纳西族自治县举办了第一届三多文化研讨会，邀请到国家和省非遗部门领导以及著名非遗专家到会指导，取得丰硕成果，产生了很大的影响。研讨会后玉龙县各相关部门在扎实推动三多节申报国家非遗工作、规范提升三多节活动内容、制定节日标识、推进品牌建设、丰富节日商贸文化活动等方面取得积极进展。

在2018年三多节期间，我们将继续举办以本地文化人士和各界人士代表参加的文化研讨会。这次研讨会的主题是，紧密结合丽江和玉龙的实际情况，继续深入挖掘和认识三多文化内涵，进行创造性转化和创新性发展，把富有魅力具有当代价值的优秀三

---

* 本文为2018年作者在第二届三多文化研讨会上的讲话。

多文化精神传承弘扬起来，发挥正能量，积极推动三多文化商贸旅游品牌建设，促进地方经济社会发展。也就是说要认真回答好我们为什么要过三多节、三多节的现实意义何在、如何壮大三多文化商贸旅游品牌等问题，使其成为全社会和广大群众的共识和行动。

中国各民族的传统节日犹如一条大河，汇聚着中国各民族的文化血脉。中国各民族的传统节日犹如一座高山，蕴藏着各民族宝贵的精神资源。不断传承和开发创新传统民族节日文化，有利于唤醒民族文化的记忆，增强民族文化认同和自信；有利于弘扬民族文化精神和传统美德；有利于振兴和创新优秀民族精神，推动地方经济社会的发展进步。党和国家十分重视民族文化的弘扬和民族节日的组织和引导。中宣部、中央文明办、教育部、民政部、文化部等五部委于 2015 年 8 月出台了《关于运用传统节日弘扬民族文化优秀传统的意见》，特别强调了我国是一个统一的多民族国家，少数民族传统节日是中华民族文化优秀传统的重要组成部分，当地各级人民政府要加强对相应节庆活动的组织与引导，充分尊重少数民族的节日习俗，积极开展丰富多彩的民族节庆活动，进一步增强民族团结，维护国家统一，弘扬中华民族文化的优秀传统。

在党和政府的关怀下，三多节成为纳西族法定的民族节日，同时也成为丽江和滇西北各民族共同欢庆的节日。1986 年 8 月 29 日，丽江纳西族自治县第八届人民代表大会常务委员会第十二次会议作出了将每年农历二月八日确定为纳西族传统节日的决定。撤地设市后，2005 年经玉龙纳西族自治县第十三届人民代表大会第三次会议通过，2005 年 5 月 27 日经云南省第十届人民代表大会常务委员会第十六次会议批准《云南省玉龙纳西族自治县自治条例》，该条例第七章第五十七条规定：“纳西族传统节日三多节，放假三天。”

三多节是三多文化的载体，也是展示纳西族及各民族优秀传统文化、弘扬正能量的重要平台。三多文化历史悠久，文化渊源深厚，民族风情浓郁，可以追溯到唐代，已有一千二百多年的历史。其文化内涵、表现形式、外延拓展有着相对稳定、完美和谐的特点，与中国其他民族的传统节日一样，体现自然季节交替、祈求丰收、四季平安、六畜兴旺、和平安宁等美好的愿景及期盼。“年年春二月，户户祝三多。”三多节除保持自身特色外还通过吸收汉族及其他民族文化，形成了传统庙会等丰富的民族节庆活动内容。每逢三多节，丽江白沙三多阁人山人海，各族群众穿着节日盛装，虔诚地祭拜三多神，同时开展商贸、打跳、对歌、野炊、踏青等民族文化活动，热闹非凡。以前各地三多庙在节日期间都有祭拜活动，各乡镇村寨都举办各种活动。改革开放以后，三多节活动不断推陈出新，其影响不断扩大。除丽江等纳西族聚居区外，北京、昆明、成都、拉萨、广州、绍兴、大理、临沧、怒江、玉溪、保山、德宏等地，由当地纳西族同胞或丽江同胞牵头，开展节日民族文化活动，热烈庆祝三多节。三多文化的感染力和传播力说明这一民族文化的深厚内涵及特色，蕴藏着丰富包容的文化信息，承载着生生不息的人文精神及亲和力，难能可贵的是有着很多具有当代社会文化价值的东西，具体可概括为以下五个方面。

第一，三多文化体现各民族亲如兄弟、守望相助的团结和睦精神。滇西北地区各民族关于三多神的故事很多，三多神的崇拜也是多个兄弟民族的崇拜。三多神原本是纳西族、藏族、白族，还是汉族都各有不同的传说，在三多阁庙里的纳西三多神，两边的两位夫人分别是藏族和白族，这与东巴经中一母三兄弟分别成为三个民族的传说相吻合。在历史上的滇西北区域，包括纳西、白、藏、汉、傈僳、普米等民族也是信奉三多神的，三多节期间，都用不同方式祭祀三多神，所以三多是各民族的共同保护神。各民族群众共同期盼三多神保佑大家美好的日子、和平安宁、五谷丰登、除难消灾、万事顺意。总之，三多神把多个民族联系在一起，凝聚在一起，是民族团结和睦的象征，有利于推进民族团结示范区的建设。

第二，三多文化体现纳西族的“三个认同”及对国家忠诚和勇于献身的爱国主义精神。三多来自民间，来自老百姓，他代表了广大群众的意愿和追求，是人们的精神寄托。在历史的长河中，纳西族先民对自然、图腾、祖先的崇拜，把国家认同、文化认同、中华民族认同寄托于三多神。他是至高无上的保护神，和平安宁之神，同时又是战无不胜、保佑纳西儿女在保卫祖国、保卫家园的战斗中克敌制胜的战神。这个战神不仅仅体现英雄主义精神，更与纳西族历朝历代爱国主义传统紧密相连。

第三，三多文化体现了纳西族开拓奋斗、不屈不挠的进取精神。纳西人往往把三多神与玉龙雪山联系在一起，三多神居住的三多阁离不开玉龙雪山，三多神的白石形象离不开玉龙雪山，三多神许多传说故事离不开玉龙雪山，玉龙雪山因而受到历朝历代统治者的青睐，成为纳西民族精神的象征和纳西人的精神支柱。玉龙雪山自古以来就是我们国家的一座名山，有诗云：“丽江雪山天下绝，积玉堆琼几千叠。足盘厚地背摩天，衡华真成两邱垤。”皑皑白雪，巍巍玉龙。雪山蜿蜒，俨然腾飞玉龙；雪岭崔巍，宛似擎天玉柱，其气势极其磅礴，精神气概催人奋起。纳西族历史悠久，虽然是“小民族”，但创造了“大文化”，在历史发展进程中，始终压不垮、打不烂、坚韧不拔，在夹缝中一直保持着奋斗进取精神。今天，我们仍然很需要保持和发扬这种精神，克服前进中的种种困难，包括在扶贫攻坚、改变贫困面貌等方面，从而使丽江和玉龙再创新业绩新辉煌。

第四，三多文化体现了天下要和平安宁、社会要和谐美好的人文精神。三多神是和平安宁的保护神，美好生活的保护神。他保佑丽江成为一片净土，保持青山绿水、四时鲜花、小桥流水、纳西人家的一种境界，这种境界也是中原内地文化追求的一种意境。今天国内外许多游客把丽江作为心灵的栖息地，就是追求这样一种精神境界，这样一种世外桃源的生活，这种意境也是纳西文化中崇德向善、社会和谐的慧根。这也是老百姓对三多神最大的祈求和愿景，而阿普三多就是“佑贤辅德”的神祇。原三多庙的神龛上悬挂着两个横匾，上面一块刻着“佑贤辅德”四个字，这就体现了民族文化的慧根。

第五，三多文化体现了纳西族和各民族群众热爱自然、热爱生活、融入自然、呵护自然的民俗传统。

总之，三多文化是纳西文化的优秀代表，也是中华传统文化的瑰宝。这一文化蕴藏着丰富的穿越时空的价值，与时代精神很合拍，我们一定要深入挖掘和研究，进行创造性转化和创造性发展，并搞好阐释宣传等工作。弘扬三多文化精神，要在习近平新时代中国特色社会主义思想的指引下，要与践行和弘扬社会主义核心价值观、社会主义精神文明建设，对青少年进行爱国主义和传统美德教育等活动结合起来，采用青少年喜闻乐见的新媒体等现代表达方式，做到以文化人、以德育人。

三多文化内涵深刻，三多节品牌建设大有可为。品牌建设是关系全局的一件大事，做好这件事情，一定要解放思想、开阔视野、创新思路、勇于开拓，把品牌建设与中心工作结合起来，与产业发展结合起来，使三多节真正成为在国内外具有影响力的文化商贸旅游品牌，使其更好地造福地方、造福百姓。根据这几年的实际情况，当前主要应做好以下六项工作。

一是深入学习，提升对三多文化的认识，增强民族文化的自信和自觉。习近平总书记指出："中华优秀传统文化是中华民族的突出优势，是我们最深厚的文化软实力"，"中国特色社会主义植根于中华文化沃土"。[①] "要加强对中华优秀传统文化的挖掘和阐发，使中华民族最基本的文化基因与当代文化相适应、与现代社会相协调，把跨越时空、跨越国界、富有永恒魅力、具有当代价值的文化精神弘扬起来。"[②] 认真学习理会习近平总书记关于传统文化的一系列论述，这是提升认识的关键所在，也是当前亟待解决的一个大问题。相应学习使我们茅塞顿开、豁然开朗，唯有这样，我们对文化地位作用的认识，尤其对民族传统文化的认识才能达到一个应有的新高度。

二是主动作为，落实好三多节申报国家非遗名录的工作。2017 年举办的三多文化研讨会邀请国家及省级非遗部门领导和国家著名非遗专家与会，他们对三多文化内涵及外延和申报相关情况有了深入了解，为申报工作打下良好基础，现在要在上下联系

---

① 《习近平谈治国理政》，外文出版社 2014 年版，第 155、156 页。

② 习近平：《在哲学社会科学座谈会上的讲话》，人民出版社 2016 年版，第 17 页。

衔接、文本内容修改等工作上精益求精。文本要请专家帮助修改，工作要主动汇报，做到万无一失。

三是积极推动三多阁（北岳庙）修复扩建工作。这也是省级文物保护的重要项目，文物部分要修复，配套设施要扩建，这是三多节文化旅游品牌建设的基础性工程，也是惠及民族和百姓的千秋大计，必须高标准、高起点策划好、设计好、实施好。

四是支持指导各地开展好三多节活动。玉龙纳西族自治县是全国唯一的纳西族自治地区，是全国纳西族同胞的精神文化家园，是民族自治的重要象征，对同胞富有光荣的使命；同时古城区是原丽江纳西族自治县的组成部分，民族文化不能分家，玉龙和古城仍是兄弟关系，在三多文化和节庆活动上要相互协调配合。关心和指导各地纳西族同胞过好三多节是玉龙纳西族自治县一项光荣而重要的使命。

五是深入开展三多文化的调研、挖掘、研究、传承、宣传等工作，扩大三多节的影响力。要充分发挥市内外专家学者和各族群众的作用，充分发挥各方面的积极性、主动性，尤其要发挥现代媒体的宣传优势，多渠道、多形式推进各项工作不断深入发展。

六是认真抓好三多节文化旅游品牌建设各项工作落实。这项工作要在市县党委政府的领导下，发挥文化等部门的主导作用，同时充分发挥民间社会和扩大广大群众的积极性，把三多文化品牌建设融入中心工作，与经济社会发展（商贸活动）、扶贫攻坚、民族团结进步示范区建设、文化旅游转型升级、非遗传承保护、群众文化活动等有机结合起来，充分发挥文化的引领和支撑作用。

（本文曾发表于2018年4月20日《云南政协报》）

增强“五个意识”弘扬三多精神

余建洋

“年年春二月，户户祝三多。”从2017年开始，我们在三多节前夕召开一年一度的三多文化学术研讨会，很有必要。会议目的就在于聚焦三多文化，创建交流平台，开展学术互动。会后的成果转化，对于打造丽江文化品牌，“弘扬真善美、传播正能量、聚集精气神”发挥积极的促进作用，其意义和价值是独特的，是无可替代的。现结合实际，本人浅谈五点建议，也就是增强“五个意识”。

一是要增强敬畏意识。孔子说过，“君子有三畏：畏天命，畏大人，畏圣人之言。”“畏”就是敬畏，无知者无畏，人若无所畏，实在是很可怕的事情。纳西族历来尊重自然，崇尚自然，呵护自然，遵循自然规律。认为人类与大自然是“同父异母的兄弟”，纳西族保护神阿普三多是玉龙雪山的化身，是自然的符号，玉龙雪山自古以来就是纳西族的神山、圣山。三多崇拜其实就是天地自然的崇拜。人类本身就是自然界的产儿，作为人所特有的意识是自然界长期孕育的结果。而无知的人类却贪得无厌，不停地对大自然进行肆意的索取和掠夺，导致生态破坏、环境污染、资源枯竭。为什么物种逐年减少？为什么雪线逐年上升？黑龙潭为什么断流？为什么我们知道了结果却还在挥霍？诸如此类，必须科学分析，深刻反思。“天生万物以养人，人无一德以报天”哪！《道德经》云：“不知常，妄作，凶。”所以，对阿普三多要有敬畏之心，对三多的敬畏，就是对天地自然的敬畏。我们要树立“绿水青山就是金山银山”的强烈意识，推进生态文明建设，推动形成绿色发展方式和生活方式。

二是要增强感恩意识。玉龙山神阿普三多是大多数地区的纳西族都信仰的民族保护神。其实三多的影响不仅仅局限于纳西族及纳西族地区。关于三多，有许多美丽的传说。相传玉龙雪山山神三多有一个藏族的妻子和一个白族的妻子。纳西族的创世神话《崇般图》中说纳西族、藏族、白族是一对父母所生的三兄弟，藏族是老大，纳西族是老二，白族是老三。现实生活中，三个民族的群众也是经常聚在一起共同欢度三多节。对照联系起来，从中可以看出三个民族在长期的历史过程中形成的那种亲密无间的关系。不仅仅丽江的上述三个民族，其实滇西北区域世居的汉族、傈僳族、普米族等民族历史上也信奉三多神，都会用自己的方式祭祀三多神。玉龙雪山是丽江生命之源，阿普三多是丽江多个民族的共同保护神，也是纳西文化之源。阿普三多是纳西族群众的精神寄托和力量的源泉，早已成为民族的精神家园。希望阿普三多千秋万代养育玉龙儿女，保佑丽江人民。我们在党的领导下建设“大美丽江”“大美玉龙”的同时，还要延续民族血脉，守护精神家园，常怀感恩之心，把三多的故乡玉龙建设成为云南省最美的民族自治县。

三是要增强危机意识。作为维系民族凝聚力，寄托民族希望，保佑民族平安的信仰神祇，阿普三多在纳西人心中的地位是无可替代的。但是，近年来，传统节日在现代人的生活中被逐渐淡化甚至成为“被遗忘的角落”，而西方的洋节却得到越来越多的国人

（年轻人居多，其中也不乏中老年人）的追捧。今天的三多节（属于三多文化的一部分）不论在群众中的重视程度、认同感，还是在节日的形式、气氛、功能上都面临着被弱化、淡化、趋同的危险。再者，三多文化目前的开发程度和现有的影响力与其自身应有的价值很不匹配，还有较大的发展空间。为此，要像重视东巴文化艺术节一样，关注我们的三多节，要在保持传统的基础上，创新、充实节日的内涵，丰富节日的形式，使三多节的影响力不亚于彝族火把节、傣族泼水节、大理三月节、傈僳族阔时节，使之真正成为维系民族团结、增强凝聚力的节日。三多文化蕴含和平、和谐、团结、向上、正义、自强、创新等精神，这在当代亦有所体现。当前，脱贫攻坚奔小康是丽江人民、玉龙儿女最大的期盼，习近平总书记指出：“人民对美好生活的向往，就是我们的奋斗目标”①，“到 2020 年全面建成小康社会，是我们党向人民、向历史作出的庄严承诺。”② 为此，要弘扬三多精神，为大美玉龙决胜同步全面建成小康社会不懈奋斗、自强不息。只要扎根人民群众，发扬三多精神，响应党和政府的号召，不忘初心，消除贫困、改善民生、逐步实现共同富裕就指日可待。

四是要增强创新意识。南宋朱熹《观书有感》诗云：“半亩方塘一鉴开，天光云影共徘徊。问渠那得清如许？为有源头活水来。”唯物辩证法认为，事物不仅是相互联系的，而且是不断运动、变化、发展的，三多文化也不例外。任何一种文化，如果不能与时俱进，则注定生命力会走向衰竭。三多文化如何做到“传统元素现代表达，

---

① 人民日报社理论部编：《深入学习习近平同志系列讲话精神》，人民出版社 2013 年版，第 160 页。

② 《习近平谈治国理政》第 2 卷，外文出版社 2017 年版，第 71 页。

民族元素世界表达”？这恐怕是三多文化创新的要义所在。纳西族是一个对文化情有独钟的民族，是“小民族创造大文化”的典范。因此，我们要不断深入挖掘三多文化的内涵，拓展三多文化的外延。三多文化要注入新的活力，也即俗语中的“流水不腐，户枢不蠹”。内容要严肃，但形式要活泼，不但要使世人易于接受，还要耳目一新，使之得到可持续发展。习近平总书记指出，要“努力实现传统文化的创造性转化、创新性发展，使之与现实文化相融相通，共同服务以文化人的时代任务。”[①]我们要充分挖掘阿普三多的文化多元性，使之与新时代中国特色社会主义相适应。三多神是一尊多元神，得到丽江各族人民群众（不只是纳西族，还有其他十多个世居民族）的笃信与崇拜。要使三多不仅成为各族人民沟通联系、增强了解互信的多元神，还要成为维护社会和谐、各民族团结互助、人民和平幸福的护佑神。

五是要增强品牌意识。2018 年 3 月初，著名作家阿来的文章《一滴水经过丽江》被选入中学语文教材，丽江人民为此欢欣鼓舞，感到无比的骄傲与自豪。那么，三多文化这篇大文章能否进入全省、全国乃至全球的视野，成为一个响当当的品牌呢？为此，我们要树立强烈的品牌意识。三多品牌是老祖宗的恩赐，是一种无形的资产，是人们对三多文化价值的一种评价、一种认知、一种信任，其核心是文化内涵。三多文化是古老的，也是崭新的，有着自身的世界观、人生观和价值观。我们欣逢盛世，打造三多文化品牌正当其时，完全可以扬帆起航、乘风破浪。可以说是天时、地利、人和俱备。2015 年 1 月 19 日至 21 日，习近平总书记在考察云南时指

① 《习近平谈治国理政》第 2 卷，外文出版社 2017 年版，第 313 页。

出：云南少数民族文化是中华民族文化的重要瑰宝，要积极加以支持和发展，要使各民族文化繁荣发展，使各民族相知相亲相惜，成为民族团结的润滑剂、催化剂、粘合剂。党中央、国务院印发了《关于实施中华优秀传统文化传承发展工程的意见》；党的十九大提出“两个共同体”：一是“构建人类命运共同体”，二是“铸牢中华民族共同体意识”。丽江是世界著名的“三遗产地”；2016 年 6 月，丽江市被列为第一批国家文化消费试点城市，成为云南省唯一入选的试点城市；丽江还成为云南省唯一的三线城市。如今，丽江各族人民正在党的领导下谱写中国梦的丽江篇章，这些都为三多文化的发展指明了方向，为三多文化品牌的打造奠定了基础，创造了条件，提供了可能。为此，我们要努力实现“三个结合”：一是三多文化与申报国家非物质文化遗产（乃至申报世界非物质文化遗产）相结合；二是三多文化与三多节民俗文化旅游品牌建设相结合；三是三多文化与“全国民族团结进步示范区”建设相结合。实践证明，任何一个品牌的成功打造，都要久久为功、绵绵用力，不可能一蹴而就，对此我们要有足够的恒心和定力。

“一片垂慈花马国，千秋永镇玉龙山。”挖掘三多文化、弘扬三多精神，需要一批勤于奉献、乐于奉献、善于奉献的工作者，他们肩负历史责任，勇于担当。我想这样的人过去有，现在有，将来也一定会有，比如今天在座的各位就是。如果说三多文化、三多精神是丽江新开辟的一片“样板林”的话，那大家就是“护林员”。我们既要恒顺众生，顺应民意，又应该与众不同，有自己的个性和特色。我们要以习近平新时代中国特色社会主义思想为统领，共同打造、共同呵护三多文化品牌，继续发扬三多精神，这才是真正的“天雨流芳”。

普济村独具特色的三多节习俗

和凤琼

一、三多节在普济村

三多节是普济村的一个传统节日，作为纳西族的一分子，普济人极崇奉三多神，因此民间常有“作恶有阿普三多来惩罚，行善有阿普三多来庇佑”的说法。

据光绪《丽江府志略》记载，称“至今二、八月城乡祀之”，丽江祭祀阿普三多，都统一在二月和八月，祭祀方式主要为：二月份（俗称“二月八”）到白沙白岳庙烧香，祈求阿普三多保佑一年风调雨顺，健康平安。因为那天整个丽江坝子的人都到三多阁烧香，成千上万上聚集一起，热闹非凡。集会上出售各种土特产及小吃，还有农具，应有尽有。因此，“二月八”虽然是祭祀三多的节日，也是以农耕为主要生产方式的纳西族人，经过一个冬天的休养及一个春节的休闲之后，为准备春耕开始一年生计的一个启动仪式。烧完香之后，大家便到集会上买农具、种苗及各种生产生活用品，还到玉峰寺去赏茶花，直到日落西山，才意犹未尽地满载而归。

“二月八”是祭祀阿普三多的日子，也是纳西族的情人节。因为那天，四面八方的人都汇集在三多阁，热闹非凡，尤其是村里的男女青年都会去烧香或赶集。烧完香之后，大家相约到玉峰寺去赏茶花，遇到中意的人便以歌声传情，晚上相约到古城四方街去打跳，有许多有情人便在那天定下一生之约，从此遇到多大的阻碍都不离不弃。

祭祀三多神之后，丽江坝子已经迎来了春天，随着布谷鸟的叫声，雨水下地，人们开始忙碌起来。到了农历八月，丽江坝子的稻谷等农作物已经成熟入仓，到处都是丰收的景象，人们便再次到三多阁烧香，感谢阿普三多庇佑全族人喜获丰收。

这两个日子，是纳西族祭祀三多神的固定日期，各个村寨都一样，但普济村的祭祀时间，却与别处不同，为每年的农历六月二十日。据村中老人口传，称这个日子是由木老爷特别指定的，一直延续下来。其中缘由，各有说法。一说为普济村人喜欢饮酒，经常在集会上与别村人发生争执，引起混乱，因此木土司便下令普济村不准与其他村一起在特定日期进行祭祀及集会活动，定每年的农历六月二十日为普济村的祭祀三多神日子。一说为普济村中，有木氏后裔入赘之后，子孙兴旺，其后代能人辈出，声名远播，每到祭祀三多神之日，全村人浩浩荡荡前往，阵容不同于别村，凡听普济村人来，人们都会自觉避让。木土司看着心里别扭，便找了个普济村人爱喝酒闹事的借口，改了普济人的祭祀日期。

不管日期定在何时，普济村人对三多神的崇敬之心未变，祭祀时的各种礼仪与其他村落相比也是只多不少。

据村中老人讲述，祭祀三多是村民生活中的一项非常重要的大事，每年由一户轮流当值，负责备办祭祀用品以及当天去北岳庙祭三多的人的中午饭等事。当值的人家，会在前一年冬天，饲养好一头大肥猪和一只大公鸡。到了农历六月十九日，全家人就开始忙碌起来。早上，请几个本家的人帮忙杀猪，整个过程，都充满崇敬之心，说着吉祥的话。等洗净之后，就把猪头完整地割下来，面朝上，放在铺满了松针的托盘里，在八仙桌上放着，由一个人专门负责看守，不准小孩进来，也防止狗、猫等进来。而其他人，把主人家已经准备了好几天的白酒、香油、米、蔬菜等物品收在竹篮里，再放到马背上。等到一切准备就绪，由主人家和家族男丁组成的祭祀先头队伍，便开始起程去三多阁。

从普济村到白沙三多阁有七八公里的路，除了物资由马匹驮运之外，所有人都是步行，一般到三多阁时已近傍晚。因为古时交通不便，有些村子离三多阁较远，有的甚至有两三天的路程，为了赶上祭祀时间，大家便只能提前出发，晚上食宿在附近玉龙村的村民家里，等待第二天早起，安排好祭品。祭祀结束后，也来不及连夜回去，便又住一晚再回去。久而久之，每一个村子便与三多阁所在地玉龙村的一户村民结成了侍主关系。每年到了祭祀前一天，侍主便烧好开水，打扫好房间，准备好桌椅板凳，热情地迎接前来祭祀的远客。侍主是不会接受钱财之物的，但祭祀结束之后，剩下的物品就全部归侍主所有，作为报酬。

普济村也有一户固定的侍主，先行人员到了之后，这一晚便早早休息。第二天，凌晨三四点就起来，开始准备祭祀用品。远在普济村的人也在鸡鸣声中起床，洗漱之后，开始起程赶往三多阁。一般一家人只去一两人，大多数是青壮年和男人，女人也可以去，但很少有。热热闹闹的人群，有的步行，有的骑马，还会比赛谁能烧得头香，因此一路上都是喧哗声。天还没亮，沿路村子的人们还在睡，普济村人的谈笑声会将他们惊醒，大家便说："又到了普济村祭祀的日子了。"

当早晨的第一缕阳光照在北岳庙上的时候，普济村人已到达。北岳庙里有一位专门主持祭祀仪式的东巴，轮到当值的主人家便将猪头、鸡等祭品用托盘抬起来，放置于三多神神像之前，参加祭祀的人肃立在后面。老东巴身着东巴服，走到神像前，开始唱颂祭文，隆重的祭祀仪式开始。

据普济村八十多岁的和本元老人讲述，祭祀仪式上，东巴带领着全村人唱颂祭祀经文，其祈祷时所用的语言为普米语，参加祭祀的人都听不懂。传说三多原为木氏土司的将官，英勇善战，且战无不胜，被人们称为战神，其死后，被封为神，由全族人共同供奉。所以，祭祀仪式上必须用三多神的母语。民间的另一种说法为，祭祀仪式上，东巴要用藏族语、白族语和纳西语三种语言来祭祀，代表这三个民族同为三兄弟，同受三多神庇佑。

烧完香之后，轮值主人家便到侍主家中准备午饭，因为时间尚早，其他人就趁空到附近田边地头及刺篱笆旁采集香蒿，以供中秋节做月饼时之用。香蒿是一种中草药，纳西语称"阿只"，味道清香，是做月饼时必放的香料，只有雪山脚下的白沙一线才有，普济村海拔较低，香蒿无法生长，因此村民常借三多节之机来采摘。归来后，年纪大的人则围坐在一起闲聊，年轻人则开展一些比手劲等活动。等到采香蒿的人回来，饭也熟了，大家便开始吃饭。然后，收拾好东西，开始回程。

回程有时候还有一个仪式。来参加祭祀的人，在出发时女主人都会用一个小布袋装着蚕豆、苞谷等马喜欢吃的饲料，这不是用来喂当坐骑的真马，而是用来哄"神马"的。当时，北岳庙大门外两侧走廊上各塑有一排比真马还高大的泥马，民间传说这是“神马”，只要把这些“神马”哄回家，家里就会六畜兴旺。因此，大家在离开之前，都要到北岳庙门前转一圈，将布袋拿出来，在泥马面前一面“夸吵夸吵”地抖动，一面嘴里“布路、手手手”地呼唤马匹，一边往回走。在略带神秘的、富有节奏的呼唤声中，普济村一年一度的祭三多神仪式结束。

据传，普济人回去的时候，走得非常快，尤其是骑着马的，更是一路急奔，会将马背的褥子都抖落下来。沿路的村民见到了，便朝着他们喊叫：“普济村的阿哥喂，神马倒是哄回家了，但是金衣银衣却是落掉了！”这句话，常常被邻村的人当作笑话来调侃普济村的人。

二、关于如何在三多节活动中体现文化内涵的几点思考

三多神是纳西族人最崇信的神，三多节是纳西族最有代表性的一个节日，除了祭祀三多外，还是集歌舞娱乐、庙会、赏花、踏青、野炊及农特产品交易为一体的大型民俗活动。据了解，三多节至今已经有一千二百多年的历史，纳西先民把对自然的崇拜、祖先的崇拜、英雄的崇拜等多种信仰集中在祭祀三多上，通过这个节日，展示着纳西族人与自然和谐相处的生活方式。因三多节习俗衍生出来的文化活动及商业活动，曾经推动过丽江的繁荣与发展。

近年来，玉龙县又恢复了三多节活动，2015 年、2016 年三多祭祀仪式的主持词都由笔者及相关部门的工作人员协作完成，因此对三多节系列活动，尤其是祭祀仪式的程序有所了解，并对如

何开展好活动也作了一些自己的思考。

1. 要准确定位三多节活动，借助活动宣传丽江纳西族独特的宗教文化与民族情怀

我们要将三多节定位为一个能够充分领略纳西族独特的宗教文化的节日，提升节日知名度，拓展节日内涵。我们云南省的少数民族，有丰富多彩的民族文化，有各民族自己最有代表性的节日。各个民族聚居的地方，已经成功地打造出了自己的节日文化，成为自己民族的品牌，像一提到泼水节，就想到了傣族，就有一种因为水而带来的快乐情怀；一提到火把节，就想到了彝族，就有了围着篝火尽情舞蹈的冲动。而我们的三多节是纳西族人祭祀自己神灵的神圣日子，是纳西族人在漫长的历史发展进程中沉淀下来的文化结晶。因此，我们要通过这个特殊的日子，来展示我们纳西族的文化，展示纳西族人自古以来视人与自然同为兄弟，共生共荣，世间一切生灵同归一宗，要和睦相处的民族情怀。

2. 三多节祭祀仪式回归古时礼制，还原纳西族原始宗教文化的神圣性与神秘感

近几年来的三多节祭祀仪式由政府相关部分负责主持，这体现了各级政府对这一传统节日的重视与支持，也有利于协调各方力量，提高办事效率，但也受到诸多的制约，尤其是无法体现祭祀三多神这一神圣仪式的庄严性和神秘性。近来的祭祀仪式虽然保留了一些传统，但也掺杂了一些与现实需要相结合的东西，如将传统的祭祀用品用敬献花篮来代替，而不是用传统的猪头、鸡等祭品。祭文由和瑞尧老先生撰写，老先生祭文风格与祭祀黄帝的祭文相似，他的文采大家有目共睹，其祭文也有浓厚的文化与历史积淀，但是，老先生的汉版祭文，无法代替纳西族表达内心的祈愿，只有东巴经中关于祭祀三多神的祭语，才是祭祀三多神仪式上最有价值最有历史感的祭文，是所有纳西族人想对三多神说的心愿，才是三多神能听得懂的语言。我们不要顾虑别人听不懂，因为不懂，人们才会有未知的欲望，因为除了纳西族人之外，没有人能听懂祭文，才感觉神秘，才会对纳西族神秘的宗教文化有探知的欲望和行动。人们为什么对梅里雪山充满敬畏？那是因为没有人能够走近它，没有人知道它为什么神圣，只知道所有的藏族人都对它顶礼膜拜，连用手指一下都不行。

纳西族人为什么会有一个三多节？三多是谁？纳西族人举行如此隆重的祭祀仪式，在祈祷什么？东巴是神吗？祭祀仪式中的祭文是咒语吗？东巴念动的咒语，是不是能为众生带来福音？种种问题，能不能解答并不重要，重要的是，只要来到丽江，人们就会双手合十，心怀虔诚，祈祷三多神帮助实现自己所愿。

因此，我认为此祭祀仪式应交还东巴协会等民间组织来主持，制定祭祀程序，规范祭祀经文，置办祭品等，并推选一位德高望重的东巴来主持整个祭祀仪式。希望在整个祭祀仪式的过程中，能够让人们了解三多历史，展现纳西族关于三多神的宗教文化。总而言之，要打造出一个神圣而庄严的三多节，让所有参加活动的人们都记住纳西族相信万物有灵，人与自然和谐相处的精神追求与生活方式。

3. 三多节文娱活动要体现文化性与独特性

三多节的系列活动，丰富多彩，有书画展、有集会、有歌舞表演，除了在三多阁举办活动之外，其他地方也有各种各样的庆祝活动。这样的活动，既能让广大人民群众参与到活动中来，又展示了丽江特色的节日气氛，还传承了传统节日的本质意义。但是，从历届的节日活动开展情况来看，还有一些不足，那就是未能办出特色、打造出民族文化的品牌。如祭祀仪式结束之后，在三多阁，县歌舞团会组织一些文艺演出，但这些演出只能增加娱乐性，离达到展示节日文化内涵的目的还有差距。

如何开展好三多节活动？我认为除了鼓励和支持民间组织开展好不同形式的三多节祭祀活动，支持“二月八”传统的踏青、集会等活动，继续由政府组织开展好民族文化的展示和宣传活动之外，要打造出一场以展示东巴文化为主题的大型原生态东巴聚集盛会，作为三多节最值得期待的文化盛宴。比如，祭祀仪式结束之后，可以让全县各地的东巴们，每年开展一次以东巴舞、东巴经文、东巴技能等为主题的展示活动，由此，让人们在活动中认识东巴文化的博大精深。

以上思考为笔者一点拙见，仅供参考。

（本文写于 2017 年 2 月 27 日）

初论纳西族三多战神与爱国善战光荣传统的关系

和尚武

金江环绕、玉岳雄伟，在风景如画的丽江坝，和合和美的丽江纳西、汉、白等各族儿女，每逢农历二月八日在白沙三多阁举行隆重神圣的祭三多保护神和战神仪式，追忆三多神为保护纳西等族子民的丰功伟绩，祈求三多神灵永远护佑丽江子民百姓风调雨顺、安居乐业、民族团结、社会发展。在这庄严的时节，我作为一个纳西三多后生，对纳西三多战神与纳西儿女爱国从军、英雄善战的历史进行大概叙述，并对今后长远弘扬三多战神激励丽江儿女爱国从军，保卫国家，维护祖国统一大业中的作用，提出自己几点看法，现简述如下。

一、纳西三多战神保佑纳西人爱国从军英雄作战概况

纳西族的历史是“从生到战，从战到和”的一部生存、战争、迁徙、融合、发展的历史。千百年来，纳西先民坚信三多战神是纳西儿女心目中英雄正义的化身，是战无不胜的神灵，传说中特

别是战争关键时刻，屡有一个骑白马、披白甲、戴白盔、执白矛的神灵大将显圣，帮助纳西军队战胜敌军，取得胜利。这是神话传说，也是纳西人心中的精神支柱和精神力量。纳西族从今天的内蒙古凉城地区由部落聚变为民族，以“善骑射、最勇励”的强悍游牧马背民族，一路征战向西，穿越黄土高原，渡过黄河，千万里长途迁徙到青甘河湟地区。后又沿金沙江大渡河南下，逐步达到川康边区、滇藏交界——美丽神奇的丽江地区半农半牧稳居发展。三多战神是民族内部团结的核心，是战胜强敌，万里远征迁徙的最强大精神动力，也是激励保佑纳西儿女爱国从军、英勇作战，维护祖国统一，保卫祖国边疆的强大爱国主义精神力量。

纳西族人民，自古以来热爱祖国，维护祖国统一，向往内地，一贯从行动上表现出自己是中华民族的成员，一直支持和维护中华民族的统一和繁荣昌盛，并作了应有的重大贡献。早在东汉初年，纳西族先民白狼部落曾献《远夷乐德歌》《远夷慕德歌》《远夷怀德歌》，内有“闻风向化”“慕义向化”“涉危历险”“不远万里”“去俗归德”“心归慈母”等表达向往内地和心向东汉中央王朝的恳切之辞。元明清三代，纳西族首领在政治上审时度势，以中华民族大义为重，顺应天时，顺应新生力量，始终支持服从中央王朝对纳西族地区的管辖。特别是明代纳西族土司木氏，地跨滇川藏三省广大地区，拥有较强大的“义军土兵”，始终支持和拥护中央王朝的统一，不断为明王朝出兵征战，《明史·土司传》和《木氏宦谱》有许多关于这方面的记载。明王朝把木氏看作安定边境的重要力量，赞为“诚心报国”“忠义”“辑宁边境”，对木氏优待礼加，恩赐很多。清朝初年，平西王吴三桂等三藩发动了反对中央王朝的国家分裂叛乱，把丽江土司木懿调至省城昆明，骗诱迫胁，授以伪帅，但他坚志不从，要他出兵出粮，他不肯，结果被关押七年才放回。纳西儿女对中央王朝的忠诚，有助于民族团结和祖国安定统一，也是纳西族人民向往内地、热爱祖国、维护祖国统一的光荣传统，顺应了中华民族是一个不可分割的整体这个历史潮流。

1840 年第一次鸦片战争后一百多年来，在反对帝国主义侵略的战争中，纳西族人民和其他各族人民一道，发扬爱国主义精神，进行了不屈不挠的斗争。1883 年至 1885 年，爆发了法国侵略中国的中法战争。在这次战争中，数百纳西子弟参加了战斗。他们怀着对侵略者的刻骨仇恨，作战英勇，有许多人为国捐躯，其中副将衔的指挥官有三人，都司衔一人，管带二人，和述廷、木占春等将官立下卓著战功，归国受奖。爱国将领和虎臣具有强烈的爱国主义思想和民主主义思想，他在北京读书及各地任职期间，目睹清廷的腐败和帝国主义侵略中国的罪行，忧国忧民，写下了许多抨击时政、表达爱国主义激情的诗篇。1894 年，和虎臣在广西任职期间，中日甲午战争爆发，他主动上书请缨参战。后来，和虎臣在苏州病故，他的亲密朋友学者陈荣昌先生为他写了墓志，并写了许多诗文，赞扬他在国家和民族受难之际，毅然弃文从武，坚决抵抗外来侵略的可贵爱国精神。云南重九起义是辛亥革命的组成部分。起义爆发后，丽江各界积极响应。许多在云南讲武堂学习和在昆明的纳西族人士，积极参加了这次起义。在反对“窃国大盗”袁世凯的护国运动中，三千多丽江纳西族和其他各族儿女参加了护国军，进军四川等地英勇作战，作出了自己的贡献。在 1936 年 4 月 24 至 28 日，中国工农红军二、六军团在贺龙、萧克率领下途经丽江，得到丽江各族人民的热烈欢迎及大力支持，一万八千余红军官兵顺利渡过金沙江北上抗日，为中国革命胜利作出了重要贡献。抗日战争中，纳西等族子弟兵奔赴前线奋勇抗战。1938 年在台儿庄战役中，有一百多名纳西族子弟献出了生命。在此期间，丽江人民节衣缩食支援了前线大量财物、军马等，为抗日战争胜利作出了自己的贡献。在解放战争中，丽江是共产党领导下的革命根据地，纳西等族儿女参加了边纵三十四、三十五团等人民武装，英勇作战，有力打击了国民党反动派，为新中国的建立作出了贡献。新中国成立后，丽江军民在解放西藏、平叛作战、支前工作中，出动几万支前民工、马匹，为反对分裂、维护祖国统一作出了巨大贡献。1950 年，朝鲜战争爆发，战火燃烧到我国边境，为了保卫祖国，支援朝鲜人民，祖国派出了志愿军，进行反侵略战争。丽江纳西族和各族人民，开展了声势浩大的“抗美援朝、保家卫国”运动，成立了抗美援朝分会。纳西等族人民踊跃报名参加中国人民志愿军，仅丽江人民中学（今丽江市一中）报名参军的就有二百三十多人。人们还积极捐款捐物支援前线，全县人民共捐款约三十万元，用于购买飞机大炮。许多纳西族子弟，参加了志愿军行列，有不少人为国立了功，其中有纳西族人民的好儿子、著名战斗英雄戴汝吉。他是志愿军某部营长，在白云山战斗中，带领十八勇士，夜袭水源城，全歼美军一个宪兵排，威震敌胆；又在白云寺战斗中，指挥部队英勇地打击敌人，为整个汉江战役的胜利立了大功。他在朝鲜战场上先后立了三次功，被授予朝鲜民主主义人民共和国三级国旗勋章，受到朝鲜领导人金日成的接见。志愿军某部排长和文亮，1951 年在朝鲜战场上英勇奋战，荣立一等功。

在从西汉元鼎六年（前111）有效历史文献记载以来两千余年的纳西族史中，丽江纳西等各族儿女弘扬三多战神的英勇正义精神，爱国参军，英勇作战，为中华民族的稳定繁荣发展作出了贡献。丽江是一片充满爱国主义的热土，是以爱国尚武、从军善战为荣的优秀兵源基地，纳西族是一个爱国、文明、大气、英雄的民族，这与历代将三多战神与纳西族注重爱国主义精神培育相结合是分不开的。

二、弘扬三多战神优秀传统，加强爱国主义教育

纳西族是一个爱国主义普及度高的民族，在其两千余年的历史长河中，具有“善于审时度势，顺应新生力量，坚定自认是中华民族的一员，崇尚文治武功，坚决反对民族分裂、维护祖国统一、勇于为国牺牲、忠心热爱祖国”的爱国主义精神，也是纳西族军事文化的精髓。在政治、经济、文化、宗教等方面，无不体现着爱国主义的闪光点。三多战神的英雄正义精神激励着纳西等民族拥有积极、向上、进取、奋战、胜利的精神，在纳西语里纳西男子称为“嘎若”（意为“胜利之子”），纳西女子称为“命旦”（意为“聪慧能干之女”）。进入21世纪这个信息化、城市化的时代，纳西族面临着市场化大潮的冲击，挑战和机遇并存，经济在发展，社会在进步，商业化、信息化冲击着丽江各个领域。由此导致的负面效应是，过度追求娱乐，麻将风盛行，爱国尚武精神受到极大削弱。要解决这一问题，我认为首要环节是抓好弘扬三多战神英雄正义为代表的民族爱国主义教育。建议应从以下几个方面努力：

（1）在三多民族精神文化宣传、教育、弘扬方面，注重三多

战神英雄正义的核心内容，并与社会主义核心价值观教育相结合。

（2）通过对三多战神的精神引领，注重对纳西族军事史、战争史的研究，大力宣传历代纳西族军事重大战役、军事人物的优秀方面，在讲坛、电视、广播、微信、报纸、杂志等平台开辟专栏。

（3）建议有关部门大力开展以“三多杯”为标识的各项体育比赛、文艺演出，促进全民强身健体，提高民族身体素质，刹住“麻将赌风”。

（4）建议开展有民俗传统的骑马、射击、越野、野营等有军事内容的比赛活动，重新弘扬纳西人崇尚军武传统，为国家储备优秀国防后备兵员，同时提高民族和地方全民身心素养，利国利民。

（5）通过宣传三多战神树立民族团结典型，大力加强丽江各民族团结教育，反对民族分裂，把丽江建设成为一个民族团结的示范区和文明、团结、绿色、繁荣、创新、幸福的全面小康社会。

（本文写于 2017 年 2 月 15 日；

作者单位系丽江市古城区传统知识产权保护办公室）

“阿普三多冷窝禄佑”

——浅谈大具地区的三多崇拜

董学瑞

“阿普三多冷窝禄佑”①据说是出自清朝后期大具培当白岳庙大门上的一副对联，上支“雪石白岳安邦景帝”为汉语，下支“阿普三多冷窝禄佑”为纳西语，均用汉文字书写。上支“雪石白岳安邦景帝”中有两重含义，“雪石白岳”既涵盖着纳西族的保护神玉龙雪山，又体现着纳西族对木石崇拜的传统思想；“安邦景帝”中的“景帝”，指明朝第七代皇帝朱祁钰，年号为景泰，该时段也是丽江木氏土司的鼎盛时期。也从明朝的该时段开始，历代木氏土司为丽江府、宝山州的安宁多次出兵平乱，特别是木天王木高为丽江、宝山州纳西子民的安居乐业作出了不少贡献。有关他平乱功绩的传说，至今还在大具、奉科、宝山州以及香格里拉县的三坝洛吉这些地区流传。随着历史岁月的流逝，这些传说和故事逐渐在大具人们的民间演义中，演变成了英雄记忆和英雄崇拜。同时，根据足智多谋、骁勇善战的木氏第十三代土司木

---

① “阿普三多冷窝禄佑”出自《大具风物志》祁友光撰《培当白岳庙中的两副楹联》。

高的原型，综合木泰、木嵚、木增等历代杰出的木氏土司平乱形象，打造出了骑白马、拿长枪的纳西英雄木天王，同时经过在历史长河中的和平和动乱、袭扰和安居的生活不断对比、沉淀之后，结合纳西族源远流长的“巠鲁（玉龙雪山）”白石崇拜习俗，进一步塑造出了纳西人们心目中骑白马、拿长枪、英勇无比、战无不胜、无所不会、无所不能，理想完美的纳西族保护神阿普三多，供奉在培当白岳庙中，受大具纳西儿女的顶礼膜拜，成了人们向往安居乐业幸福生活的精神的追求和寄托。“改土归流”后，特别是清朝后期大具战乱、匪患不断，战乱和匪患使人们长期颠沛离所 、民不聊生、苦不堪言，于是渴求平安、幸福 、安康的大具纳西儿女，在培当白岳庙的大门上，贴上了“雪石北岳安邦景帝，阿普三多冷窝禄佑”的对联，喊出了“阿普三多冷窝禄佑”的民心，表达出了大具人民渴望幸福和平、追求安宁的希望。

大具白岳庙

大具地处玉龙雪山北麓山脚，金沙江虎跳涧畔，东接鸣音，南连白沙，西南与龙蟠隔玉龙雪山毗邻，西与迪庆州香格里拉县三坝乡（即白地）隔金沙江相望，北与宝山相接，俗称“打鼓”。辖头台、培良、白麦 3 个村委会，31 个村民小组，到 2016 年底有农户 2088 户 7875 人，耕地 11318 亩，人均耕地 1.43 亩。其中，纳西族村组 18 个，纳西民族人口比例占 95%以上的村寨有：金江，头台一、二、四、五村，上白麦一、二村，肯配古、新鲜落、里落，上里都一、二村，下里都、卡子一、二村，树底，补古足和高寨等 18 个村组，纳西族与其他民族杂居的村组 9 个，汉族村 4 个。纳西族有 1420 户 5758 人，占总人口的 77%。大具坝子面积

25 平方公里，是金沙江流经玉龙县后，在玉龙县境内留下的最大的江边坝子。玉龙山北坡流下来的季节河箭台河，牦牛坪、米测冻梁子坡脚发源的头台河，白麦山脚的岩窝龙潭等三大水系哺育着大具坝子。大具坝子海拔低，气候炎热，光热条件好，土地肥沃，出产丰富，农作物两熟，出产水稻、小麦、玉米、黄豆、鸡豆、豌豆等粮食作物；出产西瓜籽（即红瓜籽）、芝麻、甘蔗、棉花、烤烟、黄姜等经济作物；适宜油橄榄、李、桃、杏、梨、石榴、葡萄、苹果、核桃、芭蕉、柿子等经济林木，是周边邻乡群众戏称之为“娃娃干活，大人吃饭”的富庶之地，古往今来是丽江东部的粮食主要产地之一。

大具白岳庙坐落在大具坝子南面峨嵋止村坡脚的培当村上方，坐南朝北，略高于大具坝，站在古柏苍苍的白岳庙大门前，可以俯瞰四周大沟头，大坝子，小米地，岩窝，营盘，头台一、二、三、四、五村，文都，水火头等，涉及培良、白麦、头台三个村委会的所有坝区村组，还可以看到峨嵋止山南面的高寨、阿拉蚌、果落地、峨嵋止上下村等五个半山区村寨，就是金沙江西面香格里拉县三坝乡江边村委会的本习、永壳、然宝、阿麦之这些村寨也一目了然，视野非常开阔。老辈人说：三多神是我们纳若的万物保护神，只要是白岳庙目光所及之地，就能沐浴木天王的恩泽；阿普三多灵光普照，纳若就能安居乐业，大具乡就是全境平安。

大具培当白岳庙，占地一千多平方米，庙宇前方和东面大路边有几十棵十来米高的古柏香树（如今古柏香树一些尚存，一些被毁）。古柏香树的树荫下，矗立着由白石支砌、下方上圆、全身刷着石灰，高约一长左右的四根塔形石柱。塔形石柱中间的两根高，两侧的两根比中间的矮。四根石柱形成三个门孔，中间的大孔是白岳庙的大门，两侧的小孔分别是两道侧门。相传白岳庙的大门只在春节、二月八、初一、十五和有重大集会时才打开，平常只开两侧的小门。四根白色塔形石柱，象征白石玉龙雪山。进白岳庙后是下低上高的两台院坝，每台院子的两边各有一所厢房。第一台院坝两旁的厢房做厨房和盛放杂物的闲房之用；第二台院坝两侧的厢房，有事时是绅士老爷、庙祝和里、约长、乡、保长、邻长的断事厅，无事时是学生读书的教室；第三台是三多大殿，大殿中间供奉着阿普三多，同时因受汉文化和佛教、道教的影响，也供奉着其他神祇。

大具的培当白岳庙不仅是当地群众供奉祭祀阿普三多等神圣的地方，也是“抓阿”[①]协调、审理邻里纠纷事件的断案场所。在这里协调、办理的邻里纠纷事件，无法协调的往丽江县衙里送，小的就由乡保长、邻长与绅士老爷双方协调解决。协调解决的原则是“抓阿”和乡绅共同根据事实依据，谁有理，就断谁赢。协调结束后，“抓阿”、绅士老爷和原告、被告在一起“打东道”，意为“吃和气饭”。和气饭的开支费用由被告和原告共同承担，被议判为无理的一方，还得承担里、约长、乡、保长、邻长与绅士老爷的车马劳累辛苦费“草鞋钱”等。笔者的祖先上辈是木氏土司香格里拉县三坝乡东陆房银厂里的工匠技师。“改土归流”后金沙江以北划归吐蕃，香格里拉县不属木氏土司节制，三坝乡东陆房的银厂一带战乱匪患不断，民不聊生，加上矿源衰竭，银厂的工匠、技师就从东陆房流落而出，笔者家祖辈及一部分亲戚最后定居在大具乡培良村委会的大沟头，古称“大具情普罗约箐

① “抓阿”是纳西语，以前大具一带对地方官绅的称呼，具体指哪一级不详。

台村”。

我爷爷辈有五弟兄，弟兄分家后因土地不够种，就通过向当地培当村的老户租地、典地过生活。一次因租地过渡为典地之间的契约没有写清楚，我爷爷和原土地的主人两家走进了白岳庙的断事厅。当时的原委是，我家租土地的主人紧钱用，要求将租给我家的土地变更为典给我家，并要求一次付清略低于卖地价格的典地费用。付钱时，我爷爷还叫收取典地费用的老主人出具了一张收费契约，并注明到了期限，土地主人无力支付典地费用赎回土地，主人家的土地将永久归我家。老主人去世后，因其没有向小主人交代清楚，小主人说他家是租地给我家种，不是典地。为解决我们两家的纠纷，土地的小主人与我家就来到了白岳庙的议事厅请求解决。爷爷说议事厅很庄重，议事开始时调解的绅士老爷的开场白是：阿普三多在上，双方当事人得讲真话；阿普三多做证，双方当事人不得说假话。说真话的阿普三多会保佑你，说假话的阿普三多会惩罚你。调解的“抓阿”要公正地做，不得偏心。公正的“抓阿”阿普三多会保佑你，偏心的“抓阿”阿普三多会惩罚你。那次调解中，我家虽是外来户，但是“抓阿”和绅士老爷依据我们两家之间的契约，断我家赢了。爷爷说“抓阿”和绅士老爷办事公道，同时土地的小主人家也可怜，为了团结，我家不仅承担了“打东道”的伙食，还承担了土地主人家该承担的“抓阿”和绅士老爷们的“草鞋钱”。土地纠纷调解过后，“抓阿”还称赞我家爷爷说：董三叔良心好，官司赢了还承担“打东道”的伙食费用和“抓阿”、绅士老爷们的“草鞋钱”，是好人。所以大具的白岳庙不仅是人们祭祀阿普三多的庙宇，更是人们心目中代表正义和公平公正的神圣之地。在我幼年的记忆中，暮色之下，北岳庙周围苍虬古柏，威严庄重的雪石门孔，森严静谧的三多大殿，一阵山风吹过，铃声萧萧，古柏呜呜，使白岳庙更加庄严肃穆，令人敬畏。

阿普三多崇拜

大具人将白岳庙又叫作三多阁，懂历史有文化的老人解释说：白岳庙是官讳，三多阁是民语，三多阁是老百姓对白岳庙的尊称、爱称。日常生活中的好多时候，老百姓对这两个名字都是混着用。在大具人的心目中三多阁就是白岳庙，白岳庙也就是三多阁。"阿普三多冷窝禄佑"翻译为汉语，意为：祈求纳西族的保护神阿普三多，回来大具，保佑大具，保佑纳西儿女，保佑我家五谷丰登、六畜兴旺、平平安安。大具地区的纳西族对阿普三多的崇拜，是嵌进了心灵骨髓之中的信仰，这不仅表现在二月初八的三多节中，而且在人们日常的生活中、节日里，阿普三多都是人们寄托希望、寄托理想、寄托幸福安康的万能神灵。如春节正月初一到初三的"除傩祭"三多崇拜，这三天大具当家男人起床后做的第一件事，就是烧旺"格古鲁"火炕上的千年火塘，然后取来洁净的三个早已准备好的圆石，放进燃烧得通红的火炭中进行焚烧，圆石烧红之后取出放进垫有一层青松毛铜瓢中，然后再将折来的柏树叶、紫油叶盖在圆石之上，随后浇上雄鸡叫第一声时迎来的净水，使其激起一股炙热的雾气，于是男主人端上冒着浓浓水雾热气腾腾的铜瓢，开始了传统的"除傩祭"除秽祭祀。除秽祭祀从祖房起步开始，祖房和人住房中男主人除秽念的祝辞是："阿普三多，漫谷窝禄，亚阁比比，古木拉拉佑货！"熏粮仓时念的是："三多窝禄，峨眉鼓足约货！"熏畜圈时念的是"三多窝禄，补呐额呢尼古佑货！”[①]直到熏完所有的房间，用三多崇拜祈求新的一年人畜平安粮食丰收。祈求三多保佑，过年时有，祭天、峨眉叶[②]时也有，就是平时家中的人生过疮导致淋巴肿大等小病小痛，老人也会找来一个小圆石，在清晨太阳刚升起的时候，一边用小圆石在淋巴肿大的地方上下摩擦，一边口中祝赞：“三多窝禄，故次绰本夸佑货！”[③]阿普三多成了大具纳西族人民万物的保护神，成了人们向往平安社会、幸福生活的精神支柱。

木天王在民众心中的地位

在大具流传着这样的传说：培当北岳庙是明代土司木天王修建的，宝山州府是木天王修建的，大沟头村箭台梁子上的碉楼是木天王用帽子端泥巴舂成的，丽江明代忠义石牌坊是在大具打造好后，木天王用鞭子将石头赶到丽江修建好的，只要土匪来抢掠宝山州，骑白马、提长枪的木天王就会率军赶到将土匪打跑，此类民间传说神乎其神。从传说中，我们也不难看出，大具人在对历史神圣阿普三多和纳西英雄木天王的崇拜过程中，随着历史的发展，岁月的流逝，也一步一步地将木氏土司木天王与阿普三多演绎成人神共体的神圣，来纪念他们、怀念他们、顶礼膜拜他们。

元朝时，木氏土司丽江路的疆域是“府一，州七，县一”；明朝时，木氏土司的丽江府节制“通安、宝山、兰州、巨津、临西

---

① “阿普三多，漫谷窝禄，亚阁比比，古木拉拉佑货！”意为：“三多保佑，家中平安，一家老小身体健康。”“阿普三多窝禄，峨眉鼓足约货！”意为“粮食丰收”。“阿普三多窝禄，补呐额呢尼古佑货！”意为“肥猪长得像牛一样的壮”。

② “峨眉叶”意为“祭祀庆祝粮食丰收”。

③ “三多窝禄，故次绰本夸佑货！”意为“三多保佑，病痛早些好”。

等四州一县”。元明两个朝代是木氏土司统治丽江的鼎盛时期，这是因为丽江府下属的宝山州拥有俄亚、龙达河、洛吉、三坝、大具等地的金、银、铜、铁财富，同时，大具、拉伯、香格里拉县的永壳、哈巴、白地等地皆在金沙江边富饶肥沃土地上。故而在粮食、金银财富的经济支撑下，木氏土司将元朝在“世祖征大理，自下头济江，由罗邦至罗寺，围大匮等寨，其酋内附，名其寨曰：‘察罕忽鲁罕’（意为‘白水’），至元十四年（1277），以大匮七处立宝山县，十六年升为州”[①]的宝山州州府（今营盘村）进行了改造。坐落在营盘村的县、州衙门坐东向西，衙门前的街道有十多米宽一千多米长，西面街尾为兵营、粮仓。东从料立堡堡、南从大石头、西从寺背后、西北从芭莎竹、北和东北从大河边等分六个方向的巷道进入古街，六条巷道均四米多宽。州府所在地的生活用水沟渠设计得十分巧妙，流水从三条沟渠进入营盘，一条是引箭台河水，经隔罗、瓦托、大沟头，过培良坝子，从南边的大石头流入古街；一条是在头台一村上游引头台河水，经头台坝子过白泥地，从东边的料立堡堡流入古街；一条是在金江村的对面引头台河水，经村边流入芭莎竹。一年四季，清清的箭台河水和头台河水就从大石头和料立堡堡哗哗地流进营盘古街的每一个角落。这两条渠道的河水，直到20世纪70年代还在使用。枯水季节和渠道堵塞的时候，人们便挑着水桶顺着北边的巷道到大河边挑水。古街街道和巷道的路面，用直径约二三十厘米大小的河石铺成，不会有泥滑路烂难于行走的现象发生。街道和巷道的两侧均有规则的商号铺面，开着马店、粮店、杂货店、食店、凉粉

① 郭大烈、和志武：《纳西族史》，云南大学出版社、云南人民出版社2015年版，第255页。

店等商铺。在此做生意开铺子的，有来自丽江、鹤庆、中甸等地的商人，每年还有大批来自丽江、鹤庆、中甸、永宁、宁蒗和白地、奉科、宝山、鸣音、大东等“宝山州辖六里”的马帮来此做生意。每月十五的街天和年头岁节，街上便会挤满了来自附近村寨的赶街村民。同时为了安全起见，木氏土司还组织人马修建了大沟头村箭台梁子、金沙江边小米地的碉楼、金江村旁边的烽火台，在离州府二十多公里又能俯瞰整个大具坝的头台卡子村设立卡子塘，如有战事，卡子塘就成了大具向丽江府木氏土司传递消息的最佳地段。

在拥有培良、头台两大坝子七八千亩肥沃良田的同时，木氏土司为了进一步做好大具的土地开发利用，又启动了为开发小米地坝子近千亩土地的岩窝龙潭水利设施建设工作。在开发岩窝龙潭水力资源时，当时的木氏土司采用采伐松树挖成木槽，再用竹条将两块木槽捆成一个木桶管道，采用弧吸管的方式，架设木桶管道流水桥，引大具岩窝龙潭水过大沙河，爬上南岸高坡浇灌小米地坝子的土地，后因木桶弧吸管炸裂而废弃。该壮举在乾隆《丽江府志略·山川略》的记载是：大具龙泉，在城北一百数十里打鼓汛之西，水源甚旺，昔时土官曾于此筑渠，建流水桥，跨越山溪，可灌南岸高田，今久废。至今岩窝至小米地高坡中间的大沙河之处，当地老百姓还称它“木栌座古”，意为“木老爷架设木桶弧吸引水管道的地方”。

大具乡虎跳峡下游的金沙江边锅底潭，至今仍保留着几百年前木氏土司建忠义石牌坊时的“万历四三”采石场遗迹。1997年丽江大研古城申报世界文化遗产成功，重修木府忠义石牌坊时，经专家和工匠确认原明朝万历年间建造的木府忠义石牌坊是在大具开采的。之后，为重建木府忠义石牌坊，1997年6月石牌坊采石队又来到了大具乡虎跳峡下游的金沙江边锅底潭寻石采石。在寻石过程中排除旧时遗物时，发现镌刻在石壁上的“万历四三”四个字。这四个字刻在采石场中间一块坐南朝北的方石石壁上，石头长约4米、高约2米，刻字面向正北金沙江，字体为竖式，上下长30厘米左右、宽10厘米，“万”字为繁体字，“历”字长有6厘米，“四”字宽有8.5厘米，许是当时工匠们在避挡烈日乘凉之时有意无意刻上去的。“万历四三”是明神宗皇帝万历年号的第43年，即1616年，木府忠义石牌坊建成于万历四十八年，即1621年，其间共花费5年多时间用以采石、运输、建造，距今已有400多年的历史。据说当时采石、运输的规模可以称得上是一个小而全的服务型社会团体。当时的采石场除了有石匠的住宿区外，还有舂米的碓房，做豆腐、凉粉的手磨坊，还有制自产酒的烤酒房和卖杂货的小贩。据老辈人讲，外边牵大牲口来运石的人，从来没有吃过大具人做的锅边粑粑，第一次吃时很惊奇，问这个一面是烤的一面是蒸的粑粑究竟是怎么做的，这样好吃。此典故一直流传至今。

顺治十六年（1668），清政府推行“改土归流”，这一新政对丽江做出的第一步改革是吴三桂以金沙江为界，将木氏土司管辖的照可、你那、香罗、鼠罗（今木里）、中甸等地割送给吐蕃。由于木氏土司退出了宝山州管辖的金沙江以北的洛吉、三坝和四川的木里俄亚等地，洛吉、三坝一带的社会治安环境变得越来越差。受这些因素的影响，宝山州与金沙江为界的大具、奉科、拉伯这些地方，也不时受到吐蕃的袭扰，但社会治安比金沙江以北的洛吉、三坝好一些。新政使丽江走出的第二步是撤州归府，“收归云南入版图，建制各如旧，寻裁通安、宝山、兰州、巨津四州、临西一县归府”。于是在乾隆《丽江府志略》之“建置略”“官师略”“古迹”中分别留下了“宝山土知州如他，本州人，洪武中，率众归附，受土知州，今奉割除”,“宝山废州，元宪宗三年（1253）内附，名其寨曰：察罕忽鲁罕，至元十四年（1277），置宝山县，寻升为州，属丽江。明因之，本朝省入府。址存”等记载。宝山州因此完成了从元至元十六年到清朝雍正年间三百多年的辉煌和历史使命。“改土归流”后木土司改为土通判，失去了对丽江的实际统治权。加上清朝不再沿袭明朝的“丽江作为屏藩”的治国方略，吴三桂在云南施政的原则又是“不可使滇一日无事”，于是丽江府这块北与吐蕃对峙，南与大理接壤的木氏土司领地，就成了吴三桂的施政砝码，其因此挑起的战乱不断。受这些因素的影响，大具人民饱受匪患之苦。对匪贼出没大具、劫掠大具的历史，李修在《云南通志》卷五中说：“废宝山州，在府治东二百四十五里，洪武十六年（1383）建，后因吐蕃出没，被焚。”于是“宝山州”唯一的“址”不存在了。

吐蕃出没大具，以前的史书资料记载不多，但民间传说却很多。木氏土司没落之后，土匪过江抢劫大具的事时常发生。发生在近代的匪患，许多老人都记得清楚。如大沟头村的宿正龙张德荣（已故）老人说：光绪时候我还小，土匪来抢掠大具时，我家爹爹背着我跑匪。民国十一年（1921），属猪年的农历二月初二，那时我已经懂事了，土匪从白马厂过江，抢劫岩窝、营盘、金江后，又到培当、大沟头、大坝子、黄草坝村抢劫。在抢劫的过程中，打死培当和玉文的父亲、大沟头胡天明的大哥、大坝子吴金熬的父亲，打断王贵新父亲王富斌的三根肋骨，单单大沟头村就被土匪放火烧了王贵新和李文学两家的房子，土匪在大具乱了四五天，才折回中甸。我奶奶李官秀说：在我小的时候，一次为躲避土匪跑匪时，徐大姑妈和我家在一起，徐大姑妈还背着在吃奶的小表妹。我们躲在一个浓密的小灌木丛中，土匪从我们旁边走过时，徐大姑妈怕不懂事的小表妹哭出声，用手紧紧捂住小表妹的嘴巴。等那些土匪走过后，徐大姑妈才松开捂着小表妹嘴巴的手，此时小表妹的脸都青了，好半天才缓过气来。

饱受匪患之苦后，人们十分怀念木天王为了保护宝山州人民的安宁，数十次进驻宝山州剿匪平乱的历史。

八世土司木初执政的洪武十七年，“本年十二月，宝山州土官生拗，同大理卫李指挥以策平定，攻打本州山寨，安抚人民。十八年，本州土官剌密如吉复据山寨，然行领兵前驱，攻打本寨，擒杀二十余贼”。

木氏土司“永乐八年（1410），亲诣宝山州白的、元始瓦等寨招谕头目，阿容目名下认纳差发”。

景泰六年（1455）宝山州白的等处，被刀日卜他同男阿俗劫掠，十一世土司木嵚“率兵征讨，擒贼四人，斩首八颗，阿俗来降”。

天顺四年（1460），阿俗引众重占宝山州，木嵚领兵剿灭了阿俗的反乱，“格杀阿俗余党二十三人”。天顺六年木嵚再领兵“得胜刺宝鲁普瓦寨、鼠罗你罗、占普瓦寨。八年得胜鼠罗剌罗、岩那瓦寨”。

成化二十一年（1485），阿加南八率部侵犯白的诸寨，十二世土司木泰率兵征讨击溃进犯者。二十二年木泰再率兵征战鼠罗，得胜于鼠罗苴公寨。二十三年阿加南八率部又侵犯宝山州，木泰率兵与阿加南八“鏖战于山哈巴江口，馘首级十五颗，生擒六名，趁势追至可琮寨，贼将固守，然攻破之，斩首七十二级，讯质十八名，吾牙等寨不攻自遁，被掳人民，尽行复业”[①]。历代木氏土司为保卫宝山州人民的安宁率兵浴血奋战的事迹，永远留存在大具人民群众的心间。

清代时吴三桂以金沙江为界，将宝山州以北的三坝、洛吉等地划归吐蕃后，战乱、匪患百多年间不断，受这些因素的影响，大具人民也饱受了战乱和匪患之苦，为此人们更加怀念宝山州在木氏土司的统治下平安、宁静的桃源生活。怀念之中，人们从历代有功于大具的木氏土司中，抓住十三代木氏土司木高足智多谋、骁勇善战的原型特点，打造出心目中骑白马、拿长枪的纳西英雄木天王。不仅大具的纳西族人民崇拜他，甚至连四川的昌都、康定的老百姓也崇拜他。如《丽江纳西族自治县志》“土司”第二节“木氏土司的统治区域及势力范围”中，根据四川的九龙、稻城、康定义敦等地的资料记载：明天顺六年始，木氏土司始进征鼠罗、盐源、盐边等地，后逐渐延伸到九龙、稻城、康定等地。《义敦县志》“遗迹”部分记载：木天王死后人民神之，所辖之地东有打箭炉（今康定），西至察木多（今昌都），各寺庙皆塑其像于正殿，名曰“木王殿”。从中我们可以看出，明朝中期四川的九龙、稻城、康定等地对木天王的崇拜，已经达到了神的境界，木天王被神化了。以纳西族为主体居住民族的大具，塑造出骑白马、拿长枪、骁勇无比、无所不能的保护神阿普三多，同时把阿普三多与对玉龙雪山的崇拜、对古木的崇拜融为一体，供奉在白岳庙里，受大具纳西子民和其他民族的祭祀、顶礼膜拜，在历史长河中也是顺其自然的事。

① 《木府风云录·木氏宦谱》“历代木氏土司传记甲、乙本”。

传统节日的文化传承与多元民族宗教和谐功能

——以香格里拉白地纳西族传统节日“二月八”为例*

和继全　和晓蓉

由于云南省香格里拉县白地是纳西族东巴教圣地，纳西族传统节日“二月八”的多数活动又是在当地的风景名胜白水台举行，该节日很早就引起了人们的广泛关注。清光绪《新修中甸志书稿本》记载：“仲春朔八，土人以俗祀为祭，贽币承牲，不禁百里而来；进酒献茶，不约千人而聚。此一奇也，亦胜景也”[①]。约瑟夫·洛克在《中国西南古纳西王国》中对白水台和祭祀场地做了详细的描述。[②]丽江东巴文化自改革开放以来的复兴以及旅游业的带动，“二月八”作为学术的民族认同以及旅游的标志性意义也越来越得以强化[③]。

本文以 2009 年 3 月在白地二月八节日期间的田野调查为基

---

* 本文原发表于《思想战线》2009 年人文社会科学专辑。

① 吴自修修，张翼夔纂，和泰华、段志诚标点校注：《中甸县志资料汇编 2》，中甸县志编纂委员会，1990 年，第 31 页。

② ［美］约瑟夫·洛克：《中国西南古纳西王国》，刘宗岳等译，云南美术出版社 1999 年版，第 180 页。

③ 西南大学博士研究生廖冬梅以白地二月八节日为个案，撰写了博士论文，就该节日的起源、活动、教育功能等做了探讨。

础，尝试以民族文化传承场和民族文化心灵传承[①]的视角分析白地纳西族传统节日“二月八”的文化内涵，并讨论它在云南藏区多元民族宗教和谐关系中的意义。

一、白地纳西族二月八节日的主要活动

白地属云南省迪庆藏族自治州香格里拉县三坝乡，史书上称“北地”或“白的”，位于香格里拉县的东南角，北、南、西三面均为崇山峻岭环绕，东临北去的金沙江，海拔2100—2300米。白地所属的三坝乡，历史上是东坝、白地和哈巴三块群山中的坝子的合称。三坝纳西族民族乡成立于1987年，下辖江边、哈巴、瓦刷、白地、东坝、安南6个行政村，共有74个农业社、2768户15665人。其中纳西族9794人，占总人口的62.52%。[②]白地村委会下有11个自然村落，包括波湾村、古都村、吴树湾村、水甲村、恩土湾村、衬主湾村、恩水湾村、阿鲁湾村、上火山村、中火山村、下火山村。其中前8个自然村的居民都是纳西族，后3个主要是汉族。

白地在东巴教中有独一无二的重要地位，各地纳西族东巴一生中至少要到白地朝拜一次，有民间谚语：“没有到过白地不算真正的东巴。”这里的纳西文化很少受汉文化的渗透和影响，保留了自身的特点和原始的内涵。

---

①“民族文化传承场”等概念是本文作者在长期民族文化研究过程中，特别是民族文化保护与传承的具体实践和理论思考过程中提炼出来的，还处于草创阶段。详见和晓蓉、和继全：《民族非物质文化遗产传承场的维护与再造》，《思想战线》2009年第1期；和晓蓉：《民族文化心灵传承浅论》，《思想战线》2008年第1期。

② 段志诚主编：《中甸县志》，云南民族出版社1997年版，第63页。

白水台是由于碳酸钙溶解于泉水中而形成的自然奇观。当含碳酸氢钙的泉水慢慢下流，碳酸盐不断沉淀，长年累月就形成台幔，好似层层梯田。这一奇观被称为“仙人遗田”，面积约三平方公里，是我国最大的华泉台地。在当地人的心目中，他们的保护神就居住在白水台，因而这里自古便是当地各民族集中祭祀神灵的地方。

现今的白地“二月八”共活动两天，即每年的农历二月初七和初八。初七主要由波湾村的村民在白水台举行祭祀活动，初八是当地全体民众的节日。因初八那天活动内容丰富，参与人数多，所以当地人习惯把该节日称为“二月八”。

波湾村的村民在初六就开始准备二月八节日，东巴们在这一天到白水台布置祭祀场地，回来后绘制木牌画，全村七十户每户都要有一张。妇女们当天做饵块，男子们要去白水台清理野炊场地，准备柴火等。

初七早上，波湾村的村民除了少数行动不便的老者留在家中外，全村每户人家都带着祭神的香、五谷、饵块、麦面、酥油、头天东巴绘制的木牌画、鲜花等供品和米、肉等野餐食物前往白水台。为遵循马不能进祭天场的禁忌，所有物品都由人背。又因人们相信自然神不喜血腥，所以当天不像平时一样带鸡去白水台宰杀。和学仁、树格若、和宇恒等三位祭祀东巴提前来到白水台，主持包括除秽、祭自然神、祭天、顶灾、祭战神、祭村寨神、向神灵忏悔赎罪等仪式。在仪式过程中凡是有新增加成员的家庭，包括新出生的婴儿、新嫁来的媳妇和新上门的女婿，都必须向所有的成员赠送酒、烟等礼物，之后才被接纳为本祭天群的正式成员。

二月初八那天，附近所有村民都要穿上民族盛装集中到白水台，以纳西人为主，也有周边的汉、藏、彝、回、傈僳、普米等族的人，还有慕名而来的远道客人。人们以家族为单位到各自固定的火塘烧火准备野炊，同时他们也要到神泉边的煨桑塘进行烟祭，男人到圣泉边杀鸡血祭。喝茶吃茶点后，吴树湾汝卡东巴文化学校的学员开始烟祭，然后是东巴舞展演。之后吴树湾的村民跳“阿卡巴拉”舞。吃过午饭后，开始进行对歌、跳民族舞、赛马等活动。活动结束后从白水台回来时每户人家都要打一壶圣泉水和折一把树枝带回家中，象征把神灵所赐的福泽带回家，每个人都要在头上插一小枝树叶，象征得到了神灵的庇佑。

这一天同时也是放牧者祭祀牲畜神和过节的日子。在波湾村，每户人家都会专门煮一锅饭、几圈香肠、一块猪肉等食物作为祭祀牲畜神的供品送给放牧者。放牧者则要到专门祭祀畜神的地方烧天香祭祀，把每户人家的供品都供一点给畜神。

二、二月八节日的文化传承功能

从以上叙述可以看出，白地纳西族二月八节日是具有丰富文化内涵的节日，许多传统文化都因这个节日而得到了传承。其中最主要内容包括以下几个方面。

1. 追求人与自然和谐的农耕文化

春季往往是农耕民族向神灵祭祀、祈求风调雨顺的日子。自然神“署”是纳西族观念中的超自然神秘力量，它掌管着整个宇宙空间。其形象是上半身为人体，下半身为盘绕的蛇体，头戴宝花，并缠绕两条小蛇。东巴经传说人类与署类本来是同父异母的俩兄弟，后来他们分了家，“家”的范围内归人类所有，而“野”

的部分包括山川、河流、草甸以及一切野生动植物都归署类所有。起初人类和署类都各司其属，互利互惠，和睦相处。后来人类在生产生活中不断做乱砍滥伐、捕杀动物、污染水源等大肆破坏自然的事，严重侵害了署类的利益。署类因此施放冰雹、洪水、干旱、瘟疫等各种自然灾害报复和惩罚人类，双方矛盾激化，斗争愈演愈烈。东巴教祖师东巴什罗借助大鹏神鸟降伏了署类，双方达成协议：人类可以合理利用一部分自然资源，但是不能破坏自然；署类要保证风调雨顺、五谷丰登；人类每年都要举行祭署仪式，向署类祈福求佑，并在生产生活中害怕无意间得罪署类，而向署类请罪。“人与自然和谐”是纳西族东巴文化中最有价值的内容。

纳西语农历二月的含义就是“神灵巡游之月”，人们还认为自然神春二月时居住在水泉中，所以农历二月是纳西族祭祀自然神的日子。二月初七在白水台举行的众多祭祀仪式中，祭自然神仪式是最主要的。原主持东巴树银甲（1922—2004）大师曾经告诉笔者：“今天的‘署’比天大”，意思是在当天众多的祭祀对象中，自然神是主尊。仪式程序也说明了这点，举行完除秽仪式后首先祭祀的是自然神，先要念自然神来历经、多部人类与自然神关系经、木牌画的来历经。然后给自然神献供品，在圣泉边烧天香等，等到送走自然神再开始举行祭天仪式。

在祭天仪式中有个分仪式被称为“tu1py”，其含义是“顶灾”，需要把一只念过经文的鸡剥皮后挂在木杆上竖起来，象征把从天上放下来的旱、涝、虫、兽等农业灾难顶住。

纳西族原本是北方游牧民族，迁徙到西南后转变成农耕民族。当地人传说白水台的“仙人遗田”是创世之神“ndu”神和“sei”

神修的梯田模块，让人们模仿着白水台的样子修梯田种粮食，并灌溉麦田，蓄水种植水稻，所以每年“二月八”是人们向教会他们修田种粮的神灵感恩的日子。

2. 游牧文化余韵

农历二月初八也是纳西族放牧者的节日，被称为“tɕʅ˥tər˧”，这在纳西族地区具有普遍性。如居住在金沙江边的纳西族放牧者这一天要带上鸡、猪肉等东西到放牧处野炊；维西县塔城乡启别村的纳西人则在这一天把全村的牛赶到一棵千年银杏树下，这里也是他们的祭天场，全村人都在那里野炊。

在白地，祭祀畜神也是二月初八这一天的重要内容之一。如在波湾村，虽然保留有半农半牧的生产形态，但不是每户人家都有放牧者，村里一般是几户人家的牲畜（主要是牛）由一户人手较多的人家负责放牧，春、秋、冬三季白天由这户人家的放牧者赶到山上看管，晚上各户自己喂养。夏季由这户人家负责到高山牧场放牧。二月初八早上，每户人家都要用香、米饭、香肠、猪肉祭祀畜神。在众多祭祀仪式里，祈求六畜兴旺也是重要的内容之一，例如在举行完祭祀仪式后的占卜活动中，要预测一年里牲畜的健康、生殖繁衍情况。

3. 祭天法祖

祭天，是纳西族的重要传统习俗，是一年中最重要的节庆活动内容。纳西族民间有“纳西祭天大”“纳西祭天族”等俗语，这些俗语准确地表达了祭天在人们心中的重要地位和意义。过去凡是纳西族村庄，都要在春节期间举行祭天活动。以血缘为纽带的不同祭天社群，各自在固定的祭天场向天神祭献牺牲、顶礼膜拜、祈求泽惠。祭天时的祭祀对象——“蒙”（天）、“达”（天母）、“许”

（天舅）三棵树的象征意义包括天地自然、人类祖先。祭天的目的在于追述和歌颂祖先创业的历史，加强族群凝聚力，加强人与天界（自然界）的联系，从而禳灾祈福、人与自然关系和谐。其意义在于祈愿子孙兴旺、家庭和美、民族昌盛、慎终怀远，使子孙后代不忘先祖之恩，规范人们的社会行为，培养人们良好的伦理道德观念。

白地纳西族人过去除了春节期间祭天外，还在二月八节日期间举行祭天仪式，可见人们对此节日的重视程度。

4. 生育神崇拜

“二月八”的生育神崇拜可以从几个方面反映出来。首先是人们认为白水台的自然神中有一类专司生育、被称为“ze”的神灵，过去有专门的祭祀仪式，人们通过祭祀“ze”可以求得子嗣。据笔者调查，经常有没有子嗣的夫妻请东巴在白水台举行求子仪式，有的还是来自上百公里以外的藏族、汉族民众。二月八节中人们的祭祀仪式实际已经包含了祈求人丁兴旺的内容。

其次，在泉台左下侧一石穹窿，洁白如玉，形如一怀孕女子，底部有一小洞，现人们称之为“求子洞”，是当地群众供奉生育神的地方。二月初八这天，新婚者和没有子嗣的夫妻都要来此祭祀。

除以上所述，传统上白地纳西族的二月八节还包含了民间传说、神话、歌谣、舞蹈、饮食、社交、恋爱等内容，是众多文化活动的载体，因篇幅有限，在此不再展开论述。如今白地社区祭天、祭自然神、顶灾等传统祭祀仪式仅在二月八节日里举行。除了拍摄影视作品和为游客展演之外，其他时候很少有民众自发的传统歌舞活动，人们仅在二月八节日里才跳“阿卡巴拉”“呀哈呖”等传统歌舞，绝大多数人也只是在该节日期间才穿上本民族的服装，所以说白地二月八节日是白地传统文化的重要传承场。

三、多元民族宗教文化交融

从参与民族看，白地“二月八”还是一个以纳西人为主，包括周边的汉、藏、彝、回、傈僳、普米等族共同的节日。从节日期间的各种活动、起源传说，以及历史文物等线索中都可以看出“二月八”的多种宗教、多元民族文化交融的特点。

首先，无论是二月初七的各种祭祀仪式，还是二月初八的全民“烟祭”，都可以看到苯教文化的影子。学界基本上认同西藏的苯教从唐朝时开始影响纳西族的本土宗教，特别是赤松德赞时期的“扬佛灭苯”，许多苯教大师为躲避迫害逃到了滇川康与西藏的交界地区。这时期纳西族的原始宗教广泛地吸收了苯教的教义，包括一些人翻译了苯教经典。也有学者认为“东巴教不过是苯教在纳西族中的变体，实际上是一而二、二而一的现象。”①

其次，白地纳西族民间有很多关于白水台的起源故事，反映的是佛苯（东巴）教之间的碰撞。其中之一为：

东巴教始祖东巴什罗与米拉佛斗法，以先到达居那若罗神山的山顶为胜者。东巴什罗使法骑牛皮鼓先行，米拉佛使法坐着太阳光后行，结果东巴什罗差一拳的距离没赶上米拉佛。

米拉佛说：“我抓把雪，撒到哪，哪就是你的地盘，你去那里当神和鬼的王吧。”说着，随手抓了一把雪往白地一撒，白水台就这样形成，并且成为东巴什罗的修行地，白水台因此而成为东巴

① 房建昌:《东巴教创始人丁巴什罗及其生平》,《思想战线》1988 年第 2 期。

教的圣地。

米拉佛根据当地人的发音记录，可能是“弥勒佛”的讹变，也有学者认为是东巴什罗与米拉日巴斗法。[①]在节日中，东巴们的服饰、法器和神灵系统、仪式形式、生命卵生说等也都刻有苯教文化的烙印，而祖先崇拜、本土神系、象形文经典等又具有本土宗教的鲜明特征。

而圣泉北边苍岩上的白水台摩崖诗则反映了佛教对当地的影响。诗云：

五百年前一行僧，曾居佛地守弘能。
云波雪浪三千垄，玉埂银丘数万塍。
曲曲同留尘不染，层层琼涌水常凝。
长江永作心田玉，羡此高人了上乘。

诗末题“嘉靖甲寅长江主人题释哩达多禅定处”。当代著名学者方国瑜认为“释哩达”即萨勒（什罗），根据嘉靖甲寅为1554年，由此上溯五百年，即1054年，“是时已有纳西文字写经书之说，可以近信”[②]。

但其后学者又有不同看法，和泰华认为“五百年前一行僧”是指曾来南召传教的印度古国摩揭陀国佛教僧人室利达多[③]，2008年笔者拜访学者段志诚时，段先生也持有与和泰华相同的观点。

① 参见和中华、和尚礼编《纳西东巴圣地民间文学选》（云南民族出版社1991年版）相关叙述。

② 方国瑜编撰，和志武参订：《纳西象形文字谱》，云南人民出版社1995年版，第41页。

③ 和泰华：《白水台摩崖诗辨证引玉》，《中甸县志通讯》1994年第2期。

和少英通过实地考察后认为“释哩达多”是藏传佛教对释迦牟尼的别称，“白地一带在明代‘长江主人’木高题写那首摩崖诗前后，确曾是藏传佛教兴盛的一块‘佛地’，到后来才逐渐变成为东巴教的‘圣地’”[①]。

再次，二月八节由波湾村举行祭天仪式的传说，则反映了丽江木氏土司支持下的噶玛噶举派对白地的影响。

传说二月初八这一天，白地的纳西人正在白水台欢歌曼舞，噶玛巴从远方追一个妖怪，来到白水台时妖怪变成一个纳西族妇女混入跳舞的人群中，一时无法辨认出来。噶玛巴让跳舞的人不要停，又让旁观者拿一枚鸡蛋来。波湾人首先拿来了鸡蛋，噶玛巴把鸡蛋放在每个人的手里，当放到妖怪所变之人的手中时，妖怪化作一只老鼠钻入石洞中，噶玛巴为防止妖怪再出来作祟，就变做一只石猫永远守住洞口。因为波湾人制妖有功，“二月八”成为波湾村民的祭祀日，而其他各村的人只能等到二月初九才能去白水台过节。

白水台的祭祀仪式得到木氏土司的支持，主持仪式的是波湾村东巴世家阿普贡家。阿普贡家是新中国成立前波湾村甚至整个白地的东巴世家中地位最高的一家，他家有好几位东巴被称为“东巴王”，直到20世纪60年代，他家一直是整个白地区域性的东巴祭祀活动的主持者。

除噶举派外，白地同样信奉格鲁派。如格鲁派法王当确白桑，就是白地纳西人，此人修学高深，通过考试于藏历第十绕迥土马年（1618）就任第31任甘丹赤巴（格鲁派总法台）[②]。中甸松赞林

① 和少英：《纳西族文化史》，云南民族出版社2001年版，第11页。
② 段志诚主编：《中甸县志》，云南民族出版社1997年版，第232页。

寺第 17 世松谋活佛的老师鲁苴宜鸣，诞生在白地补主湾村，他在西藏修行并精研格鲁派教义 35 年，成为修持精严、通解三藏大乘经典的拉然巴格西，1938 年圆寂后被称为“实松赞林寺修持密宗而保得果之第一人”①。

以上诸例显示，白地自古就是多种宗教交汇、多元民族文化交融的地方，是云南藏区多元民族宗教和谐的典型。

田野调查结果显示，与民国时期相比，白地二月八节日的内容和形式都发生了很多变化：其一，当代节庆略除了原来二月初七的大除秽仪式。该仪式由波湾村的东巴主持，除秽有两层含义，清除一年来人和牲口等给白水台带来的污染、不洁净；为第二天要把各路神灵要请到白水台举行各种祭祀仪式而提前除秽。其二，一些特有的仪式如家庭祭祀生育神仪式等已经停止。其三，一些原先严格遵循的禁忌、规矩如在二月八日的波湾村祭祀中严禁外人进入、忌打枪鸣炮，禁杀生（除牺牲外）等现在已经放弃。其四，很多活动内容消失，节日的重心也从原来的祭祀活动偏移到了娱乐，节日的意义在发生改变。

四、传承场和心灵传承视角中的白地及其“二月八”

笔者曾经提出，“民族文化传承场”的实质是一种三位一体的文化精神背景叠加特定时空间和特定活动群体而形成的保障传承有序进行的中介实体；传承场与民族文化保护与传承之间是一种根本的互生关系；民族信仰（包括宗教信仰和民俗信仰）文化对

① 吴自修修，张翼夔纂，和泰华、段志诚标点校注：《中甸县志资料汇编 2》，中甸县志编纂委员会，1990 年，第 204 页。

民族文化传承场的生成、维护具有基础性作用。

特定的信息由特定的环境提供。在不同的文化传承场当中所传承或领悟或“见”到的知识和宇宙图景都有所不同，换言之，文化传承与传承场两者是互生的，特定文化在其特定的传承场内，传承主体和对象之间产生一种全息对应的关系，是一个原型象征还原的过程，传承主体在理性不可思议的时空间内所经历或获得的知识，其量、其内容和范围都远远超出常人的可能限度。其中以民族宗教为主体的，在以往被赋予神秘文化称谓的各族信仰文化所构成的民族心灵传承文化，这种同构性更为明显。这可以解释人类心灵文化在不同文化环境中不同的表现形式和解释框架。也说明特定文化环境是特定心灵文化存在和传承的根基，民族心灵传承文化的保护和传承唯有在其生境中加以匡扶才具有可持续性；反过来，心灵文化，特别是其中的宗教、禁忌和相关信仰习俗，对传承场有着内在固着、调节的作用。宗教、禁忌、民俗，在三个层面上维继着文化传承场的稳定和发展。心灵文化的存在往往成为一个社区、一个地域生命发展的源头与动力，成为情感凝聚力和认知自身与文化创造力的依托。

笔者还提出，宗教或禁忌的淡化或世俗化，即流变为民俗。民俗也可以看作宗教或禁忌传统的外化符号，这是民族文化中最为丰富多彩、最具有民族标志性的内容。它渗透在民族生活的各个领域，表现在民族物质文化和精神文化生活的各个方面。从世俗功利的角度讲，民俗较之宗教，更加容易存活、更加不容易消失，是民族民间生活、民族社会发展中一股最具有时空穿透性的力量，即使从民俗信仰退化为民俗心理，依然会长久存在，而民俗生活就是涵养民族文化传承场的大背景。

白地及其“二月八”这个个案，与上述理论建构有着生动的互文性。白地的自然环境、文化生态特点，生发和保有了丰富多样的民俗与宗教样态；在这个典型的民族文化传承场中，以纳西族为主体的各民族用累世的生命演绎着极富心灵特性的具有浓厚宗教色彩的世俗和宗教生活。虽然较之以往历史上的传承盛况，“二月八”的宗教功能、神圣特性似乎在隐退，民俗的和娱乐的成分在增加，但如果我们换一个角度来看的话，会发现：（1）宗教世俗化是现代社会的一大特点，但世俗化滞后的趋向却又是去世俗化的，从长远看我们没有必要对此太过担心；（2）对民族文化传承场的研究还告诉我们，只要以民俗信仰为主的民俗生活依然存活，传承场就依然是活的，传承依然具有可持续性。

也正是在这个意义上，我们认为，作为民族宗教的东巴教具有强烈浓厚的民俗性，民俗生活是涵养东巴宗教的场域。只要民俗生活依然存活，作为原型心理的宗教形式就具有生存的基础。

五、白地作为典型心灵文化传承场的多元宗教和谐功能

有学者指出，节日文化是民族文化的始元、根基与神话原型、民族精神、价值观念这些民族文化核心的交汇地带。[①] 笔者还想进一步阐发的是，在多民族聚居地如白地，民族节日文化以及传衍节日文化的传承场，也同时具有宗教和谐的功能。换言之，节日文化传承场对于多元文化和谐共生，乃至多宗教和谐共生具有无可替代的积极意义。这种功能和意义可从以下几个方面来认识。

---

① 黄泽：《西南民族节日文化》，海南出版社 2008 年版，第 3 页。

第一，民族宗教绝大多数是开放性的，这不仅是它们外显的特征，也是它们在自我建构中形成的内在特质。东巴宗教文化具有浓厚的民俗特性和极大的开放性。这种特点从它的生成、发展以及在现代化语境中的演变都可以看出。相似的，与纳西族毗邻或杂居的藏族、彝族、普米族、傈僳族、汉族等，这些民族以及它们各自的宗教，也都具有开放性和包容性，甚至出现一族多教、一教多族共享的现象。“二月八”不仅是纳西族和各族群众祭祀的节日，也是各民族在祭祀之余欢聚一堂，相互了解学习和放松娱乐的节日。如果没有宗教间的包容和谐，这诸多民族是不可能聚到一起的。宗教间的宽容和谐同时滋养了各民族宽容谦和相互尊重的性格。

第二，这种开放性与相应的宽容性互为前提，表现在各民族个体层面和以节日为场域的集体层面，共同形成了多民族地区和谐发展的基础。

第三，这种出自宗教本体和开放性与宽容性以及表现在自己信仰者个体和群体精神、性格中的宽容和谐性，是学者费孝通中华民族多元一体、和而不同理论的印证，作为党中央构建和谐社会这个庞大理论体系自身建设中的一个积极探索，具有理论创新和实证支持的双向作用，是民族宗教和谐性与社会主义和谐理念作理论性的连接的实证案例，在人类学宗教研究领域以及宗教哲学后现代研究领域有理论创新价值。

北岳庙与三多节

牛相奎

玉龙宫殿雪山前，
烟火迷蒙二月天。
土人爱听土人曲，
万民齐唱落梅田[①]。

这是清末民初纳西族诗人和柏香（1871—1924，原名和让）以《丽江竹枝词》为题的一首风物诗，描写农历二月初八纳西族和丽江各族群众到北岳庙烧香还愿、祭拜三多神的场景。寺院里香烟缭绕，广场上篝火熊熊，树荫下，泉水边，人们对唱民歌、纵情欢舞的情景，真实、生动地反映了当时丽江北岳庙会的盛况。

北岳庙又名玉龙祠，位于丽江古城北十三公里玉龙县白沙乡玉龙村头，始建于唐德宗兴元元年（784），是丽江现存修建最早的一座寺庙。寺内正殿东侧有一棵古柏树，为唐代建寺时种植，历经一千多年的风霜雨雪，虬根盘曲，枝叶叠翠，显示出顽强的

① “落梅田”即纳西族民间歌曲《喂默达》。

生命力。

据史书记载，唐代宗大历十三年（778），异牟寻继位为南诏王。唐德宗兴元元年，异牟寻仿效中原内地，在云南境内封五岳四渎：点苍山为中岳，无量山为南岳，乌蒙山为东岳，高黎贡山为西岳，玉龙山为北岳；金沙江、澜沧江、黑惠江、怒江为四渎，并各建祠祭祀。明代万历年间，李元阳修纂《云南通志》“丽江府”条载：“北岳为五岳最高峰，北岳庙有正殿五间。”

北岳庙又叫三多阁，因庙内供奉有三多神而得名。明朝丽江第八代土知府木公（1494—1554）于嘉靖十四年（1535）命工重修丽江北岳庙，铸大鼎大钟，并立石铭碑以纪其事。他在《重修北岳庙记》中写道：“夫北岳即玉龙也，玉龙即雪山也。巍巍乎，雪山乃一滇之所望也。而岳山之灵者，神也；神即岳山之气也。气爽则神灵，神灵则人杰也。”三多是玉龙山的神灵，是玉龙雪山的化身，人们对三多的崇拜，亦即是对玉龙雪山的崇拜。故三多阁庙门题额曰“玉龙祠”，并有匾额“恩溥三多”四个大字，为纳西族著名书法家白沙里人黄绢熙撰书，其意有二：一是尊称三多为阿普（爷爷）；二是颂扬三多的恩德，以表达人们对玉龙山神灵三多的崇敬之情。

有关三多的来历，民间流传着这样一个故事。相传古时候，有一个叫阿波高丁的猎人，力大无比，箭无虚发，常年在玉龙雪山上打猎。有一天，他在雪山上看见一只洁白如雪的獐子，便紧追不舍，那獐子突然钻到一块雪石下便不见了踪影。阿波高丁觉得奇怪，因见雪石很轻，便想将它背回家中。当他走到玉龙村今北岳庙时，雪石变得沉重起来，阿波高丁不得不停下来休息。当他再想继续背起雪石时，雪石变得更加沉重，不但一个人背不起来，就是几十个人也无法将它移动。人们认为这是玉龙山神灵显现，便在这里建祠祀奉。

清乾隆《丽江府志略》及光绪《丽江府志稿》亦载："麦宗（木氏先祖）尝游猎山中，见一獐色如雪，以为奇，逐之变为白石，重不可举。猷猎人所携石视之，又举，其轻如纸，负至今庙处少憩，遂重不可移，因设像立祠祀之。元世祖忽必烈征大理，由丽江路敕封雪石北岳安邦景帝（其'雪石北岳'封号说明，早在元代之前，就已有雪石为北岳神之化身的说法）时土府木氏与吐蕃征战，神屡现白袍将，跨白马助阵。万历间，拓殿宇，铸大钟，以纪其事。至今每岁二月八日土人祭赛，祈祷多验。"三多穿白袍、骑白马助阵之事，民间也有许多传说。乾隆十三年（1748），丽江府土守备和国柱在《灵应北岳庙置灯田记》碑文中写道："雪夜枕戈，獐江夺栅，危急之际，忽言神现白马，或见阴旗助阵，数数灵应，指不胜数。"

千百年来，在纳西人的心目中，玉龙山神——三多，是一位扶危济困、消灾解难，保境安民的神灵，是纳西民族的保护神。明代，木氏土司奉旨远征，或向藏区用兵，据说，出征前都会先到北岳庙祭拜三多神，以祈求旗开得胜。在民间，凡到外地做官、经商或远行，都要到北岳庙祭拜，常年在异地他乡的纳西人，每当思念家乡的时候，就会托家人到北岳庙替自己烧炷香。无论是官员或平民百姓，除了烧香祭祀，有的还到北岳挂匾挂联，以颂扬三多的恩德，表达崇敬之情。

据说，在数以千卷计的纳西族东巴经中，有一本叫《三多颂》的象形文字经书，读音全是古白语。由此推断，三多不仅是纳西民族的保护神，在南诏、大理国时期，也是白族的本主神。在近现代，九河白族地区还塑有三多神像，当地白族人民有祭祀三多的习俗。在丽江一年一度的北岳庙会，除纳西族外，境内的白族、藏族等各族群众也纷纷前来烧香祭拜。因此，三多也受到周边各民族的崇拜。

在《徐霞客游记》中，称北岳庙为玉龙寺，并说玉龙寺在雪山之麓，而且年代久远，是丽江最古老的一座庙宇。北岳庙坐北朝南，后倚终年积雪、高耸入云的玉龙雪山，前临沙莹水净、民居错落有致的白沙原野，“庙貌威严，殿庭高邃”，三进院，有山门、花厅、钟楼、厢房、鼎亭、正殿，后殿等建筑，占地 2329 平方米。四周林木深稠，山坡上草木青青，沟渠里流淌着来自雪山深处的清泉水。不远处是古朴、宁静的玉龙山村，民风淳厚，古风依旧，风景优美。明代儒士朱云曾有诗描写当时北岳庙的庙貌：

古木丛中万象新，岁无虚日赛神灵。
林鸟得食常迎客，山兽驯廊不避人。

该诗说明在明代，北岳庙周围是一片莽莽苍苍、麋獐倏忽、百鸟鸣唱的原始森林。

北岳庙大殿神龛正中，塑着阿普三多坐像。左右是他的两位妻子，神态宁静、安详，一位是藏族，一位是白族，以印证纳西族创世史诗中藏族、纳西族、白族是三兄弟的传说和千百年来三个民族的亲睦友好关系。东西两侧，各有一尊神像，西面是三多的侍从阿波高丁，即从玉龙雪山上背雪石下来的猎人，腰杆微屈，目视前方，似负重而行；东面是茨巴南坦，昂首挺胸，头戴缨盔，身披铠甲，手握大刀，威风凛凛。据说他也是一位猎人，曾与阿波高丁一起将雪石背下山来，以后跟随三多四处征战，成为三多忠诚的侍卫。据老人们讲述，从前，大殿两边神龛上，塑着两尊威武慓悍的黑脸神像，一个叫阿冲朋，一个叫阿阱亭。传说阿冲朋和阿阱亭是附近村子里的人，有一天，阿冲朋家的牛钻进了阿阱亭家的园子里，牛吃了菜，阿阱亭十分生气，顺手拔起一棵棕榈树要将牛打死，阿冲朋急中生智，急忙用双臂抱起牛跳过水沟逃跑了。后来，阿冲朋和阿阱亭都成了三多的战将，跟随三多除妖驱魔，保境安民，受到人们的尊敬。此系神话，但其中的文化内涵，值得人们深思。

北岳庙是丽江境内香火最旺、匾额楹联最多的一座寺庙。正殿、偏殿、钟楼、鼎亭，匾联层层叠叠，数不胜数，反映了人们对三多的信仰和崇拜。正殿正中匾额“雪亮”二字，为明朝丽江第13代土知府木增（1587—1646）手书。玉龙宫匾额及“一片垂慈花马国，千秋永镇玉龙山”楹联，相传为明代大书法家董其昌墨迹。明清以来，汉族和纳西族文人也作有不少赞颂三多的诗文。如：“北岳威灵著，神功永不磨。年年春二月，户户祝三多。”（杨菊生《丽江杂述八首》）又如：“雪岳巍巍笑面开，白袍灵迹着多回。年年二月春风里，士女如云赛庙来。”（和松樵《丽江杂咏四首》）

北岳庙会起源于何时，没有确切的记载，但当不晚于元末明初。白沙是木氏土司的祖居地，庄园里饲养着许多牛，为保护白沙里农户的庄稼，木土司约法严禁官牛食苗。虽然如此，常有官家的牛放到百姓的农田里，但因为是官家的牛，百姓们看到牛在吃自家田里的禾苗，也没有人敢去阻拦。土知府木土知道此事后，下令将牛斩杀，把牛肉分给各家各户，召集乡民到北岳庙，在三多神像前盟誓，重申“禁官牛食苗”约法。乡民们十分信服，主动凑集钱款以充被斩杀的牛价，木土司就用这些钱作为每年北岳庙会的经费。以上见于文献《丽江木氏宦谱》（甲）“知府阿初阿土”，文载：“按当时约，白沙里苗，禁官牛食苗，见者以官不捕。知之，必令屠刑，盟北岳神祠，分肉散众，民信服法，率输牛价，常年赛庙为额典。”木土（1364—1433），永乐十七年（1419）袭职，是为明朝丽江第三代土知府。从上述文字说明，在木土之前就已有一年一度的北岳庙传统庙会。

传说三多属羊，农历二月初八是他的生日。因此，每年的农历二月初八和八月的第一个属羊日，纳西族和境内的各族群众，要到北岳庙烧香还愿，举行隆重的祭祀活动，俗称“赶二月八庙会”。这天，人们早早备好香烛，穿着节日的盛装，带上丰盛的食物，呼朋唤友，扶老携幼，不辞路途遥远，到白沙玉龙村赶北岳庙会。据说，三多喜欢与民同乐，看到百姓欢乐他就高兴，人们就用唱歌跳舞愉悦神灵。因此，每年的农历二月初八，既是祭神的日子，也是欢乐的节日。烧过香烛，拜过神灵，人们三五成群，围坐在绿荫树下，徘徊在清泉潭边，有的野炊，有的对唱民歌，都在尽情欢乐。是夜，北岳庙前的广场上，篝火映红天空，映照着晶莹璀璨的玉龙雪峰，人们踏歌起舞，通宵达旦，沉浸在欢乐之中。

清代纳西族诗人杨品硕（1811—1894）有诗写道：“还愿争先北岳庙，香烟弥月篆霏霏。白沙洲里歌来去，卜拜年年不误期。”清末民初纳西族诗人杨穆之（1871—1932）亦有诗曰：“春风玉垒年年会，还愿三多二月天。卦卜年年珓卜吉，对唱民歌彻云烟。”

每年农历二月初八，旅居外地的纳西族同胞也要举行聚会，祭祀三多，共叙亲情和友谊，为家乡祝福，为家中的亲人祝福。

二月初八三多节作为丽江纳西族重要的传统节日，经云南省人大常委会批准成为纳西族共同的节日。在丽江古城，在农村乡镇，各族人民载歌载舞，热烈欢庆纳西三多节。北岳庙是玉龙县三多节欢庆活动的主会场。白沙乡每年都要在这里举办三多民族艺术节，举行丰富多彩的民族民间文艺表演和各种民族体育活动，给传统的北岳庙会赋予了新的文化内涵，成为弘扬民族优秀文化、增进民族团结、振奋民族精神的盛会。

从三多文化看纳西文化的包容性

和钟华

“有容乃大”，纳西族作为一个夹处于几大民族间的弱小民族，居然能保存自己，且创造了举世瞩目的民族文化，其根本原因，就在于纳西民族那质朴、顽强、随和、自信、进取的民族性格，并由此而生发出来的大气的文化包容性。因而也才铸就了纳西族的吸纳外来文化而又不失自我、不褊狭而又自尊自信、取他之长为我所用而发展自我的文化心理特征。三多文化即体现了这种文化特质。

三多传说：多元化与多民族身份

传说不是史实的再现，而是现实生活的折射，有关三多的诸多传说，亦体现了这点。正因如此，也才产生了传说多种、身份多样、多族共存的状况。归结起来，其来历有本土说（如本地牧羊人）、外来说（如随民族迁徙而进入）、文化演变说（如自然崇拜演变而来）；其身份有白石说、山岳说、将领说；其民族成分有纳西族、藏族、羌族等说。

然而纳西先民不拘泥于此，而是以虔诚之心，容纳并尊之为造福一方的民族保护神，且赋予其追求民族和谐、黎民安康、民族发展的文化意蕴。

三多传说：多重身份的结合

一个本地牧羊人、一个和平的保卫者、一个为民驱灾避害的保护神、一个为国守土一方的民族英雄，多重身份，多种作用，体现了纳西先民对和平、安宁、幸福的追求，以及对护国安邦的责任感。从深层来看，反映的是和平、和谐的理念。

三多演化：多元文化的融合

玉龙雪山与神灵的合一，民族保护神与为国守土一方的民族英雄的合一，由单一民族的信仰神泛化为多民族的信仰神，这一演化过程，体现了一种开放包容的文化特征。

三多塑像：包容与和谐

三多本人及白族夫人、藏族夫人，直观显示了明清以来纳西民族开放型的联姻制度，以及与周边各民族和谐共处的政策。厢房所塑的猪、羊，代表了人们祈求六畜兴旺，也反映了人与畜类的密切关系。这些从一个侧面反映了纳西文化的包容与和谐。

三多祭祀、庙会：广纳博采，与时俱进

熔祭祀、集贸、娱乐、踏青于一炉，且随时间的推移，不断创新，不断丰富，不断发展。同时吸引了境内外各民族同胞前来参与，不设清规戒律，不排斥异文化，体现出一种大气包容的态势，从而成为境内外各民族群众喜闻乐见的民族节日，展现出了一种和睦和谐的文化氛围，从而揭示了纳西文化的包容性。

总之，三多文化集中体现了纳西文化的核心——包容、和谐。三多是纳西民族的象征，纳西人精神的寄托，三多信仰增强了民族自识性、内聚力，从而发展为民族自信与自觉，以及对中华民族大家庭的认同感。

作为三多文化的载体，三多庙会成为纳西族的标志性节日。1986 年，丽江纳西族自治县人大常委会决定，把每年农历二月八祭祀三多的传统庙会定为三多节，这是三多文化、三多庙会的继承和弘扬。据专家考证，以祭祀三多为核心的二月八庙会已有一千多年的历史。纳西民族宗教经书东巴经有《三多颂》(祭三多)，念诵此经文有相关仪式。据东巴更布塔介绍，该书系用纳西、白、藏三种民族语言写成，从一个角度说明了三多崇拜和祭祀三多，早已在相邻民族中盛行。旧时，每到农历二月八祭祀三多庙会时，要在白沙三多阁（三多庙）设祭坛念诵此经文。此外，平时纳西人出门远行或有要事时，都要前往三多阁祭祀三多、摆香案念诵《三多颂》，并卜卦以择吉日出行或行事。关于三多庙会，汉文古籍中亦有所记载，如乾隆《丽江府志略》已有“二月八，赛北岳庙”之记载。清代纳西诗人杨品硕在他的《丽江竹枝词十三首》中，对当时的三多节有这样的描绘：“还愿争先北岳祠，香烟二月篆霏霏。白沙路上歌来去，卜拜年年不误期。”清末民初纳西族诗人杨菊生也在他的《丽江杂述八首》中写了三多庙会：“北岳威灵著，神功永不磨。年年春二月，户户祝三多。”可见三多信仰及三多庙会的节日活动由来已久，且内容丰富多彩，成为纳西人的一大重要节日。前已提及，昔日，纳西人离乡外出求学或从事军、政、商等各行各业，都要先到白沙三多阁祭拜，祈求三多保佑。远点的，也要面向三多阁跪拜。待回乡，也是如此。而今，纳西族遍布全国，每当三多节来临，身在外地的纳西同胞，穿上漂亮的民族盛装，自发地举办节日活动，乡友聚会，其乐融融。以昆明为例，每年都由云南民族学会纳西学研究会主持举办三多节活动。届时东巴在会上祈福，祈求国泰民安、风调雨顺、和合相处、家庭幸福、民族团结。接着是歌舞表演，台上台下气氛热烈。人们唱起民族歌曲，围圈打跳，抒发家园情怀。还要召开座谈会，大家畅所欲言，为家乡发展、民族进步建言献策。在浓烈的节日氛围中，人们自然地接受着纳西民族精神文化的洗礼，进一步增强了民族凝聚力和对本民族文化的认同，同时加强了对家乡建设的责任感。

统言之，纳西族先民把自然崇拜、祖先崇拜、英雄崇拜等多种信仰集中在祭祀三多上，通过这个节日，不断传承人与人和谐相处、人与自然和谐相处的文化内涵。三多文化这种包容、和谐的文化，对今天实现伟大复兴的中国梦，实现和平共处、互利共赢的世界新格局，具有重要的现实意义。它符合以习近平同志为核心的党中央的指导思想。同时也符合中央对云南的三大定位：民族团结进步示范区、生态文明建设排头兵、面向南亚东南亚辐射中心。

各民族和睦和谐相处，是形成民族团结进步最基本的条件和原则。习近平总书记在十二届全国人大一次会议参加新疆代表团审议时强调指出："我国是统一的多民族国家"，"要全面贯彻党的民族政策，高举各民族大团结旗帜，引导各族群众增强对伟大祖国、中华民族、中华文化、中国共产党、中国特色社会主义的认同，像爱护自己的眼睛一样爱护民族团结，像珍视自己的生命一样珍视民族团结"。[①] 云南作为多民族省份，中央把它作为民族团结进步示范区，三多文化所体现的包容、和谐理念，正符合这一要求。

人与自然和谐相处，是生态文明建设的思想基础。建设生态

① 习近平：《在参加十二届全国人大五次会议新疆代表团审议时的讲话》（2017 年 3 月 10 日），《人民日报》2017 年 3 月 11 日。

文明是关系人民福祉、关乎民族未来的大计，是实现中华民族伟大复兴的中国梦的重要内容。习近平总书记指出："我们既要绿水青山，也要金山银山。宁要绿水青山，不要金山银山，而且绿水青山就是金山银山。"[①] 三多文化所体现的人与自然和谐相处，对此是有现实意义的。

正如云南省原省委书记李纪恒强调：云南地处中国西南边疆，是我国建设和谐周边、打造周边战略依托的重要省份，在我国周边工作中，特别是在对东南亚、南亚工作中有着重要和不可替代的作用。要坚持"与邻为善、以邻为伴"和"睦邻、安邻、富邻"的周边外交方针政策。三多文化的包容、和谐理念正符合这种要求。

可以看出，三多文化的精髓——包容、和谐，跨越时空，不仅对中国而且对世界都有重要的现实意义。

民族节日是各民族年度盛大的活动之一，也是传播民族文化、弘扬民族精神的重要平台。每个少数民族地区、每个民族同胞都将此作为一年中最重要的事件予以关注、参与。把云南建设成为民族团结的示范区，少数民族的节日活动无疑为民族团结、弘扬民族优秀传统搭建了一个天然的平台，以此为切入点，寻找保护传播民族文化的另一良好方式，申报国家级非物质文化遗产应是不二的选择。

（2017 年 10 月 14 日修改于昆明）

① 《习近平关于全面建成小康社会论述摘编》，中央文献出版社 2016 年版，第 171 页。

二月八节日的原始意义及其嬗变

姚世丽

农历二月八，春暖花开，百鸟争鸣，云南许多少数民族如白族、纳西族、彝族、傈僳族等，都兴过这个节日。同一天日子，太子会、接姑会、插花会、祀雞雉、鹖鴠节、三多节等，因民族不同地域不同，节日名称也各不相同。多年来，笔者曾困惑于这五花八门的节日名称，同一天过节为何有不同的名称，不同的节日意义呢？几年来，笔者四处探访，对“二月八”这一节日的认识仍觉雾里看花。后来从白族语源头在古汉语这一角度，品读二月八节日名称，再查阅辞典，才豁然开朗。在此，谈谈自己的陋见。

一、云南各少数民族“二月八”的节日名称及传说

剑川太子会。相传释迦牟尼为毗罗卫国净饭王太子，二月八出游，看到民间疾苦，遂立志创立佛教，普度众生。

大姚插花节。男女青年要上山采花插花，交友郊游。农历三月二十八为服装节，祭祀锦鸡。

姚安龙华会。宋末元初，大理灭亡，国王段兴智奔昆明，相

国高泰祥回姚安调兵抗元，兵败被斩于五华楼，其女出家龙华寺，种下菩提树，占兄弟之聚散，九株皆出，后兄弟九人无恙，于二月八日相聚。

洱海四周接金姑会。白王张乐进求三公主私嫁魏山细奴逻，白王起初不认，后经众亲劝说同意认亲，便举行了声势浩大的接金姑活动。细奴逻后来成为南诏王，接金姑会从此不息。

除了上述四种节日名称，巍山祭祖节、下关温泉村拜诸葛亮、漾濞石坪村拜铁柱大王孟获、兰坪那马人祭葑嵬母、昆明西山提亲说亲求亲等也大多选在二月八日……

二、二月八节日的原始意义

在众多的节日名称中，玉龙县九河白族的“祀雞（gāi）雉”“做雞雉”“做雞鵽（duò）”，丽江纳西族的“鹖（jiè）鴠（dàn）节（见丹节）”，维西纳西族的“鸓（lěi）鹒（gēng）祀”等名称，保留了二月八远古的初始意义，这是一个祭祀雞雉、雞鵽、鹖鴠、鸓鹒的节日。

1. 丽江白族、纳西族二月八节日名称、读音不同，其意义却完全一致，名称保留了节日的初始意义

白族称家鸡为“雞（gāi）”，称野鸡为鸡。“gāi”是古音。雉，俗称野鸡，羽毛五彩斑斓。九河下片人称“二月八”为“做雞雉”“送雞雉”“祀雞雉”。“做雞雉”是指少年儿童到山脚下野炊游玩。“送雞雉”是给人家送礼，但这礼只能送到未来儿媳妇家。昔日农村有订婚习俗，订婚后每年的二月八这天，未来婆婆抱一只大红公鸡，背一篓大米，上面放红糖、肉等，给已订婚的亲家送礼。“祀雞雉”是指在野炊时，吃饭前先把煮熟的佳肴向四周撒一些，又叫“撇撒日”，专门丢给乌鸦等鸟雀吃。九河上片人称“二月八”为“做雞鶏”“祀雞鶏”“送雞鶏”“要雞鶏”。“要雞鶏”是出嫁女儿的孩子到外公家去要野炊的鸡、腊肉、鸡蛋等美食。“鶏”，问及多人，均不解其意，原以为笃信雞，于是笔者在《白乡拾穗》中写作“笃”了，后经查字典才知应为“鶏”。鶏，鸟名，雉属。《尔雅·释鸟》：“鶏鸠，寇雉。”雞雉、雞鶏名称不同，意义一致。“雉”同“稚”相通，史书上载“氐人自称盍稚”的“盍稚”一词，准确写法应为“鹖雉”。白族人称锦鸡为“鹖（hé）翟（dí）”，也自称“鹖翟（dí）”或“雞（gāi）翟（dí）”。可知写史者不明白“鹖雉”一词来历，就用同音字“盍稚”代替了，造成费解。雉，为鸟纲中的一个科，包括鸡形目绝大多数成员，多达26属166种，我国有21属49种。据查雉科，锦鸡属，其中红腹锦鸡是雉类中最为美丽的一种鸟，也是我国独有的珍贵品种。

纳西族民间称“二月八”“见丹节”，查下来为“鹖（jiè）鴠（dàn）节”。鹖，《辞海》释：“（一）（hé 曷）①鸟名，雉类。羽毛黄黑色。《山海经·中山经》：‘煇诸之山……其鸟多鹖。’②见鹖旦。（二）（jiè 介）鸟名，雀类。《汉书·黄霸传》：‘京兆尹张敞舍鹖雀飞集丞相府。’”“鹖 jiè 旦”，同页释：“古籍中鸟名。亦作‘曷旦’。《礼记·月令》：‘（仲冬之月）冰益壮，地始坼，鹖旦不鸣。’”另有一词“鹖冠”，同页释：“插有鹖毛的武士冠。鹖性好斗，至死不却，武士冠插鹖毛，以示英勇。《后汉书·舆服志》：‘（武冠）加双鹖尾，竖左右，为鹖冠云。’”鴠，《辞海》释“（dàn 旦）见‘鹖旦’”。可见“鹖”为多音字，白族称锦鸡为“鹖（hé）翟”，取《辞海》中的第一义项，纳西族称“鹖（jiè）鴠（dàn）”，取第二义项，二者音异而义同，均指雉属。维西县纳西族傈僳族称二月八节日为“鸓（lěi）鶊（gēng）祀”，意为“祭祀乌鸦”。鸓,《辞海》释“古代传说的鸟名。《山海经·西山经》：‘翠山……其鸟多鸓，其状如鹊，赤黑而两首四足，可以御火。’”鶊（gēng),《辞海》释“见鸧（一）”。鸧（cāng),《辞海》释：“（鸧鶊）鸟名。黑枕黄鹂的别称。”鸓鶊，在字辞典中不像“鹖（jiè）鴠（dàn）”一样合称，但鸓和鶊都是鸟，且有一个共同特点“黑”。而纳西语“鸓鶊”，指乌鸦。乌，黑也。乌鸦，现通常作为不吉利之鸟，而维西纳西族为何将其作为一个祭祀神呢？据查，唐以前乌鸦是被认为有吉祥和预言作用的神鸟。乌鸦是鸟类中智商最高的物种，当发现一个大猎物，它的小喙无法撕咬的时候，会飞向别处呼唤其他禽兽，等凶猛禽兽用尖利的大嘴撕咬开猎物后，乌鸦就可以轻松地享受到它的“美味”了，难怪在民间人们兴“撇撒日”和“老鸹祀”习俗。也许这“鸓鶊”可能不是指一般的乌鸦，有可能是稀有品种褐马鸡。查阅有关资料，褐马鸡，又称角鸡，性情暴，健勇善斗，有至死不避的品格。

以上《辞海》中的解释及有关资料，与氐羌民族后裔白族纳西族二月八节日名称相吻合，由此观之，“二月八”这一节日初始内涵显而易见，是一个祭祀雞雉、雞鶵、鹖鴠、鸓鶊的节日。

2. 从史书记载来看，白族纳西族自古以来就有祭祀公鸡、锦鸡、碧鸡、凤凰的习俗

追溯历史，早在《逸周书·王会》就有“氐羌以鸾鸟”的记载，足见鸾鸟在氐羌人心目中是何等吉祥如意。鸾，古代传说中的神鸟。《辞海》释：“传说中的凤凰一类的鸟。《广雅·释鸟》：‘鸾鸟……凤凰属也。’”《山海经·西山经》中描述其状如翟而五彩文，见则天下安宁也。《山海经·南次三经》载：“丹穴之山有鸟焉，其状如鸡，五采而文，名曰凤凰，是鸟也，饮食自然，自歌自舞，见则天下安宁。"《说文》："又赤色，五彩，鸡形，鸣中五音。"《淮南子·卷四·地形训》有"羽翼嘉生飞龙，飞龙生凤凰，凤凰生鸾鸟，鸾鸟生庶鸟，凡羽者生于庶鸟"。班固《汉书》载有"益州有金马碧鸡之神，可祭祀而致"。东汉《华阳国志》有"禺同山（今大姚一带）有碧鸡，金马，光影倏忽，民多见之"的描述。《汉书·王褒传》记载：汉宣帝五凤三年（前55），有方士盛言，益州有金马碧鸡之神，可祭祀而致。于是汉宣帝封当时四川著名文人王褒为谏议大夫，持节前往求之。由于诸蛮叛乱，道路闭塞不通，王褒没有到达云南而只到了川西一带，便写了一篇《碧鸡颂》遥祭。颂词为："持节使王褒，谨拜南崖，敬移金精神马、缥碧之鸡：处南之荒，深溪回谷。非土之乡，归来！归来！汉德无疆，广乎唐虞，泽配三皇。黄龙见兮白虎仁，归来！归来！可以为伦。归兮翔兮，何事南荒也。"后人清代名士赵士麟在《碧鸡诗》里这样写道："彩云一片舞天鸡，五色光中望欲迷。化作青山千载碧，王褒空自渡巴西。"

从这些零星记载可看出白族纳西族的先人氐羌群族把鸾鸟、凤凰、碧鸡当作神来祭拜，他们生活过的地方，都有祭祀金马碧鸡的习俗。而且最神秘的是"祭祀可致"，乍听来似乎披上了一层神秘色彩，有夸张之嫌，但细想也有这种可能，人们去祭祀时先要供些祭品或丢些"撒日"，各种禽鸟闻到祭品或"撒日"的香味，自然就呼朋引伴地飞来了。众所周知，碧鸡、金鸡、公鸡在白族人纳西人心中是天下吉祥、安康的象征。昆明有碧鸡山、碧鸡关、碧鸡坊，大理三塔寺塔顶四角各有一只铜铸的大鹏金翅鸟。大理"金花"这一普遍的名字就是由最古老的金花鸡崇拜而来。碧鸡、金鸡，顾名思义，是根据毛色区分，一为碧绿色的鸡，一为金黄色的鸡。由此观之，凤凰、鸾鸟、碧鸡、金鸡、公鸡崇拜，皆源于远古时代，在白族、纳西族社会有着悠久的历史。显贵王侯者使其神化名以凤凰、鸾鸟，庶民则仍崇拜鸡、雉。

3. 民间各种习俗都把公鸡作为保护神

直到今天，在纳西族、白族地区，许多人生中重大活动如结婚、生小孩、建房、办丧事发灵柩等，都把公鸡作为自己的保护神，让公鸡引领方向。人们选一块宅基地，一块坟地，都要先罩一只公鸡在那里过夜，以公鸡是否平安来判断那块地是否吉利。在起房盖屋的破土仪式中，主人抱一只大红公鸡在地基上对着东、南、西、北、东南、东北、西南、西北八个方向分别叩拜，拜完后把公鸡冠掐破，让鸡血淋在地基中间的石块上。在竖房日进行竖柱上梁仪式，都把公鸡血点在前檐柱后檐柱上，然后大师傅接过主人手中的公鸡，高叫："太子登，太子登，接过主人一只鸡，鸡是什么鸡？鸡是凤凰大公鸡……鲁班借你一点血，保佑主人福寿齐。"丽江木府重修，万古楼、万卷楼、石牌坊等重要建筑竖立仪式，也都用大红公鸡点血开典。谁家生小孩，人们去探望道喜要送大红公鸡。谁家儿子结婚，迎亲那天媒人也抱一只大红公鸡引领众亲朋去接亲。还有祭祀天神、祭祀祖先都要用到大红公鸡，甚至还有占鸡骨卦的习俗。人生病了，以为丢了魂魄，也用公鸡到山神庙中祭拜赎魂。人死了发灵柩，也让大红公鸡引领方向到坟地。总之，人的一生，生老病死，凡大事都要用鸡作为自己的保护神，甚至有人说"生也一只鸡，死也一只鸡，鸡是人的保佑神"。

4. 民间各种美丽传说都把鸡作为保护神

怒江白族支系勒墨人，传说很久以前，大理洱海边有三兄弟，父母早已去世，他们相依为命，过着贫穷孤苦的生活。因没米下锅，去偷了头人家一点粮食。头人发现后把他们关进牢房。深夜，一只乌鸦飞进牢房，落在老大的肩上对他说："今晚洱海发洪水，你们可趁机逃出去找生路。"说完，乌鸦展翅飞走了。一会儿，果然电闪雷鸣，大雨倾盆而下，洪水冲破了牢房。老大赶紧领着两个弟弟，远走他乡。路上，乌鸦又飞来对他们说："你们每人抱一只公鸡，谁抱的公鸡在什么地方叫，谁就留下来定居。"三天三夜后到达兰坪县的拉井鸣，老三抱的公鸡叫开了，他就留在了拉井鸣定居。又走了几天，来到金满乡，老大抱的公鸡叫开了，老大就定居在金满乡。老二继续走，到了怒江边的洛本卓，老二抱的公鸡终于叫了，便定居在怒江洛本卓一带。从此，三兄弟各居一方，过着安定的生活。为了感谢乌鸦，每逢年节，勒墨人都要举行祭祀乌鸦的活动，同时也视鸡为本民族的保护神。

在四川平武和甘肃文县生活着自称白马氐的族群，他们戴的沙尕帽上至今插白鸡毛，也流传着白鸡是他们恩人的传说。传说有一次白马老爷被敌人抓起来，遭受毒打后昏了过去。半夜醒来发现一点亮光，原来是一只白公鸡，白马老爷就抱着白公鸡，借着白毛的亮光逃了出去，然后找到几个残兵，带着他们逃往深山老林，直到白公鸡一声啼鸣，天亮了，发现距离敌人已经很远，才松了一口气，躲过一场灭绝性的灾难。从此白马老爷带领着这几个残兵，顽强地生存繁衍下来。为了感谢白公鸡引领的恩情，他们视白鸡为保护神，头顶插几根白鸡毛作为标志。

5. 云南一些地名与陕西甘肃一些地名，均带有鸡凤崇拜意蕴

陕西甘肃地名，有凤县、宝鸡、凤翔、扶风等，查阅下来与历史上鸡凤崇拜不无关系。而云南地名，有凤羽、凤仪、凤庆、碧鸡、鸡登、鸡邑等，也与鸡凤崇拜有关。如洱源县凤羽一名的来历，《僰古通记》载：“昔建兴时，有凤过此，遗一羽，故得名。”北魏郦道元《水经注》载：“叶榆西北有鸟吊山，世传凤凰死于此，每岁入秋，百鸟群集来朝。”明代谪居大理的四川杨升庵记“曾有凤羽乡，昔有凤来仪”。凤仪，顾名思义，有凤来仪。昆明的碧鸡坊碧鸡关、大姚碧鸡镇，就是由金马碧鸡传说而来。

这不会是一种巧合，云南许多少数民族的先祖氐羌民族早在先秦时期就生活在甘陕川一线，这是早被专家学者所证实的。《汉书·地理志》记载了陇西部的氐道（今甘肃清水县境），广汉郡的甸氐道（今甘肃文县）、刚氐道（今四川平武县）、湔氐道（今四川松潘西北）四个氐道。今天四川平武县白马人和甘肃文县铁楼乡白马人，就是汉代刚氐道甸氐道遗存的人种，他们自称“盍稚”，至今白马氐人仍在帽子上插鸡尾羽毛，仍进行重要的宗教活动“跳曹盖”，又叫“池哥昼”，活动时戴上面具跳神。其实史书上讲氐人自称“盍稚”之“盍稚”，应为“鹖雉”；白马氐人的“跳曹盖”应为“跳蹉雞”；“池哥昼”应为“赤鹘鸼”。《尔雅·释鸟》：“鷑鸠，鵧。”郭璞注：“似山雀而小，短尾，青黑色，多声，今江东亦呼鹘鸼。”这些既为先秦古汉语，又是云南白族人的白族语，由于书写者音译时用现代汉语同音字代替民族语，造成种种费解。今天白族语“鸼”泛指鸟雀类，“鸼子鸼女”则指小麻雀。

三、二月八节日原始意义之嬗变

由此来看，“二月八”原始意义就是由崇拜公鸡、金鸡、碧鸡、鸾鸟、凤凰而来，追溯起来，来源于远古人类狩猎、畜牧时期。但在几千年历史长河的流动中，人类早已从狩猎畜牧进入农耕社会，近百年来又迅速进入工业社会和城镇化社会，再加几千年各民族间的碰撞交融，各种文化亦随之交融渗透，二月八节日的原始祭祀功能早已隐退，古老的“祀雞雉”“鹖鴠节”“鸓鵳祀”习俗早已染上了多元文化色彩，远离了它们最初的意义，再随着文明社会的变迁，“二月八”早已嬗变为以郊游娱乐为主的节日了。好在我们还能从“祀雞雉”“鹖鴠节”“鸓鵳祀”这些历史遗存的名称中，探寻到氐羌民族禽兽崇拜的痕迹，从而清楚地了解到关于“二月八”的历史渊源。

那么，一个远古时期共同的节日又是如何嬗变为今天因地域不同而内容不同、名称不同的太子会、接姑会、龙华会、三多节的呢？大浪淘沙，历史总会在民间留下痕迹。当远古的祀雞雉、鹖鴠节、鸓鵳祀等仪式不再成为重要内容时，节日的内涵也渐渐发生着新的嬗变。大理地区因南诏细奴逻的影响而成了接姑会，剑川因佛教兴盛成了太子会，姚安由于高氏影响及佛教影响而成了龙华会。大姚因南诏雄起白蛮四散迁徙，彝族汉族移居其间，而嬗变为插花会。丽江纳西族因木氏长治久安而产生了三多神，民间虽有人称“二月八”为“鹖鴠节”，也未解其意，故译作“见丹节”了。丽江九河、维西塔城这些边远地区，虽保留了远古的节日名称，但内涵早已嬗变为少年儿童郊游娱乐的节日了，难怪有人说这是白族的儿童节。笔者深追因何叫“祀雞雉”的问题，也无人能回答了，所幸老一辈人还有一个理念，“祀雞雉”“做雞雉”能使六畜兴旺。20 世纪 60 年代，生产队还给青少年放一天假，让他们到山脚下做雞雉野炊。

四、北岳庙中猎神“阿波高丁”，有可能是白族语“阿博罟翟（狄）”

联系丽江各民族二月八到北岳庙祭祀的习俗来看，北岳庙是丽江最古老的庙宇（有唐柏为证），源于公元 779 年，异牟寻封“五岳四渎”，玉龙山为北岳，北岳庙供奉一块白石。随着历史的演变，三多阁北岳庙合二为一，庙里塑的主神为三多神。关于三多神的形象意义和历史渊源，众说纷纭，莫衷一是。三多身上留下很多谜团，既然他是纳西保护神，为何也颇受白族、藏族同胞崇拜？为何三多祭祀辞中的古白语、古藏语至今无法破译？三多原型到底是什么神祇？旁边陪伴的又是什么神？它与“二月八”这个节日有什么关系？纳西族白族为何称山神为“示日”？近年来，对于这一系列的问题，有许多专家学者都在发问探究。笔者才疏学浅，一直不敢涉足。2012 年大西北之旅归来，回观本土文化，总有些感悟萦绕心头，对北岳庙的“示日”“阿波高丁”“三多”等神名，有些陋见。

“阿波高丁”，倘用白族语释读，那就是“阿博罟翟（狄）”，意为“爷爷捕猎神”。美国学者洛克的《中国西南古纳西王国》载：“在三多所坐正中祭坛的左边，有一个方形的像木盒似的神龛，因年代已久被烟熏得漆黑。里面是一个名叫阿布高蒂的猎人塑像，旁边有一只凶猛的猎犬警惕地窥视着前方。猎人容貌显得刚毅正直，身体略向前弯，戴着一顶长钉形的头盔。”祭祀的《祭香词》中也有“金查……阿布杲的，金吃子洞金吃子母，东山子洞车山子母，东子母，西子母，东西然西西然，西然命的西然古……”。（杨志坚编著《纳西三多神》）“阿布高蒂”“阿布杲的”“阿波高丁”等，是学者们所译汉字不同，读音应相同。根据前人认定的

"阿波高丁"为猎神，以及祭香词里有白族语等情况，笔者推敲，极有可能为白族语"阿博罟翟（狄）"。白族语称爷爷为"阿博"，称伯伯为"阿大大"，称叔叔为"阿布布"，简称"阿布"。"高"或"杲"白族语，意为用网用绳捕猎。根据先秦古汉语大量遗存于白族语中的特点，查下来"高"或"杲"应是汉语"罟"的变音。罟（gǔ），《辞海》释："网的总名。《易·系辞下》：'作结绳而罔罟。'""蒂""的""丁"，所译汉字不同，音为白族语，指动物，相当于现代汉语"只"，查阅下来，就是"翟"或"狄"（白族语音与现代汉语略有不同，一是古今音变化，二是民族音变化）。翟，长尾的野鸡。狄，《辞海》释：①我国古代民族名，亦作"翟"。因主要居住于北方，故又通称"北狄"。秦汉以后，"狄"或"北狄"曾是中原人对北方各族的泛称之一。②古时最下级的官吏。③通"翟"。雉类的长尾羽。翟，羽头，禽类；狄，犬旁，兽类。翟和狄皆动物也，可相通。便知白族语动物量词"dí"，就是"翟"或"狄"。倘如此，北岳庙中的猎神"阿博罟翟（狄）"，意为用网捕禽兽的爷爷（白族语"阿布"是叔叔，"阿博"是爷爷，凭作为祭祀之神来看，"阿布""阿波"均为白族语"阿博"）。《祭香词》不呼唤三多神，而多次呼唤"阿博罟翟（狄）"和呼唤"东西然西西然"是值得深入研究的。"东西然西西然"有可能是呼唤山神，是白族语"东示日西示日"的音译，即"东山神西山神"，今天白族人纳西人在祭拜山神时仍如此呼唤。"二月八"祭祀的雞雉、鹖鴠、鸝鶊均生活在山林，到山林捕猎，自然要祈求山神护佑，这个习俗在丽江民间保留至今。

"阿博罟翟（狄）"与祀雞雉、鹖鴠节、鸝鶊祀联系起来，"二月八"祭祀的原始意义就明晰了。追溯历史渊源，禽鸟崇拜应起源于远古先民从狩猎进入畜牧驯养的时代，具体一点有可能是伏羲时代，因为作为“阿博”祭祀的神，是对社会发展有过重大贡献的人。传说中，伏羲对人类的贡献很大，画八卦，观天象，保存火种，结绳成网等，从而成为中华民族的人文始祖。《易·系辞下》记载伏羲“作结绳而为网罟，以佃以渔，盖取诸离”。网罟的发明，在人类早期渔猎时代确实是一项了不起的发明，可算得上是生产工具的一次飞跃，因为使用网罟，捕获的禽兽除满足基本生活需求外，还有剩余，由此开始畜养，经过长久驯化，禽兽变为家畜。伏羲，又叫“包牺”，“包”通“庖”，指厨房；“牺”，指祭祀用的牲畜。结绳网罟，猎获增多，信奉万物有灵的古人，便将禽兽奉为神灵加以崇拜。于是，“阿博罟翟”、祀雞雉、鹖鳴节、鸓鷉祀由此产生。“阿博罟翟”，有可能是最初教人结绳为网罟的伏羲，称“阿博”。今天白族人仍把捕猎称为“罟絣罟索”，就是用绳网捕获猎物。而农历二月八，正是百鸟啾啾的季节，也是捕获的最佳季节。尤其对于信奉万物有灵的古人来说，捕获的同时又意味着敬畏，故祭之祀之。

阿波高丁像

而且伏羲出生地陇西、陇南一带，历史上就是氐羌民族活动的区域。可见“二月八”祀雞雉、鹖鴠节、鸓鷵祀是一个十分古老的节日，是人类从狩猎进入驯养畜牧时代的产物。而北岳庙里的配神“阿波高丁”极有可能是“阿博罟翟（狄）”，即伏羲。而凡大事必用公鸡的种种习俗亦起源于此，特别是办丧事发灵柩由公鸡引领方向，就是请鸡把灵魂引领到远古的祖居地，魂归始祖。

五、白族、藏族信奉三多神的历史根源

几千年岁月流逝，历史更迭，古氐羌族群早已分化为纳西族、白族、彝族、傈僳族等十多个少数民族，早已从畜牧社会进入农耕社会，古老的禽神雞雉、鹖鴠、鸓鷵渐隐渐退出历史的主祭台，佛教创始人“太子”、南诏始祖爱妻金姑、大理高氏菩提女、丽江纳西三多神等，在不同的领域登上了二月八节日的主祭台。

杨志坚父子编著的《纳西三多神》载：“纳西民间有句俗语‘纳西三多’。纳西族与三多紧密相连，好似三多完全属于纳西族，纳西人的私有宝藏。不错，三多作为纳西民众千百年来笃信的本民族最大的保护神，是纳西人民生存的精神支柱，心灵的寄托者，是至高无上的。”据说自古以来“二月八”和八月羊日北岳庙会，纳西语叫“三多祀”，即祭三多神。庙会期间人山人海，烟火缭绕，信众者之多，香火之旺，居丽江寺庙首位。三多神作为纳西族的精神文化，1987 年 9 月 9 日丽江纳西族自治县人民政府正式发文，作出《关于将三多节定为纳西族传统节日的通知》，从此，一年一度农历二月八成为丽江各族人民朝拜三多的由政府确定的节日。话说纳西三多，周边的白族藏族为何都很信奉？剑川一些白族村寨的本主为何是三多神？藏族地方为何也建有三多庙？

1. 兄弟关系

“三多”“三朵”均为音译，倘用白族语释读，可理解为“三葑”。葑，大也，“三葑”意为“三个大人”。纳西《创世纪》中就有关于藏、纳、白三兄弟的神话传说。神话是历史的影子，这里隐含了藏、纳、白三族的同源性。藏彝走廊的氐羌族群，自有历史记载以来，都被中央王朝视为西戎，尤其是秦汉以来，西戎一直是中央王朝的边患。那么，作为被逐的诸戎，就是统一战线上的联盟体，为了共同抵御中央王朝三个民族有可能结盟，“三葑”或许又代表结盟的三大盟主。今天云南的白族、纳西族、藏族，或许就是在这“三葑”率领下，经历无数征战，一步步迁徙而来。这便是“三赕的故事是纳西人带到丽江来的，这个名字后来才用来作为这个地方的地名”的由来，这便是纳西族、白族、藏族都信奉三多（三葑）神，四时虔诚敬拜的历史根源。赕，《辞海》释“川原”。倘以白族语释读，意为“坝子”。“三赕”，或许与木氏先祖曾任“三甸总管”相关，三甸即“三个坝子”。倘若三多神产生于三甸总管，其后世麦宗以托梦方式塑造三多神，亦属顺理顺势之事。而且三甸总管辖区内自然混居着氐羌后裔的白族、纳西族、藏族，故白族藏族亦信奉三多神。

2. 三多神与白马氐人的白马老爷相似

《中国西南古纳西王国》载：“三多神在丽江是个外来的神，是与纳西人一起来的一个移居者”，“我原来是北方区域的神灵，我从加宽地来到这里是抱着一个目的，我想在战场上帮助你”。值得探寻研究的是“加宽地”，到底是什么地方？是实有地名，还是泛指？南诏封岳渎建神祠供白石，然而，三多后来成为北岳庙之主祭神。故探讨“想在战场上帮助你”的三多神原型，至少追溯到唐六诏时期或更久远的时期。对于云南历史的研究，大多集中在南诏、大理国时期，六诏前则有许多空白。云南许多少数民族如彝、白、纳西、傈僳等民族均为氐羌后裔，这是今天史学家所认同的，但氐羌族群在漫长的历史岁月中，经历了多少征战？是如何一步步被迫南迁？浩瀚史书，难觅踪影，纳西东巴文化则用东巴象形文字且以隐喻的方式记述，有许多内容至今尚未破释。我们只有把零碎的史料同民间的一些习俗联系起来，才能理出一个初步的轮廓来。

翻开中国历史，就是一部厚重的战争史。三皇五帝的炎黄之战，夏商周的更替，秦称霸西戎到统一六国，楚汉之争到汉击匈奴，三国两晋的分合，南北朝民族大融合，隋唐宋的更替与西部吐蕃之关系、元世祖“弯弓射大雕”，明清的开疆拓土等，无不刀光剑影，血流成河。自古以来氐羌族群与周边民族和睦相处。《诗经·商颂·殷武》云：“昔有成汤，自彼氐羌，莫不敢来享，莫不敢来王。”《竹书纪年》说：“成汤十九年，大旱，氐羌来宾。”《逸周书·王会》有“氐羌以鸾鸟”。由此观之，氐羌民族自古生活在甘陕川一带，且与商朝周朝建立友好关系。据纳西文化研究学者分析，后来成为纳西族的这部分古羌人是在战国初年开始南迁的。相传西方的秦国强盛起来，秦献公欲恢复秦穆公霸有西戎的局面，羌人部落中有个叫“卭”的，为了避免秦国的威胁带领部落向南迁徙，出了赐支河曲西南数千里远离了众羌。从氐羌民族南迁的活动地域来看，从远古的甘陕川到隋唐时期的云南，西部是强悍的吐蕃，东部是强盛的汉族，夹在汉藏两大势力间生存的族群，自然与汉藏关系的战或和休戚相关，但凡有汉藏战争，受害严重的就是这个夹缝中的族群。尤其是从纳西创世神话藏、纳、白是兄弟关系来看，兄有战事，弟焉能不助？故也就常裹挟于战争之中。

羌，作为56个民族中的一个成员，至今有30多万人，生活在四川省阿坝藏族羌族自治州的茂县、汶川、理县、绵阳市北川县、平武县，其余散居在松潘、黑水、九寨沟等县。强大的氐族哪里去了？是许多史学家发出的喟叹。近年来随着九寨沟被列入世界自然遗产名录，成为世界旅游胜地，一个深藏在摩天岭山脉两侧的自称“白马氐人”的族群也亮相于世。这是一个深受战争苦难而躲进大山深处长期与世隔绝的一个族群，直到如今，民间流传的故事中有许多跟战争有关。“诸葛亮借一箭之地”的故事是流传最广的。传说白马氐人的祖先原来居住在今绵阳、江油一带的平坝地区。三国时，诸葛亮要出祁山，叫白马氐人让出地盘，白马氐人不同意。诸葛亮跟他们谈判，说只需让出射一个箭的地盘，白马氐人想一箭之地大不到哪里，就同意了。没想诸葛亮暗地里派人连夜把箭插入平武深山之中，白马氐人明知上当受骗，却也只能被迫迁移到平武大山中。白马老爷就是带领白马氐人英勇杀敌，躲进深山，保存族种的英雄，因而被白马氐人崇拜，山是白马神山，河是白马河。甘肃文县铁楼乡草河坝村有白马老爷庙。令人惊异的是其神像与千里外的云南丽江纳西三多神相似，也是一位骑白马、执白刃的战神。再听他们讲述白马老爷的故事，与三多神如出一辙。文县铁楼草河坝人称白马老爷为“阿尼大尕”。更让人称奇的是文县铁楼乡妇女头饰镶有七个圆片，与纳西妇女头戴七星相似。

另一个“夺博河”与白马老爷山的故事在四川平武县白马寨世代流传。传说白马老爷被迫带领族人逃往深山。然而，扬言要斩尽杀绝白马氐人的敌军一路紧追，白马氐人寡不敌众，被杀得

三多神塑像和画像

血流成河。为了永远纪念牺牲的先人，白马氐人把血水染红的河称为夺博河，倘按白族语释读就是“薱博河”，即大爷爷河。“薱”意为“大”，“博”即“爷爷”。据说白马氐人惨遭那次洗劫后，就一直深藏大山。平武县白马藏族乡奉羊洞河与火溪沟交汇处的山岗称白马老爷山，白马氐语为“叶西纳蒙”，“纳蒙”意为“黑天神”。“叶西纳蒙”是白马十八寨的总山神，白马氐人四时朝奉。

那么，二者有何渊源？洛克在《中国西南古纳西王国》中说，“这个神灵不是一个本地神，而是源于遥远的北方，即西藏东部的草地区域，纳西人是在汉朝末年从那里南迁到丽江的，因此纳西人就这样把三赕这个名称（藏语称三赕）带到丽江来，很可能最初以他为丽江雪山的名字，然后把三多神作为山神和纳西移民的保护神。直至丽江城产生后，才称丽江为三赕。因此，我们可以看出所谓三多神在丽江是个外来的神，是与纳西人一起来的一个移居者……三赕的故事是纳西人带到丽江来的，这个名字后来才用来作为这个地方的地名。传说三赕的灵魂是从久阿堆降临的，这说明是纳西人将三多这个名字和关于三多的传说带到他们新定的丽江”。既然三赕的灵魂是从“久阿堆”来的，那么，“久阿堆”到底是什么地方？根据洛克所言，“久阿堆”被汉人称为“加宽地”，“加宽地”真是地名吗？从字面上理解，加宽的地方，应该是地势开阔的坝区。联系氐羌人死后叮嘱的话：“上是马路，下是牛路，你一定要走中间这条路去，一定要回到祖居地去”，可以窥视到氐羌民族的迁徙路线，是夹在马路与牛路之间。爱用隐喻讲述历史是氐羌民族的特点。这马路，莫非隐含的是马背上的民族——藏族？这牛路，莫非是牛耕民族——中原汉族？倘是如此，中间的路，就意味着半牧半耕的氐羌民族了吗？再根据史书上零碎记载，几千年，青海、甘肃、四川、云南，氐羌民族的迁徙路线一直游离于汉藏之间。至今自称白马氐的族群就是因为战乱，从地势开阔的四川平原，躲进了摩天岭大山之中。而作为从遥远北方来丽江的三赕，可能与历史上的白马氐、白马羌、白马番不无关联，因战争一部分南迁云南，一部分躲进大山，此乃三多神与白马老爷何其相似的历史渊源。

《史记·西南夷列传》：“西南夷君长以什数，夜郎最大；其西靡莫之属以什数，滇最大；自滇以北君长以什数，邛都最大；此皆魋结，耕田，有邑聚。其外西自同师以东，北至楪榆，名为嶲、昆明，皆编发，随畜迁徙，毋常处，毋君长，地方可数千里。自嶲以东北，君长以什数，徙、筰都最大；自筰以东北，君长以什数，冉、駹最大。其俗或土箸，或移徙，在蜀之西。自冉、駹以东北，君长以什数，白马最大，皆氐类也。此皆巴蜀西南外蛮夷也。”据查，汉代称今四川绵阳北部与甘肃南部武都之间的白龙江流域的羌人为“白马羌”。专家学者对历史上的白马氐、白马羌分类有不同的观点，常有争辩，原因在于氐羌族群在汉藏之间常混合杂居，故常有混称。重要的是，他们都以白马为图腾加以崇拜，从而作为族称。中华民族中的各个民族，在其形成过程中，都具有分化与融合或者重组这样的特点。历史上较早善于养马的氐羌民族，多奉白马为神灵加以崇拜。自古以来，白色作为高贵、圣洁的象征，而白马更是稀少的高贵品种，自然受到崇拜。我国最早的佛教寺院白马寺，就是因为白马驮载佛经、佛像抵达洛阳，为铭记白马驮经之功命名的。家喻户晓的唐僧西天取经，就是骑一匹白龙变的白马。可见白马作为高贵的象征，常作为英雄人物或神灵的坐骑亦是情理之事，故丽江三多神和甘肃文县白马老爷作为战神，自然是骑白马执白矛披白甲了。而三多崇拜不仅纳西族独有，周边的白族藏族亦十分崇拜，是因为有共同的历史渊源。故这个被称为从遥远的北方来的神灵，与历史上的白马氐白马羌同根，与至今生活在四川平武甘肃文县还在自称白马氐的族群同源。《范义田文集》中《西北高原及巴蜀盆地之族系》一文载：“滇西北永胜县，在唐时南诏称北国，一曰北方赕，一曰成纪，其族即自略阳迁来，成纪即略阳也。永胜、丽江一带有白马寨，《元史·地理志》谓‘白马氐之裔居此’，即武都之裔也。中甸有白地，丽江有白浪沧，维西有白落，其得名自亦出于氐，四川盐源县，汉时为定筰县，筰之族亦有白氐。《后汉书·西南夷传》言：‘筰都县有六夷、七羌、九氐。’”难怪丽江纳西三多神骑白马执白矛戴白盔与现今四川平武甘肃文县白马人的白马老爷如出一辙。可见，三多作为战神起源很早，至少在汉代称为白马氐、白马羌时就已产生，并一直随南下的氐羌族群而来，又随越析诏北上至玉龙雪山脚下，后来因木氏麦宗拓边安民之需要，叠加在三多身上那么多扑朔迷离的神话故事，年复一年成了纳西族独有的三多神。

3. 三多神的外在形象和内在精神核心

洛克在《中国西南古纳西王国》中根据北岳庙手写稿翻译记载："在唐朝代宗皇帝大历年间（766—799），皇帝封异牟寻为南诏国国王，国王封你最尊贵的封号'大圣北岳定国安邦景帝'。原来你的神灵从加宽地降临到我们这里，你身穿白甲，头戴白盔，手里拿一白矛，胯下骑一匹白马。你从西北方向来，当你到达我县边界的时候，你的行为是那样的特别。"接着记述了国王供献他，因没有得到福佑，遭家人嘀咕，三多就把比国王曾供献他的牲畜纸币多十倍地奉还给他们，然后回到玉龙山，后托梦给麦宗，说他的名字叫三多（三赕）。从此，麦宗作战，三多神就在战场上暗中相助。后来民间衍生出许多三多显圣故事，使其形象更加神圣化，常"现白袍而助阵，秉火剑以斩妖"。木氏得此荫庇而强盛，元世祖忽必烈因之助战而征服大理，故封其为"大圣雪石北岳定国安邦景帝"。关于三多神，民间传说纷纭繁杂，研究文章繁星灿烂，但其原型究竟是谁？真有其人？抑或是氐羌族群远古时期崇拜的战神？还是后人演绎的战神化身？北岳，作为南诏帝王封禅而来，祭的是山神，三多作为战神为何又位于北岳庙山神之位？

对此，我们从披上种种神秘色彩的故事剖析其外在的形象和内在的精神核心。三多是一个骑白马、披白甲、戴白盔、执白矛的神灵，是一个能庇佑纳西族、白族、藏族同胞防备水灾、火灾、病疫、兵祸等灾害的保护神，故称为"恩溥三多"，"恩溥"是纳西语"爷爷"的尊称。白马、白甲、白盔、白矛，就是一个冲锋陷阵、驰骋疆场的古代将军形象。水灾、火灾、病疫、兵祸都能防备者，应该是神通广大的，曾救民众于水火之中的，战功显赫的，虽死犹生者。“有的人死了，他还活着”，三多是永远活在丽江各民族人民心中的至尊神。

既然三多作为引领氐羌族群征战迁徙的战神化身，那么，作为山神的北岳庙里，为何三多身居主神位呢？读杨志坚父子编著的《纳西三多神》中《三建北岳山神庙》，就清楚了。唐朝代宗大历十四年（779）南诏王封“五岳四渎”时封松外山（玉龙山）为北岳并建北岳山神庙而得名北岳庙，庙内供一块雪白的奇异神石祀之。后来三多落脚山神庙旁边，建造了房屋，始称“三多阁”，即三多的家。后来把原北岳庙迁出另建，立三多牌位以祀奉，再后来合二为一，正式称三多庙。山神，纳西语白族语均称“示日”，是氐羌族群自古信奉的神祇，直到今天村村都有山神祭坛，家家坟场都立有一块山神石供奉。北岳庙和三多阁合并后，原来作为北岳象征的白石隐退下来，三多则开始位居庙中的主神位。这与云南南诏、大理国，元、明、清那漫长的历史长河中战事不断分不开，更与在战事中逐渐强盛起来的木氏分不开，故木氏十分崇拜三多战神，并衍生出许多显圣的故事，来强化其在滇西北的统治地位。

综上所述，笔者斗胆推绎，二月八初始意义源于祀雞雉、鹖鴠节、鸓鶙祀之禽神崇拜。随着狩猎畜牧社会的解体，农耕社会、封建社会的形成，禽神崇拜隐退下来。而伴随着氐羌民族由北向南迁徙而来的战神落户丽江，伴随着木氏统治之需要，衍生出三多显圣的种种故事且代代传扬，三多战神从而荣耀地登上了“二月八”的主祭台。又因北岳庙、三多阁合二为一，战神三多身上还叠加了山神、禽神等多元信仰崇拜，三多神益显其复杂化神秘化神圣化。无怪乎甘肃文县的白马老爷与远隔千里的丽江三多神如出一辙，那是久远的历史渊源；无怪乎三多祭祀辞中的古白语、古藏语至今无人破译，那是上下几千年纵横几万里的时空难以穿越；无怪乎祭祀辞呼唤的众多神灵中没有三多神，那是“二月八”初始意义之所在；无怪乎传说三多属羊，生日为羊日，祭祀的日子选在农历二月八和八月，那是羊为羌之代词，信奉三多的民族乃氐羌后裔；无怪乎不独纳西族信奉三多神，周边的白族、藏族也虔诚信奉，那是共同的渊源所在。

（2017 年 1 月）

三多是谁

和　湛

每年有 3500 万人次游客涌到丽江，而且还在以两位数的增速年年刷出新纪录，堪称世界旅游史上的奇迹。教科书论定，出游者最终都要求得“我是谁，我从哪里来”的全解，进而得到“我将去哪里”的预见。旅游产品的提供者要千方百计直接间接地让游客满足这个不同层次的“天问”。这就是我们通常说的见物生情，见微知著——过去到未来的历史沉重感。这沉重还因为旅游者诉求和愿望的二律背反：在住的要现代设施齐备，吃的要美味可口之时，还要尝一点古风古味；看的却是要最原初原始贫乏简陋的生产生活场面。

解决这个矛盾是当代世界旅游绕不开的头号难题，旅游世界跨越不过去的卡夫丁峡谷。光从器物的层面建设是无解的，绕过它从文化的角度来或许能茅塞顿开，别有天地。

1986 年 8 月 29 日，丽江纳西族自治县人大常委会通过决定三多节（二月八）为纳西族的传统节日，放假三天。丽江人决心用几年的时间把三多节打造成像泼水节、三月街、北京庙会、南京夫子庙会那样的国际知名品牌。必将成为丽江旅游的新亮点的三多，责无旁贷地要回答沉重历史的天问：我是谁？从哪里来？那么，我们先要弄清三多是谁。

一是自然。就从石头说起，这是万千大自然生态神祇中精挑出的标征物。石头是人类最早使用的工具，既可脱手投掷（腿的延长），也可握在手里使用（手的延伸）。这类材料遍地，俯拾即是，便于加工成各种用具。人类的智慧最早体现在生产工具之上，甚至可用生产工具划分社会形态，使人从动物世界中升华为万物之灵——顶天立地的人，而石头是第一推动力。

终年云雾缭绕、偶尔露出真容的玉龙雪山被称为“恩鲁”——银白色头的石头，寒冬堆积雪峰冰川，修造雕凿成银光闪烁的固体水库。春天消融消解成圣洁清冽的泉水灌溉着坝子万顷良田，孕育出高原米粮川。在玉龙山麓海拔 2000 多米的高地上有着 19 个黑龙潭那样丰沛的泉水群，绘绣出一个奇观。如果说“三江并流”地带是地球生物的基因库，那么玉龙山是它的聚宝盆，保留着 20 多个原始森林群落，有 86 种动物，3000 多种植物，名花应有尽有，其中杜鹃 50 种、报春 60 种、兰花 70 种，还有 800 多种药材。驰名中外的医书《玉龙本草》就详细选录了 500 多种药草，其中名贵药材就近百种。大部分都可从“雪线药乡”的玉龙山腹地找到。玉龙山冬无严寒，夏无酷暑，旱季不燥，雨季不湿，常年保持在人类体感最舒适的温度、湿度之中。这种气候涵养出纳西人外圆内方，谦虚笃厚，不温不火，不卑不亢，和合互融、冰清玉洁，犹如蕴玉般的性格，成就茶马古道上令南来北往商客流连忘返的中转站。延续到今天，又成了淡季不淡、旺季更旺的国际旅游胜地，5 万古城人每年迎接 3000 多万来客的奇迹。

所以说，三多是石头，白色的，是玉龙山的“是曰（山神）”。

玉龙山纳西语叫“恩鲁”——银白色的石头，是纳西族保护神——自然生态神，是生我养我的美丽富饶的自然环境，是完全物化了的人，或是人格化了的自然。所以三多庙大门上信徒们挂着的门牌是“北岳庙”三字，南诏王封玉龙雪山为“北岳”，东西南北中五方山岳之至尊。如果说山顶圣洁的白雪冰川是纳西人的精神心灵之寓所，那么山腰铺青叠翠的绿林修竹则是纳西人物质生命的家园。玉龙山是纳西人的依托靠山。

二是祖先。纳西民间说三多是他们的祖先，属羊（是个好属相，善良敦厚，易养易育），生于农历二月八，排行老三，是家境贫寒的放羊娃子。他从小聪慧机敏，长大后英勇无畏、疾恶如仇、乐善好施，是守卫家乡保平安，骑白马、戴白盔、披白甲、执银白长矛，百战百胜的战将。无论战事如何吃紧，只要三多出现就能化险为夷，转危为安，胜券在手，又现出乌云飘散、雨过天晴、双彩虹悬天的和平景象。

木氏土司说，三多是他的忠心耿耿、尽职尽责、英勇无畏的家将，所以“二月八”祭而不拜。

吐蕃传说他的藏名叫三赕，曾经是吐蕃苯教的巫师，后来成了茶马古道的守护者。这条道上所有的喇嘛寺，直到拉萨此布寺，都曾供有他的塑像。

南诏传说，三多是白族的祖先，后来成了纳西人。还说是到纳西家的上门白族女婿。

又传说，三多有三个妻室，正室是纳西女，没有塑像，左右两边是藏女和白女，三多更钟情于白女，所以头微微偏向东边。傈僳族和普米族传说三多与他们也有血缘，因而非常崇拜他。

在这里，三多是有血有肉、有情有义的活生生的人，是多个民族敬重争尊的先人。民间亲切地称他为“阿普”，村社里任何一个老人都有着同等的“阿普”待遇。三多庙俗称“三多阁”——三多的家，与村社里叫“阿花阁”“四园阁”的同一规格，没有任何特殊，不加任何谥号，完完全全是生活在老百姓中的一员。把一个至圣至尊、受人顶礼膜拜的英雄看成是极其普通的生活在百姓身边的老人，纳西和周边民族共同的先祖，这是完全世俗化了的神祇。这就是人类童年时期祖先崇拜的真谛，是祖先英雄或是英雄祖先创造了部落村社的文明，自己是他们的后代子民。祖先越显赫，后世子民便越荣光。至于神仙皇帝，远着呢，与己无关。与孔子的名句“未能事人，焉能事鬼”遥相映衬。

三是民族精神。纳西民族在漫长的狩猎和采集时代，人首先与自然发生关系，直接从自然界中获取生活所需，维持最低限度的（生命延续）生存保障，人就是自然界的一部分，与大千自然融为一体，产生了自然崇拜。同时，人不能单枪匹马地向自然索取，人和人先要结成一定的社会关系，如部落、团体，前者因血缘为纽带，后者因劳动为组群。在这里推举智慧才能品质体能超群的人为头目，组织率领大家渔猎采集，就产生了祖先（英雄）崇拜。三多集自然祖先于一身，受到滇西北地区人民的爱戴、敬重、传颂。

随着工具的不断改进，族群智力体力不断提高，游牧取代了狩猎，种植取代了采集。物质资料的生产方式决定并改变着人们的社会意识，三多从白石、祖先，上升成为民族精神——无所不能、无往不胜、无处不在、无时不有的神祇，成为民族的保护神、守护神。在纳西族及其他信仰三多的民族眼中，战争最惨烈的时候迎请他，便能转危为安；灾害频发的时候迎请他，便能驱祸避害；民族濒于分裂绝地边缘，他能重新团结振兴起来；民族意志消沉，恶势力抬头之时，他能惩恶扬善，激浊扬清。

一、因时而变、永立潮头的“高若”

世界上任何一种崇拜，都是一个时代的产物，鲜有一种可以跨越时空、从远古到现在永立信仰潮头的偶像。

人类从远古到现在，他们的崇拜物如动物、植物、山川、沙石、鬼神、佛祖到本主，数以万计。光是东巴经书中就有三百多尊神灵，傈僳族顶礼膜拜的就有五十多种动植物。人类随着自身能力的提高，眼界的开阔，使用工具的改进，崇拜物也随之改变，但能跨越时空保留至今的凤毛麟角。

在世界信仰史上极少有的是，三多能与时俱进，他从远古走来，蹚过历史长河，成为每个时代的标志性鲜活人物。

民族救亡图存的抗战时期，三千多纳西儿女告拜三多阁后奔赴抗日前线。他们冲锋陷阵时的响亮口号是“阿普三多保佑，夏！”这口号甚至影响并成为滇军的胜利冲锋誓词。

解放战争时期，蒋家王朝风雨飘摇。丽江地下党领导的游击队英勇善战，连克几座县城，于1949年7月宣布丽江解放，威镇滇西。老游击队员们回忆说，最能激励人心的口号是“阿普三多保佑，夏！”它已完全融入“打倒蒋介石，解放全中国！”“为新中国而奋斗！”等全国流行的革命口号之中，成为地方特色、民族标志。在建设现代化强国的今天，丽江又创造了党的建设与优秀传统民族文化相结合的经验，其动力在于文化自信，其底气是优秀传统。

改革开放后丽江从一个名不见经传的边陲小镇成了世界旅

游名片，三多又承载起丽江的历史文化，成为形象大使，二月八三多节也因此成为民族文化集中向世界展示的平台。今天，三多传统文化正在团结丽江各族儿女为实现中国梦的丽江篇章而努力奋斗。

二、顶天立地、不屈不挠的战士

像玉龙山一样高耸入云、扎根大地，像金沙江一样地源远流长、灵活坚韧。开天辟地之初，纳西族先民崇仁利恩领着钟情相爱的仙女向天父求婚。高傲顽固的天父问："你是谁？从哪里来？"先民作了一番气壮山河的回应："我是开天九兄弟、辟地七姐妹的后代，三根牛腿吞下肚也不会鲠，三升炒面咽下肚也不会呛，江水接到肚也不会满……"三多秉承了创世先祖一往无前的英雄气魄，又兼具历代民族精英的胆识智慧，大敌当前他巍然屹立、临危不惧。一个特小民族，告别青藏高原来到云贵高原，告别黄河之源来到长江之头，长途跋涉迁徙，在历经一次次几近死地的灾难，最终还是站立起来——民族没有亡，文脉没有断，初心没有改，是浴火重生的"不死鸟"。发生在 1997 年的"2·3"七级地震是丽江有史记载的最惨烈的一次，正在申遗的古城损毁格外严重。联合国官员实地考察后向总部报告说：已夷为平地，好在古城的骨架仍存。在大灾面前，丽江人民在党的领导下，发扬顶天立地、百折不回的三多精神，自救自立。三个月后，整个古城恢复了元气，半年时间就重现了往日的风采。到年底，地震灾难遗迹已看不到了。在奇迹面前，联合国遗产委员会全票通过，丽江古城由此位列世界文化遗产名录，据说此前是没有全票先例的。全票点赞代表的不只是八百年古城的灵韵秀美，还有今天丽江人民在大灾面前的泰然自若、铁骨铮铮。

今天，丽江头戴“三遗产”的桂冠，而一直视为骄傲的支柱旅游产业，面临严峻的考验，压力如山、困难如山、责任如山。但是我们相信三多的后生们，能够以壮士断腕的改革精神，以脱胎换骨的决心，把数量扩张转向质量效益、低价揽客转向高精端服务，实现我们的初心——国际精品旅游胜地。既然我们把三多节定为最盛大的民族节日，从来就以旅游文化融合著称的丽江，集聚着不屈不挠民族精神的三多文化，能够促使丽江旅游绝路逢生，破茧成蝶，并率领云南旅游闯出一条持续发展之路，就像十多年前获得的全国改革开放 30 年 18 个典型之一，成为西部 14 个省的表率的又一次辉煌。

三、和合共荣、协和四邻的使者

三多是一位著名的战将，南征北战戎马一生。可是在滇西北乃至藏南川西各民族都交口称赞他是和平使者，都一致崇拜传颂他，还抢争他是自己民族的先祖，还在自己民族神圣的庙堂里供奉着他的塑像，香火永续。研究这种特例是很有意义的。

战争与和平这一对冤家对头伴随着迄今为止人类社会发展的全过程，和平享尽是战争，战争消尽又是和平，循环往复，此消彼长。谁能在这历史过程中用战争（正义的）制止战争，用战争（暂时的手段）换来持久的和平，谁就得到双方（甚至是多方）的传颂。木府中悬挂的那么多历代皇帝所赐的“诚心报国”“热忱爱国”“边境藩篱”等匾牌，摆放着的破格提携的二品官的金印和金腰带，以及累累被史家点赞的“凤诏每来红日近，鹤书不到白云闲”的诗联，渗透出木氏土司耿耿忠心外加远见卓识的政治智慧。

这就是三多这员无敌战将还能兼有和平使者称号的谜底。如果说小民族创造了大文化，那么这篇“战争与和平”杰作是可载入中华民族史册的最精彩的一笔。

丽江古城号称“一座没有围墙的城市”，纳西人被称为“怕困在围墙里的民族”。千百年来，世上多少王朝部落土司，一代接一代地修筑高高的围墙、堡垒，为在城堡中获得一时的安全，便在高墙内把自己封闭禁锢起来沉睡不醒。一旦城门被强敌攻破，殃及池鱼成为囚徒，过后又不断地加高加固，再一次成为“新囚”，在高墙下演绎着一幕又一幕悲剧。而纳西先民知道，真正的铜墙铁壁是自身的强大，要敢于走出去闯天下，也要敢于请进来成为朋友，汲取天下财富（人和物）为我所需、为我所用。东巴经说，好男要开辟九个新天，好女要占有九个新地。一条跨越雪岭冰河生命禁区，穿越荒无人烟的森林草甸，最后又翻越世界屋脊到西亚、南亚的世界最艰险的茶马古道，古城是它的最重要的中转站，纳西人和丽江马是它不容置疑的主角。这条延续千载的古道的开辟，是丽江传统的开放包容的终结，同时又是商品市场新观念的起点。今天这条古道被国道 214 等三条新路所替代，马帮无影踪，铜铃已远去。但协和四邻、和合共荣的三多精神，在旅游开放的新丽江，已唱响旅游世界的新世纪。

玉龙纳西族自治县白沙乡玉龙村三多信仰调查

杨志坚

前　言

“阿普三多”是纳西族千百年来笃信的最高的民族保护神，也是战神，是世世代代纳西人民心灵的寄托。在漫长的历史长河中，纳西先民把对英雄、自然、祖先的崇拜集于三多一身，赋予其无穷的神威，尊称他为“阿普三多”，并把他与变幻无穷的巍巍玉龙雪山紧密地联系在一起，成为纳西族千百年来“求而无所不灵，祷而无所不验”（木公《重修北岳庙记》）的保护神。

唐大历十四年（779），南诏王异牟寻封禅玉龙雪山为北岳，并在玉龙雪山脚下建北岳山神庙。1253年，元世祖忽必烈征大理经丽江，特敕封三多为“大圣北岳定国安拜景帝”。在纳西族聚居的地区，历史上都曾建造有祀奉三多的庙宇，像鲁甸新主、宝山吾木、大具、太安等，甚至在西藏拉萨也有三多庙。其中，丽江玉龙村的北岳庙是最大的三多庙，是各地纳西族祭祀自己的保护神的最高级、最热闹的场所。

玉龙村隶属于白沙乡新善行政村，纳西语叫“崩时敦古”，意为“白沙坝最北面”。因供奉纳西三多神的北岳庙在村中，俗称“崩时三多阁”。全村以纳西族为主，姓氏以和、杨、赵为主，另有木、沈、闵等姓。相传和姓为三多神部属阿波高丁之后，距今已有千余年延续。据此，玉龙村是丽江坝子居住最早的村寨之一。另旧时藏人也称该村为“敦古”。

玉龙村距离白沙乡政府 4 公里，海拔 2559 米，年平均气温 8.9℃，年平均降水量 935.8 毫米，适宜种植玉米、小麦等农作物。全村面积 11438 亩，其中耕地 1067 亩，人均耕地 1.6 亩；林地 5783 亩，其中经济林果地 800 亩，人均经济林果地 1.2 亩，主要种植青梅、苹果等经济林果；水面面积 169 亩；草地 84 亩；荒山荒地 2636 亩；其他面积 1699 亩。2007 年全村经济总收入 160.9 万元，农民人均纯收入 1841 元。该村目前正在发展乡村旅游业，农民收入主要以旅游业为主。

全村辖 3 个村民小组，170 户 720 人，其中农业人口 673 人，劳动力 374 人，从事第一产业的 181 人。60 岁以上的老年人 120 人，占全村人口的 17%；80 岁以上的 22 人，90 岁以上的 6 人。目前全村义务教育在校学生 100 余人。（2007 年数据）

一、三多神的传说故事

三多神是一种民族的精神文化，这种文化长期熏陶而形成的民族心理和民族情感，是一代代递相传承下来的，也是不容易改变的。因此，在老人们临终前，心中还祷念着三多神含笑九泉；战争时期，纳西将士会高喊着三多神的名字冲向敌人。三多如一股巨大的精神力量，激励着纳西民族与自然搏斗、与灾害斗、与疾病斗、与战祸斗，在各种恶劣的环境中艰难地生存下来，得到了发展，并受到兄弟民族的尊重。

纳西族祭祀三多神高于除祭天以外的任何一种祭祀活动，这样大规模的群体祭拜活动，其隆重和热烈程度当居丽江寺庙之首。每年除二、八月的群体祭拜外，平日信众不断，经商致富者、外出远门者、家境富裕者、求子求寿者、有灾遇难者，总之，生老病苦死，悲欢离合，都到北岳庙求愿祈祷。有诗曰："还愿争先北岳祠，香烟二月篆霏霏。白沙路上歌来去，卜拜年年不误期。"（清人杨品硕《丽江竹枝词》之一）

戈阿干在《滇川藏纳西文化考察》一文中说："不论是从宗教的角度，还是从一般的文化的角度，认真琢磨一番三多这个形象，于进一步搞清楚藏族、纳西族和白族的文化关系，是会有好处的。"（《丽江文史资料》第9辑）

听民间老艺人讲述三多这尊至圣保护神时，没有人说他是纳西族祖先，虽然有人说他是木家的战将，但也没有明确说他是纳西人。有的说三多是从藏区的"久阿敦"来，有的说从北方来，也有的说从西北方来，不管哪一说，都认为来者是神，有的说是护法神，有的说是战神。藏区民众、僧侣遇到丽江纳西人时，倍感亲切，年长者往往会问及三多神像，说："我们的三多供奉好否？"他们称丽江人为"三赕娃"。在他们眼里丽江就是三赕，三赕也即丽江。藏族民众出远门到宾川鸡足山烧香，经常三五成群前来北岳庙祭拜，夜晚歇于门下，说是回三多家住，第二天一早前往文峰寺借"钥匙"后前往鸡足山，回来又到文峰寺灵洞归还"钥匙"，然后返藏。他们一路乞讨一路行，说这是民俗，非无钱而行乞。邻近藏民前来祭拜者非常虔诚，说是来跟阿普三多拜年。阿普三多原为纳西话对三多的尊称，不知藏民为何也称阿普三多？是否崇俗纳西之尊？

民间传说，祭祀三多时的祭词是用藏语、白族语和纳西语三种混合编制而成。从现在收集到的祭祀词看，还有汉语，这又是汉文化直接影响的一个例证。

至于和白族的交往，一说三多原为白族祖先，后为纳西族所占有；一说三多为白族的门客（即女婿）。传说三多继妻为白族公主。民间有二月初八日三多到东山庙拜祭东山老爷的说法。东山老爷为白族土主之一。农历八月属羊日白族民众带上新收获的谷子到北岳庙祭拜三多神，说是新谷先献给阿普三多食用。汉文化通过白族地区传入纳西族地区，汉传佛教和道教也通过白族地区传到丽江，藏族佛教传入丽江后，纳西族地区就形成了汉、藏、白文化兼容的状况，成为多种文化的交融点，三多自然也成为周边其他民族尊敬的神灵。

笔者记录了玉龙村老者杨裕勋、杨裕祥讲述的有关三多与阿波高丁的故事。

三多初来丽江时，一日，独自一人到附近山中行走，见一群羊被放牧，想找牧羊人说说话，突然两只牧犬狂叫而来，阿波高丁一看是三多大师来了（阿波高丁早知三多大师情况，只不过未曾直接交往过），就大声吆喝牧犬，并躬身向三多打招呼，示意欢迎。三多非常乐意入羊群草地坐着谈。因语言还很不通顺，两人比画着手势交谈。三多仪表堂堂，举止文雅，温柔而平易近人的态度使阿波高丁更加敬佩三多的为人，故显得有些拘谨，而三多对阿波高丁朴实善良且谦逊的态度，深感欣慰。两人虽初次相遇，但都给对方留下了深刻的印象。

第二天，三多随身带了些炒面、奶制品等又去山中找阿波高丁闲谈。两人在林边草甸闲聊，三多无意中发现眼前草地里长有几味草药，就顺手采来观看。他俩的话题从这里开始了：这种草药叫什么名字？治什么病？怎么吃法？……三多学习纳西话也从这里开始，阿波高丁也学会了不少藏族语言。

第三天下午，三多随羊群到阿波高丁家看看，并随身带了些食品什物，一来看望阿波高丁的家人，二来了解纳西人的生活习俗并结交朋友。

在村口他们碰到了村中桑尼巫师阿布于，就一同到阿波高丁家（阿布于听说三多是从藏区来的大巫师，早就有心想学术拜师），阿波高丁的三个小孩见生人来，胆怯地躲在门缝边看，三多顺便给他们些食品什物。

这时村中老小听说三多大师来了，都出来看热闹。由于语言不很通畅，大家只是笑面相迎，点头比画。

这几天，三多非常愉快，他自已庆幸来到这个美丽而充满友谊的地方。他刚刚摆脱苯佛斗争的那场激烈而又惊心动魄的场面，在脑海中绷得紧紧的弦松下来了，放开了，感到一种说不出的喜悦，一种欢畅而又安全的感觉，他的整个身心与这里的自然环境、民众融为一体了。

八月的天，秋高气爽，是收获的季节。秋天里的这几个月，阿波高丁天天放牧于附近的山间草甸（据说羊群是白沙土酋家的），三多也差不多天天跟随羊群在山林草甸中度过，主要目的是学习纳西语并了解当地的风土人情。由于三多知医识药，阿波高丁乘放牧空隙，为寻找草药，带三多走遍了附近的树林、草甸和山崖，采集了许多中草药。此间两人的友谊更加深了，相互信赖，成了无话不谈的莫逆之交。阿波高丁把白沙坝区土酋们的情况和邻近村子土民的情况，民间节日及法事活动等情况都介绍给三多大师。这些都成了三多大师立足丽江坝，并顺利传教行医和得到土酋们好感的基础。

三多大师知药善医，随身不离药包，这是他访友传教和亲近民众的法宝。渐渐地，三多大师受到了当地民众的尊敬和爱戴，许多外地的巫师慕名前来学术求巫。这样三多大师不但与一般民众友好往来，各部族土酋也加入其中，他们逐渐了解了这位外来传教徒的品德行为，从最初的观看变成了欢迎，进而又开始欣赏，到后来的支持并赞助他的传教活动。

此时，邻近各部族的有关巫事活动，三多大师几乎都参加并主持。土民们都非常欢迎三多大师到家中做客，都认为他是贤能大巫师。谁家有红白事，都要请三多大师来主持法事活动；谁家中有病痛，都向三多大师求治；谁家中宰羊杀猪都请三多大师前来家中做客……三多大师成了附近民众不可缺少的一位特殊居民。

二、三多的来历和生平

1. 族属生辰考

“原来你的神灵从加宽地降临到我们这里”，“你从西北方向来”。“加宽地是纳西语久阿堆”，“传说三赕的灵魂是从久阿堆降临”。“加宽地在藏语中称加德，它包括西藏东部的中部地区，这个区域的绝大多数民众信奉苯教。加德部落也称雄波巴，主要因为‘雄（迦卢茶）’是他们崇拜的神之一。在纳西宗教中，迦卢茶占有重要地位，他们称它为曲或都盘修曲。”“传说从久阿堆（汉人称加宽地）区域迁来的有三兄弟，三多神是三兄弟中最年轻的一个。”这是美国学者洛克在《中国西南古纳西王国》中有关三多来历的考证。

民间传说三多是从西藏的久阿堆来。从佛苯斗法苯教失利后被封为佛教的护法神以及三多率领苯教徒去公开破坏正在修建中的桑耶寺来看，三多应为吐蕃人氏。

根据民间的说法，三多属羊，纳西话说“于库美勾若”即属羊的汉子。还有民间每年农历的二月八日或二月的第一个羊日大群体大规模祭祀三多看，三多属羊岁并生于农历二月八日。清人杨品硕在其《丽江北岳神考》中曰：“神属羊岁，故二八月属羊日，祀者最多。”又曰：“先是祖师建桑耶寺，三弟兄领众魔折之，旋建旋折数次。”莲花生建桑耶寺是唐代宗大历年间（766—779年，历时十二年）的事，当时三多已经出师。藏历木羊年为唐德宗兴元元年（784），由此往前推二十年左右，又要属羊年，得出的结论是三多生于唐玄宗天宝十四年（755）农历二月初八（二月的第一个羊日）。

2. 三多生平考

关于三多的生平，从现有的文献资料及遗留物来看，第一次涉及三多生平应该是阿明大师带来象形文字到丽江传教并用象形文字写三多祭祀词之时，离三多去世二百多年。

对于三多这尊纳西民族的保护神，在当时，在纳西族及周边的藏族、白族、普米族等民族中已相当崇敬。东巴经师们面对在各民族民众中表现出来的发自内心的热烈而虔诚的信仰以及在民众中传诵的有关三多功业和神灵的故事，经师们不得不用开始各种语言来写祭祀用的经文，以抚慰各族民众的心灵。有人说，为了使人读不懂，故意用三种语言混合编写。笔者认为这是莫大的误解。尽管写经文时有懂各种语言或各族的人在一起，但写经文的人很可能只懂一种或两种语言，加上许多古语古词，除了作者和当时的东巴们懂其意外，后来的读者就难解其意了。尽管如此，这是难得的，也是唯一的用象形文字记录下来的研究三多这尊圣贤的第一手资料，有待史学工作者们进一步考究。

同时期产生的，在北岳庙用来祭祀时用的祭祀词、祭香词，由于长时间一代一代口头传承，再加上长时间由纳西人用纳西腔调念诵，除其中的纳西语部分外，今人也不懂其意，待考究。

第二次涉及三多生平的是明朝嘉靖年间木公《重修北岳庙记》石碑。

木公是纳西族著名的汉文史学者，他大力弘扬纳西文化，引进先进的汉文化并第一个用汉文书写记载了纳西族的历史，写下了不少有历史价值及较高造诣的诗学文字，其中《重修北岳庙记》《木氏宦谱（甲）》这两份史料影响甚广，但也给后世研究三多生平造成了困惑。

关于《重修北岳庙记》，此石碑残留部分，现保存在北岳庙。木公与三多生活年代相隔七百多年，考究有些难度，他就把三多神写作玉龙山的化身，这样把一位有影响的历史人物，从有形变为无形，从具体变为抽象。然而从历史的角度讲，把历史写成艺术品，这一点不但为当时民众的情感不能接受，也给后人对三多生平的考究带来了困扰。幸而木公立此碑时，一般民众多不识汉文字（识汉文只限于土司家族），不然会有一场激烈的争论。此碑文对三多这个有血有肉的英雄人物的抽象化行为，木公的后裔在明万历年间“重拓殿宇”时予以否定：一是寺庙布局及塑像设置，二是编撰《北岳纪》。然而此碑至今仍影响着不少文人墨客。

至于《木氏宦谱（甲）》（以下简称《宦谱》），木公写至本人，后有续修。本来它是木氏家族的一部家史，他写成了纳西民族的第一部编年史。作者为了表明自己（木氏）是纳西民族正统的、源远流长的、天然的统治者，神圣地位和光荣历史，《宦谱》开头转录了东巴经书中有关纳西族开天辟地以及神话传说中纳西祖先的名字，并以纳西语用汉文或汉文近音混合编写而成，读起来使人难解其意。例如，第一、二句中“象蛋由天放，象蛋由地孵”，这十个字中《天·地》由汉文的“天地”写成；孵蛋的“孵”字由汉文近音“俸”字代替；大象的“象”和象蛋的“蛋”字由汉文“草”和“古”来代替，等等，后面接上木氏口头相传祖先的名字。正如著者木公本人所说：“祖叶古年以上十一代，虽有俗老口传名讳，而无谱牒，不敢据信。”[①] 他构造了历史，例如说“叶古年为昆明总军官”“秋阳为三旬总管”“普蒙为丽水节度使”“西内、西可为越析军民总管”[②]，等等，并有意与唐皇年号相匹配加上头衔。

正如方国瑜在《木氏宦谱》跋中所述：“越析诏为洱海东岸么些部落，不在丽江，丽水节度在伊洛瓦江上游左岸，亦不在丽江，三甸即三赕，藏语称丽江为萨丹，乃传播密教建寺得名，较为晚出，则官职名号都不可信，《宦谱》所载系世虽有根据，其事迹多出自臆造也。”[③]

如上所述，木公在修撰《宦谱》时，在其名讳后添上官衔及

---

① 方国瑜：《木氏宦谱》跋，丽江县政协文史组编：《丽江文史资料》第5辑，第54页。

② 方国瑜：《木氏宦谱》跋，丽江县政协文史组编：《丽江文史资料》第5辑，第54页。

③ 方国瑜：《木氏宦谱》跋，丽江县政协文史组编：《丽江文史资料》第5辑，第54页。

时间，并请名人作序，使后来的许多史学工作者误入了茫茫大海，考来究去，始终得不到一个满意的结果，以致从唐末至宋近四百年时间里，在金沙江流域一带的纳西民族，还没有一个活动的基本框架，如有也只是有关史料中提到的零星的叙述，有的是张冠李戴附加在丽江一带的纳西民族身上。东巴经《创世纪》中说，纳西族祖先是从天上经居那若罗神山到地上来的，后又来到金沙流域的丽江坝（英古敦）开天辟地生活下来。说明纳西民族很早以前就生活在丽江一带，源远流长，创造了光辉灿烂的东巴教和东巴文化，根深才能叶茂，现在怎么变成了无源之水、无根之树？

应该说，唐末至宋约四百年的时间，是居住在金沙江一带的纳西部族比较稳定的和平发展时期：在北面吐蕃王朝分裂各自为政，无力顾及南面的纳西部族；在东宋挥玉斧“大渡河之外，非吾有也”，汉文史书对此很少提及；在南大理国段氏亦不能及。

此时，纳西各部族之间友好往来，互不统摄，散居外围滇、川、藏各地的纳西族人，纷纷向金沙江流域靠拢，各路精英会集金沙江流域，用他们的聪明才智，进一步完善并规范了具有自己民族特色的原始宗教——东巴教和象形文字，写出了美丽而动人的神话传说故事以及开天辟地的创世史诗——东巴经书。

纳西部族之间发生大规模的冲突则是元世祖忽必烈涉足本地区后，么些主阿良迎降并依靠中央王朝势力打击削弱其他部族，巩固提高自己的统治地位而发生的，而在此之前，没有史料，也没有迹象表明纳西部族之间发生过大的冲突。

木氏降为土通判后，约清乾隆年间，也即木德、木秀父子在位时，续修或重撰了木氏家谱。洛克在《中国西南古纳西王国》一书中说，木德九岁时丧父并世袭通判一职，但他家徒四壁，一贫如洗。“幸而他生性聪慧，天授智勇，拜石屏进士万咸燕为师，勤读诗书，洞悉经典。他母亲高氏把她秘密保存下来的古代公文、案宗、书籍拿给他熟读。……他长大成人后，胆识皆备……劳心竭力，不避艰险……大家都赞扬他的道德品质和对人深切的教益。”

木德父子曾深入系统地考究了其家谱，并发现了原《宦谱》中错讹所在，但从尊重祖宗、家族的声誉和权贵着想，没有对《宦谱》进行公开的修正，而是以《〈木氏宦谱〉图像世系考》，用画像和文字说明的方式，巧妙地予以归正。这使后来的许多学者迷惑不解，有的学者认为这是木德父子用神奇的手法篡改祖宗历史而创造出来的神话。笔者认为这才是真实的历史，木德父子恢复了老祖宗的本来面目，陈钊镗在《木氏宦谱》后记中说：“夫以升庵之序与木氏今日之图，参互考订，其世数所以不同，实以阿宗继嗣禄麦。而今日之木氏又自推崇其所生之爷爷，以为初祖。”（《丽江文史资料》第5辑）

《丽江府志略·土司·土通判下》曰：“其先麦宗，西域人，宋理宗末，始入丽江，通各方语，土人推为酋长。子阿良，元时为丽江路军民总管。”

洛克在《中国西南古纳西王国》第三章第三节第四目中说：“羡陶阿古生活在纳西第一祖先爷爷时代，羡陶阿古是白沙村的土著首领，就是他认出爷爷不凡的迹象的。”

木德父子为什么不承袭叶古年、秋阳系世，而以爷爷（羡陶阿古即牟磋牟乐招为婿，即爷爷之岳父）为始祖呢？原因有二：一是牟乐年保（牟磋牟乐之子）不传族而传贤，把爷爷之子阿宗抚以为嗣，并承袭土酋之职。到了第七代阿甲阿德时，明皇赐姓为木。至此丽江木氏土司正式诞生了，并统治丽江纳西族地区达四百多年。二是先祖木公所纂《木氏宦谱》，臆造了祖宗业绩，与史实不符。木德父子把祖谱以图像系考的方式巧妙地加以归正。实际上是对前谱臆造祖先业绩部分的否定。

这里值得我们重视的有：第一代爷爷。“初于昆仑山中，结一龛于岩穴，好东典佛教，终日趺坐禅定。”“乘一大香树，浮入金沙江流至北浪沧，夷人望而异之，率众远迎。”（《丽江文史资料》第 5 辑）他应是有较高造诣的宗教人物，从他的儿子阿宗手拿佛珠、经卷的画像可以证实这一点。他从何而来，怎么云游到丽江？何以是西域蒙古人？待考。第二代阿宗（爷爷之子，麦宗）。“生七岁，不学而识文字，及长，旁通百蛮各家诸书，以为神通之说。”这位神奇“共戴为生知圣人”的人物进一步证明了爷爷不单是佛教界的一个重要人物，还懂得多种语言文字，是一位学识渊博的人，因为对阿宗的神通之说，完全是其父（爷爷）从小传授、教育培养的结果。可惜这位爷爷的墨迹没有留下来，阿宗唯一留下来的墨迹在白沙岩脚木氏老宅旁的岩石上即岩字碑。碑旁有第 14 代木公、第 15 代木高诗文：“木氏渊源越汉来，先王百代祖为魁。金沙不断流千古，雪云尊宗接上台。官拜五朝扶圣主，世居三甸守规恢。扫苔梵墨分明见，七岁能文非等才。”“西园北畔石溪连，四顾林峦谒暮烟。千古不磨岩上字，一时挥写醉中篇。风摇凤尾猗猗竹，水接仙源活活泉。百代祖孙文意合，天成妙语述其间。”

当然，阿宗的文墨似藏非藏，又似哥巴文，墨迹模糊，现已看不清楚了。

另外，爷爷从金沙江上岸处北浪沧，为什么叫“本勒祟”或

“阿喜”？本勒崇是东巴经《创世纪》中纳西族祖先崇仁利恩的父亲，精若崇若（本勒崇）的名字，当然也可泛指人类祖先。至于“阿喜”，和华璋《“阿喜”太子洞与子母泉的传说及其历史文化和原始习俗痕迹》一文中说：“这一地方后来‘阿喜’，意为养育过‘阿’（大酋长）的地方。至今还留有相关‘阿’的地名。”有些微妙之处，待研讨。

当地人这么重视这位异域奇人的到来，登岸处应有一个标志性的东西，如石碑等。这个标志物哪里去了？笔者认为可能与木公纂修《木氏宦谱》有关，因为如果要承认爷爷这位奇人，那么爷爷之前几十代老祖宗的功臣、业绩就无法纂写。当然石碑可以毁掉，但融入民众脑海里的“本勒崇”“阿喜”这些名称是抹不掉的，至今人们仍称这个地方“本勒崇”“阿喜”（“北浪沧”是汉文近音）。木公本人对此心存愧疚，并有歉意，从他《晓行白浪沧》诗文中可见：“岸响江流急，凌寒淅淅风；断猿哀晓月，穷雁泪秋空。渔隐芦花白，樵归柿叶红；马蹄霜径冷，去去远林通。”[①]

第三次涉及三多生平的是明万历年间，也即木氏极盛时期，此时木氏四面用兵扩土，成就辉煌。其间，木氏曾派专人到外面考察收集三多的相关资料，这是对三多生平第一次较全面的收集考究，其成果一是编写了一份《北岳纪》；二是“重拓殿宇，铸大鼎、大钟，以记其事”（乾隆《丽江府志略·艺文略·神石》），事因始末用汉文字浇铸于大鼎大钟身上；三是重新布局庙中塑像。可惜《北岳纪》只有洛克翻译的片断内容，大鼎大钟亦毁于战祸。

《北岳纪》有两个特点：一是对三多作为至圣神人的地位加

① 赵银棠编注：《纳西族诗选》，云南民族出版社 1985 年版，第 19 页。

以颂扬神化，未涉及三多生平及亲属关系；二是为显示木氏的尊贵，天然统治者而神化，故把祖先麦宗穿插其间，清朝丽江府志中出现类似麦宗与三多故事联系在一起的记录。而实际上三多为唐玄宗至文宗时代的人，而阿宗约为南宋宁宗时代的人，相隔近五百年。

据代代相传的口述：在这次收集资料中，一直没有收集到三多父母亲的形象，故后殿神龛内只供“雪石北岳安邦景帝先代之神位”牌位祀奉。

第四次记录三多生平的是清末纳西文人杨品硕（1819—1899）。杨品硕为人“盾直，端重，表里如一”，“性情正而品学纯，践履深而涵养到”。对有关地方的历史掌故、旧闻传说，杨品硕也作了详细搜罗，“参订得失，考辨序记”。（赵银棠辑注：《纳西族诗选》）他年轻时，据民间传说曾深入西藏桑耶地区考察收集有关三多的资料，后因妻亡子幼，尚有高堂，家境贫困，只得中途作罢。杨品硕所收集的资料经梳理，借桑耶寺僧的口述写了《丽江北岳神考》一文。笔者认为，此文贴近史实。

第五次记录三多生平的是 1927 年李建明（义尚）在北岳庙后殿塑了三多的母亲及两个侍从的坐像。

第六次记录三多生平的是美国的洛克。他手中有《北岳纪》手抄本一份，他在《中国西南古纳西王国》的专节里翻译了部分内容。尽管与原文会有些出入，但也算是一份较全面的资料了。他在纳西族地区生活先后达 27 年，最初是作为一个生物学者，收集动植物标本，后来潜心专研纳西东巴文化。他没有对三多作专门研究，只是在他手中掌握的材料及民间传说，说三多不是本地的，是外来者。

另外，北岳庙石碑也对三多作了记录。北岳庙原有四通碑，现存两通三块，均有残损。

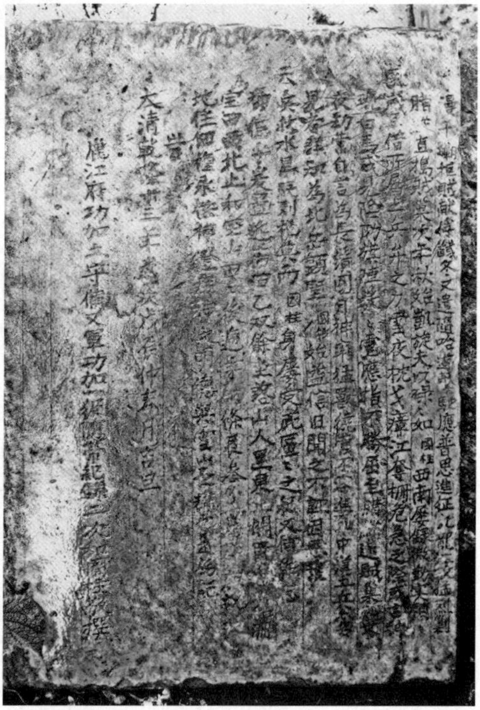
北岳庙石碑

以上是我们所收集到的有关三多生平资料方面的情况。

应该说，纳西族在唐末以来（特别是以丽江为中心的金沙江流域）的发展史与这位外来的苯教徒的参与有相当的影响，至少在宗教文化与民族交往方面是如此。首先带来了苯教文化与民族的友好交往，同时也带来了佛教的信息。这种影响由于三多在纳西族民众中的声望及特有的地位，给后来纳西东巴教的发展完善和用象形文字写经书提供了丰富的原始素材。戈阿干在《纳西东巴和藏族苯波心目中的丁巴什罗》中写道："他们对这部经书的看法完全与云南德钦阿图和四川甘孜州阿拥看法一致。他们原来怎么也没料到，藏族的苯波经书，竟然变成了象形文字，并保存在离丁巴什罗的'传教之地'如此遥远的云南纳西族地方。"

3. 三多亲属考

关于三多亲属的考证现有如下史料：

“寺旁一小院，供三个护法神，院僧言是三兄弟。长乃顶卡补，次色定敦五，三色定那古（即丽江北岳神也）。”“一说桑耶寺，本藏南三百里许，中有去穷护法神，性最大，蕃民言是丽江北岳神之大兄也。敦拜寺，在本藏，中有能穷护法神，蕃民言是丽江北岳神之二兄也。北岳神，丽俗乎为白石三多。白石，地名，华言白沙里也，三多即神名也。”（杨品硕《丽江北岳神考》节录）

“传说从久阿雄（汉人称为加宽地）区域迁来的有三兄弟，三多神是三弟兄中最年轻的一个，藏人称三多为三赕。据说这个最小的弟弟，曾经住在雪山的西斜坡的果若落悬岩中。他的长兄阿吴瓦也住在西斜坡上的一个洞里，这洞现在称为太子洞。二哥各拉其拉恒，住在剌是坝的一座黑山上，称为纳居瓦山，在丽江的西面。关于三多的两个哥哥的历史或传说一无所知，因为汉文史书中毫无记载，我上面所记的传说是纳西农民口头告诉我的。”“相传三多有两个哥哥，第一个名叫阿吴瓦，住在雪山西斜坡的石灰岩洞里，称为太子洞。……三多的第二个哥哥叫拉吉拉恒，他的庙宇在丽江迤西，剌是坝的剌是纳居瓦。”（［美］约瑟夫·洛克《中国西南古纳西王国》）

据先辈下传的话说，三多有三兄弟，三多最小，他们都曾来过丽江，民间至今还有“恒日各—佛叉路口”（据杨裕祥老人讲述）之说。

以上资料及传说看，三多有三兄弟，名称有所差异，而三多为最小者。

在明万历间重塑三多像时，没有收集到关于三多父母亲的材料，故后殿神龛内只立了“雪石北岳安邦景帝之先代”的牌位。后来又补塑了三多母亲的像，虽无具体传说，但三多有父母亲是

情理之中的事。（杨裕祥老人讲述，杨汝凤、杨志坚整理）

三多在后来吐蕃与南诏的战争中作出了巨大贡献，感动了各部族首领及民众，后来又先后纳了藏白公主为妻妾，民间传三多偏爱白族公主，所以三多塑像的脸微偏东面。（据赵文山老人讲述）

4. 三多部属及阿波高丁

关于阿波高丁，洛克在《中国西南古纳西王国》中说：像木盒似的一个神龛，年代已久，云烟漆黑，里面是一个名叫阿波高丁的猎人的像，旁边有一只凶猛的猎犬窥伺，他容貌显得刚毅正直，身体略向前弯，头戴一顶长钉形盔。民间传，阿波高丁为“三多把拨杲”，即背三多之人。阿波高丁系北岳庙村（现玉龙三社）和氏祖先，至今村民及和氏家族都这样说。原北岳庙一直是阿波高丁的后裔主持即担任庙祝。大约在清末民初时，木氏听信谗言，把他的后裔从庙中排挤出去。

据传，那个时候三多经常在雪山深林中修炼。一次三多突得重病被牧羊人阿波高丁背回家中并照料至其恢复健康。之后两人经常相邀于山中或家中，阿波高丁家也经常得到施舍，他本人对三多非常尊敬，经常到三多家帮做杂活。两人的亲密关系，在民间传为佳话。

据传，三多死后亲属儿女及侍从都回吐蕃去了，阿波高丁独自在三多家中祀奉其牌位。此后每天虔诚祭祀不止，阿波高丁成了三多家的住持者。后人为了传诵阿波高丁功德，在庙中供奉他，而且是在除三多妻室及太子外的显著位置的专橱里奉侍。

关于三多的其他部属，殿里塑有八大金刚及俗称肯时将军的两员大将，殿门边“刺巴和拿汤”以及门楼两耳间的十二匹马及十个马夫。从有关史料看，八大金刚只是护送三多到丽江，后回吐蕃去了。“丽江雪山风景极其美丽的地方，天是三角形的天，地也三角地，是历史上八大金刚护送三多时送别之地。”[①] 殿内塑八大金刚似有象征性。至于十二匹马及十个马夫，笔者认为古人按天干地支来排列，并非实数。两位肯时将军（候补将军）无从考究，至于殿前两位三多贴身护卫“剌巴和拿汤”，民间没有传说，在三多祭祀词——《祭香词》中有提到他们，其中一段纳西话说：“的库熟喜川慈浩，雄茌熟喜川慈吕，的缩的吕构冷朱，朱蚌冷慈吃，剌巴拿汤你于蚌冷慈又，阿波高丁供。”汉译为：“一年三百六十天，进香三百六十支，一天增一支，所有的祭香，由剌巴和拿汤，拿来交给阿波高丁。”（玉龙村北岳庙庙祝杨作圣提供）他们是三多来丽江时的贴身侍从。

三、三多的主祭场所——北岳庙

1. 北岳庙的历史建制

北岳庙又名玉龙宫、玉龙寺、玉龙祠，纳西话叫三多阁，意为“三多的家”。它坐落在丽江古城北 13 公里的玉龙山脚下，距玉峰寺约一公里的玉龙村中，是丽江现存最古老的庙宇之一。

古庙坐北朝南，一进三院，占地 2900 平方米，从南往北，由低到高逐步延伸，背靠玉龙山，面向丽江坝，雄伟庄严。庙宇整体建筑轮廓分明，层次清晰，前院由门楼共五间，东楼即钟楼，西楼即鼓楼各三间，麒麟房三间等组成；中院为正殿，由大殿三间，东、西厢房各五间，鼎亭等组成；后院由后殿三间及其附房组成。整座庙宇掩没在古木丛林之中，有诗曰：“庙貌威严，殿庭

---

① 玉峰寺喇嘛世路吉祥（1919—2001）提供，1990 年杨汝凤采访。

高邃，林木深稠。”（木公《重修北岳庙记》）

据玉龙村老人讲述，初建的庙宇只有两个小院落，由于先祖对三多的强烈怀念和崇敬之心，加之三多的灵应，故庙宇一再扩大，到了明王朝木氏极盛时期，不断出征用兵，三多又屡显神灵，助战有功，故于明“万历间，重拓殿宇，铸大鼎、大钟，以纪其事”（乾隆《丽江府志略·艺文略·神石》）。元世祖也曾敕封三多为“大圣北岳定国安邦景帝”。正如明代朱云《白沙庙》诗云：“蒙氏皇封遐若迩，元朝圣号俨然真。非惟定国安邦祚，享祀明皇万万春。”

又据杨裕勋听前辈人讲述，北岳庙在战祸中遭破坏，大鼎大钟亦毁。

大殿造型宏伟壮丽、古朴端庄，层甍三叠结构，飞檐鳌顶，整体结构严谨。正殿中间神龛内，塑有三多的大型趺坐像，高约一米八，体态丰满，神貌威严，左右为三多前后妻坐像，高约一米二。两耳神龛内（比正台矮而窄）共塑有四尊金色中型坐像，传为三多太子。西北角专橱里塑有阿波高丁的中型站像，身体略向前倾斜，造型独特，一身烟火色，旁有一凶猛犬窥伺。东西两旁底层木栏内塑有八个身材魁梧、体态逼真的文武官员的大型站像，俗称“八大金刚”。殿门左右塑有三多随行护卫剌巴、拿汤两人的大型站像，造型特异，也是一身烟火色。其侧面对面两员护门将军的巨型站像，俗称“肯失将军”，威严屹立。殿前鼎亭内置有铜质大鼎，高二米余，鼎身火锅形，上有两只大耳朵，长二尺宽一尺，三只脚呈弧形。整个大鼎有龙兽的立体图案和诗文资料，侧面置有两副三级台阶的木梯，为进香之用。据长者回忆说，其上有同治光绪等字样，证明此次重修于同治末年到光绪初年。（据玉龙村赵文山口述）

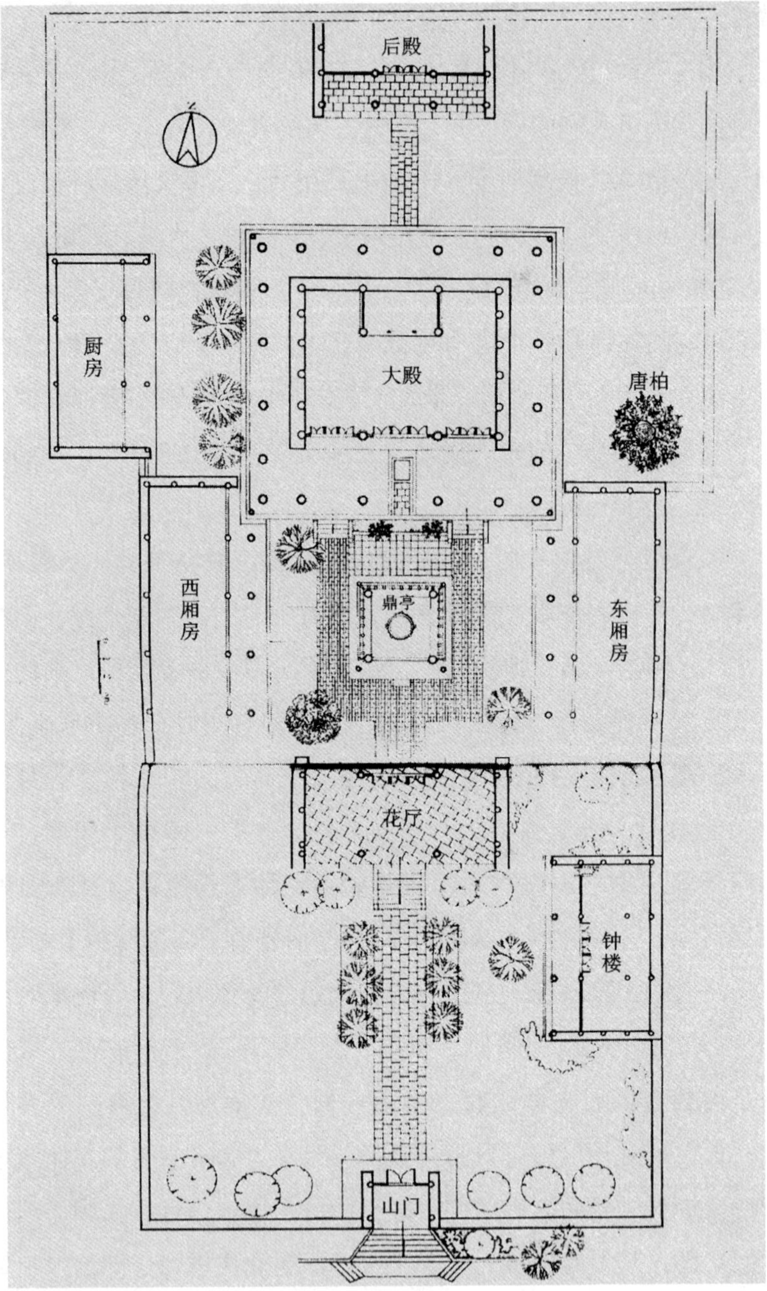

北岳庙平面图

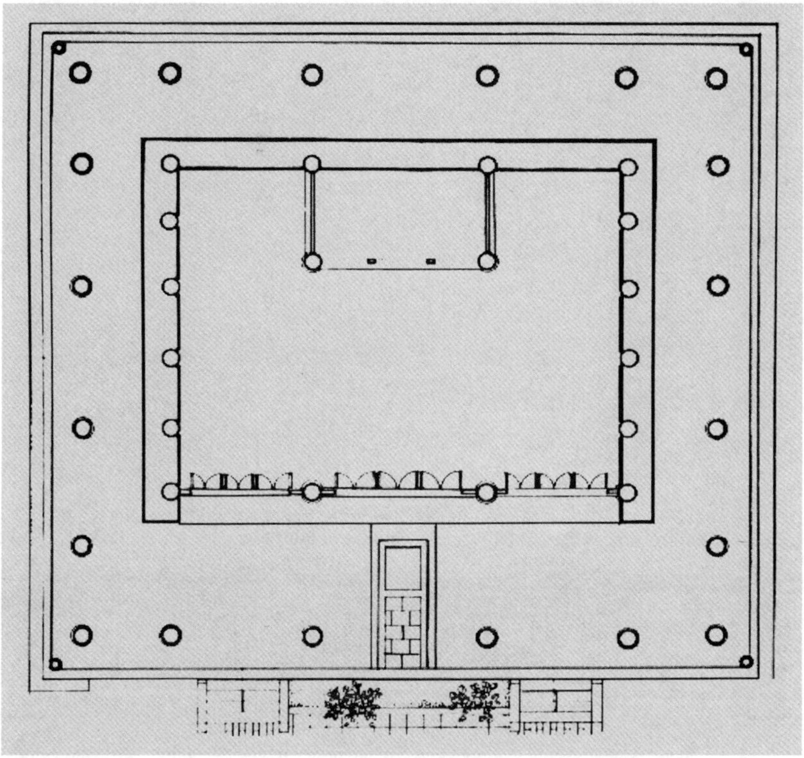

北岳庙大殿平面图

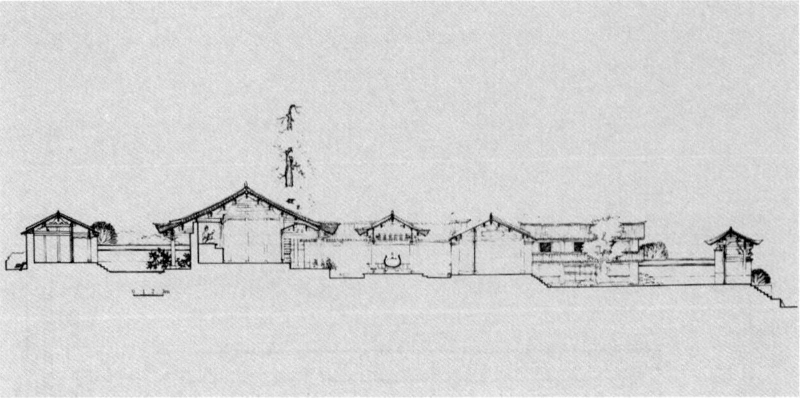

北岳庙总剖面图

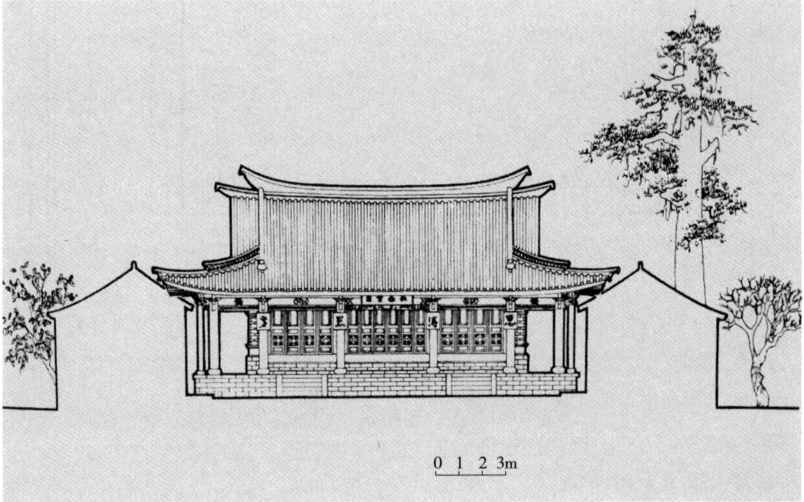

北岳庙大殿立面图

注：以上北岳庙（大殿）平面图、剖面图、立面图选自蒋高宸：《丽江——美丽的纳西家园》，中国建筑工业出版社 1997 年版。

据传原铜铸大鼎比现在的铜质大鼎高大雄伟，上铸有龙狮及有关史料，美观细腻。与大鼎同时铸造的还有铜钟，钟楼及楼内挂钟的横木大料及直木大顶，至今仍保存完好，由此可以想象铜钟的分量了。关于这口铜钟的传说有三：一曰大钟制好后，制钟人交代要等他离去三日后方能敲钟，而守护人等不及，在制钟人离开后的当日下午就敲了钟，这时制钟人才走到干古（地名，今关坡，相距约六十里），故这钟声只能传到干古。二曰这钟声能消灾除害，自有这口钟以来，从未有过冰雹等灾害，如有要下冰雹的先兆，只需在其方位上（全方位铸有咒文）敲几下钟，乌云即自散去。三曰乱世年间战火蔓延至村，百姓都逃至雪山深林中。当听到一声巨响，大家都知道那是大钟掉地的声音，这声音震刺了每个人的心霏，好似锥子穿透了自己的心窝，在场的人都难受得落下了泪。（据玉龙村老人杨裕祥讲述）

后殿中间神龛内塑有三多之母及侍从的中型坐像三尊。此塑像为 1927 年由李建明捐资增塑，原置有“雪石北岳安邦景帝先代之神位”的牌位。

门楼下大门两边的房内（两边各有两通间）塑有各型高矮不等的马十二匹，靠门一边的尤为高大，传为三多坐骑；马前塑有十个马夫，形态各异，栩栩如生，由木栏与外隔开，栏间可远眺丽江坝。从外远看，犹如出征前护卫队站到两旁，气氛庄严肃穆。十二匹马及十个马夫，一则代表三多一行骑马而来，二则代表天干和地支。

庙中除塑像外，满殿满院的匾文诗联是北岳庙的一大特征，也是北岳庙的重要文物。因献匾的人很多，不少匾是重叠挂起或移到其他空位或取消，在庙祝家的楼上堆满了废旧的匾对。从大门口直到一院二院大殿后殿，无数的匾文诗联与古朴庄严的殿宇交相辉映，特别是大殿内匾对使其更显金碧辉煌。

走进北岳庙，首先映入你眼帘的是门楼上横挂的“恩溥三多”四个大字（白底黑字，黄绢熙书），接着是大门正上方的“玉龙祠”横匾（红底金字，道光年间），门两边是“一片垂慈花马国，千秋永镇玉龙山”的大型匾对。据说横联原为“玉龙宫”与“大觉宫”同是江南名士董其昌手迹，因字小，后来换成大字的“玉龙祠”横匾。进入大门便是麒麟房，房中间板壁上是一只雄姿麒麟画面（其中有门，木氏祭祀时才启用），上有横匾“玉岳钟灵”“雪巅钟灵”（和旭增等）；两边是“戡乱助掾皇，神威曾现白袍将；推仁庇丽邑，安吉如祎闾雪峰”、横联为“隆祥驱障”的大型匾对（李福宝文、黄绢熙书，闵朝凤献）。鼎亭上方为“其盛矣乎”四个字（和圣光），大殿正中为“北岳灵祠”“郡之神臯”“镇静烜方”“佑贤辅德”“雪亮”等等（王郁文、杨炬、将益中、和宽、信女楚氏等）。

殿前及亭柱上有许多诗联，如“玉岳巍峨，丽民咸沾厚泽，金江浩荡，惟公独显威灵”；“倚雪岭而镜玉湖，一派清空，一点俗尘总不染；由芸峰以望文笔，三山连络，三乘妙法本同源”等大型匾对。后殿有“岳院一尊”“惟尊一神”，等等。（玉龙村老人杨裕祥、赵允告、闵朝佐等提供）

据说纳西人升了官或来丽做官的人以及取得功名的人都来北岳庙献匾。其实献匾者社会各阶层都有，缘由也名目繁多，如“神灵远应”“恩同浩天”“济困扶危”“灵下有赫”“兆民赖之”“保我子孙”“如宝赤子”“一片冰心”“神灵远镇”“求则得之”“作善降祥”“赤则灵矣”，等等。

唐柏

北岳庙的寿星——古柏。这棵周长达八米的古柏树，传说种于建庙初期，考古学者称之为“唐柏”。参天古树，在无数风风雨雨中，历尽人间沧桑，却仍枝繁叶茂，伟岸挺拔，显示出其古老却仍十分旺盛的生命力，怀着对人间未来的依恋顽强地生长着。北岳庙的面貌虽几经变换，但古柏却以独有的顽强风貌，记录着世间的历程。

中共十一届三中全会以后，在党和国家的方针政策指引下，为了弘扬民族精神，1986年丽江县政府决定将每年农历二月初八定为纳西族的传统节日——三多节。随后，北岳庙先后被列为县级和省级重点文物保护单位。

北岳庙是丽江最古老的庙宇之一，三多这一人物形象对研究丽江一带的历史，研究汉、藏、白、纳西等民族的交往有着重要意义。同时它又是民族团结的象征：三种民族三个不同的人物形象（三多及随行——藏族，阿波高丁——纳西族，三多继妻——白族公主）共望于同一庙内，这在我国祠庙中也是罕见的，它为祖国西南边陲的民族文化增添了光辉。

附北岳庙现存匾对（部分）：

雪岳光华　北岳重莅　银石秦辉　慈光普照　兴高萬庐

纳西恒佑　如寔好音　神灵保佑　有求必应　国泰民安

玉岳光辉　善佑贤良　红光普照　威震山川　佑贤辅德

鼎補里土　雪亮　普贤　灵应灵威北岳大帝

长联有："恩溥在纳西心中，纳西在恩溥心上，心即是神，神心永善"（傅连仕）。"三多乃雪岳身影，雪岳乃三多身容、身常修德"（赵净修）。"恩溥是善耕牧，善歌唱，善战斗的神祇，曾为斯民洒热血；纳西乃多英雄，多才俊，多能手之民族，愿以自强荐馨香"（周善甫）。"玉岳擎天晴空万里显清白，金江环丽湍过千山露净沙"；"三多得愿意，八报告新猷"（杨仲文）。

2002年玉龙村联：正联为"白袍将民族魂威镇滇瓯一至尊；勇戡乱定安邦无量功德千秋颂"。副联为"佑贤辅德，民族精神永闪光；济困扶危，光辉业绩千古颂"。

花牌坊门联：横联："玉岳千古"；上下联："恢复三多英雄形象，抛弃抽象迷离色彩"；副联："东巴源头识苯教，三多乃一奠基人"。

2. 北岳庙管理制度及传承

据上辈老人听祖辈们下传的话说，古时的三多庙一直是由阿波高丁家的后裔管理的。到（明代）木天王时，庙宇一再扩大，并有很多寺产田地，管理人员也随之增加。

我们无从考究那时的管理人员结构、寺产设置情况，现就20世纪40年代的状况作如下说明。

管理机构方面，一是庙祝，二是祷玉（两家）。住持（庙祝）负责管理庙中一切活动及庙产；祷玉（两家）协助庙祝工作，主要负责民众祭祀时服务管理。庙祝、祷玉源流大致如下：

庙祝（住持）唐代由阿波高丁开始……唐宋元明清阿波高丁后裔……杨发金（1867—1953）→子杨锡同（1888—1955）……杨学臣（1909—1948）→叔侄杨汝坤（1925—1998）→子杨尚龙（1956—）。

祷玉（祭师）之一……清咸丰赵天（1859—？）→子赵吉义（1883—1952）→子赵文林（1916—1976）。

祷玉（祭师）之二……清咸丰杨庆（1859—？）→子杨自秀（1883—1929）→子杨作圣（1914—2000）。

寺庙田产情况，杨作圣老人讲："我们（庙祝、祷玉共三家）每家都种了十多亩地（庙田），还有玉湖村的一家，那家负责每年二月八贡一头羊子。又如我家（作圣）种了两块地，每年二月八供一头猪（中等）和一只公鸡等祭品。"

为什么玉湖村那家种地又贡羊，又不叫祷玉呢？老人不能答。

据先辈们讲，以前江边一带还有庙田，都是有钱人施舍的。直到今天村里还有叫“痕里”（神田）、“崩里”（猪田）、“次里”（羊田）、“岩里”（鸡田）、“三多阁里”等的田块，但又不是庙祝、祷玉家种，里面的事由和更迭情况，今已不得而知。

北岳庙从唐朝到民国，应该说庙宇从小到大，寺产从少到多，管理从简到繁，而且随着木氏的衰微，变化很大。

四、玉龙村祭祀三多习俗

在古代，木氏土司还是丽江知府时，农历的二月八日是木氏土司祭祀三多的法定时间（七日生祭，八日熟祭），一般民众不许到庙里祭祀，村民只能自行组织起来进行野餐（叫“见丹”）来纪念三多神。就我们村而言，少年儿童（小学生）、青壮年妇女及青壮年男子、老年人各为一个群体进行会餐。老年人行动不便，就在村内某一家会餐，其他则到附近的野外进行。那时的见丹节是固定的，即“二月八”。后来木氏由知府降为土通判，地位和影响逐步下降，二月八日不但木氏祭祀三多，其他民众也逐步参与进来，这样民间的见丹节也就变为没有固定日子的节日。玉龙村直到今天仍然过见丹节，只不过现在不叫见丹节，一般叫作会餐，老年人的一组叫年会。现在的会餐与以前不同的有两点：一是老年人全村统一进行（原为以社为单位）；二是全部在村里进行会餐，不再到野外进行。

玉龙村民（村祭）祭祀三多神统一在二月二日和八月二日进行，因为二月八日和八月羊日，附近民众以村寨为单位大规模涌入北岳庙，与村民户结为基本固定的“扣八”（互为亲密朋友）关系。庙会期间，人山人海，烟火缭绕，村客盈门，大部分村民忙于接待照应客人，所以玉龙村民的村祭时间固定在农历二月初二和八月初二（初一生祭，初二熟祭）两次，庙会期间还进行一年一次的水磨管理员抽签活动。第一次（二月二日）用的祭祀物资（猪、鸡、米、菜等）是由上轮水磨管理员家提供，第二次（八月二日）是由本轮水磨受理员家提供。

户祭。全村统一的户祭时间为正月初一，每家各一男子带上香火天不亮就赶到北岳庙门外等候，等大门一开就涌入庙内祭香（名曰“赶头香”）。另外各家各户在院内烧天香（“冲巴计”）祭祀三多和祖先。

平日祭祀，包括个人、多人、家庭祭祀。根据各自的心愿，出远门、做生意、办喜事、取名、在外当兵、起房、疾病、厄年、灾祸，等等，都三三两两或家庭到北岳庙去祭祀、许愿。所有祭品有三：一是香火、纸钱；二是灯油；三是果碟、食品菜肴等。

以上是村民祭祀三多神的情况，这里要说明的是除少数家庭请东巴、阿拔（业余道士）等来念经外，其余都是庙祝或祷玉来主持祭祀的。至于祭祀的具体规程，由于年代久远和村中老人记忆模糊，已无详细记载和规范的记录，以下为丽江著名老东巴和学文口述、年轻的东巴学者木琛整理的东巴祭祀三多神仪式规程。

东巴祭祀三多神仪式规程

祭祀设置

祭三多仪式并非必须在玉龙祠三多神像前，很多也在自家院落中举行。祭坛要设在天井，须朝白沙方向祭祀。

首先将一张方桌洗净摆好，铺上松毛。

用木盆盛一盆大米放在方桌上，米盆中插上用小竹棍夹好的“三多神”“大研本府城隍神”的甲马纸，米上放一饼子砖茶、一坨盐、一块红糖、一块生姜。

米盆前放置五谷各一碗，呈横行摆放。前方放一个香炉、一盏油灯、一碗净水，再放酒、茶各一杯。

桌上供猪头一个，前方置小碗五个，盛有爆米花，每只碗上搭檀香木、构树枝各一根。

准备一只公鸡放在祭桌前。

祭场东北角设烧天香坛，将一个铁盆用木三脚架支起，准备松明若干、柏树枝一捆、酥油一饼、面粉一盘，供上酒、茶各一杯。

东巴祭司要准备《祭三多》经书，用于占卜的海贝、占卜碗、《二粒贝卜书》。

其他要准备的祭品还有：铜瓢一只、蒿草根一枝、宽叶杜鹃一枝、金银纸若干、芝麻一盘、鱼一条、糯米半斤、粉皮二两、乳扇二两豆腐半斤、板瓦一片。

仪程

（1）所有参祭者都要洗手。祭司为猪头和牲鸡洗秽。祭司口诵《祭三多·祭祀缘由·除秽》，手持铜瓢，瓢里放一颗烧热的石头，石头上放蒿根和杜鹃枝，浇些许冷水，用冒出的清香热气为祭坛上所有祭品和在场的人除秽。

（2）香炉里烧上香火，点燃油灯。将金银纸折成金锭银锭的样子，陆续烧进香炉。

（3）在祭祀场地东北角烧天香，用柏枝、酥油、面粉、酒、茶等供献天神。祭司诵读《烧天香》经文。

（4）所有参祭者向神灵跪拜，然后双手抱拳于胸前，每人执一根点燃的小香肃立祭坛前。祭司端坐祭坛左前方吟诵《祭三多》

经文的《供献牺牲》部分。

（5）由户主宰杀牺牲鸡，取五撮鸡毛蘸鸡血呈横排沾在供桌前沿，生献结束。

（6）主妇制作供饭。须做米饭五碗；油炸的鱼、糯米粑粑、粉皮、乳扇、豆腐干共五盘，这是祭祀三多必备的五种供品。另外还须将猪头、鸡肉煮熟。其他人可以休息。

（7）熟献：将五个小碗里的爆米花、檀香等倒进天香坛烧掉，另盛五碗饭供上，碗内放猪头肉、鸡肉各一块；供上油炸的五种供品。做一碗喂乌鸦的"萨日"：各种肉点剁碎，放些米饭、肉汤。在瓦片上烧一堆"毕奴"火：用火炭烧一些猪唇、猪耳朵、鸡爪等。祭司吟诵《祭三多》经文的《熟献》部分。根据念诵经文的内容，先后进行如下仪轨：① 将"萨日"拿到祭祀场附近地势较高处的大树下喂乌鸦。② 镇压仇敌：抓一把芝麻烧进"毕奴"火，使其哔剥作响，表示焚烧仇敌的头颅。③ 向三多神祈求寿岁与福泽：从木盆内抓些许大米烧进香炉，表示取悦神灵，使其赐福。

（8）祭司掷海贝占卜，查阅卜书，告知主人神灵是否高兴、有没有给予庇佑、今后生活是否平安顺利等。

（9）向各方神灵许愿：祭司执卜碗，其他人各持祭品一碗，先后朝东、南、西、北、中五个方向举碗低首，然后齐声高呼"大吉大利荷"三次。

（10）祭司口诵《祭三多·送神》，众人跪拜。

最后把神灵的甲马纸和金银纸锭一起放在香炉里烧掉。

收拾祭场，仪式完毕。

（以下六幅图摄自仪程现场，相关请参见上文规程之说明。）

三

采访三多研究者及北岳庙管理员

结 语

三多神作为纳西族最大的民族保护神、战神，千百年来受到纳西民族的敬仰和崇拜。三多神也是历史上被皇帝封禅过的神灵，是纳西、藏、白等民族交流发展的历史见证。

本调查报告作为《中国节日志·纳西族三多节》调查的一部分，于2010年9月30日对玉龙村的部分老者和北岳庙的管理者进行了实地采访，并结合笔者父子二十年来的调查研究，综合而成。

在长期的调查研究过程中，曾得到很多学界前辈和民间老者的帮助，无法一一具名，在此深表谢意。

附一 被采访人名单

调查时间：2010年9月30日

调查人：杨志坚（玉龙县文物保护管理所 文博副研究馆员）

被采访者：

杨汝凤（72岁），退休教师，三多研究者。

杨尚龙（54岁），北岳庙管理员（庙祝）。

赵允胜（84岁），玉龙村农民。

赵学修（80岁），玉龙村农民。

杨清正（79岁），玉龙村农民。

曾经采访过的老者（现已过世）：

杨裕勋（1904—1995），玉龙村农民。

杨裕祥（1908—1999），玉龙村农民。

杨作圣（1914—2000），玉龙村农民，北岳庙祷玉。

世路吉祥（1919—2001），玉峰寺喇嘛，圣露活佛大徒弟。

赵文山（1926—2003），玉龙村人，当过玉峰寺茶花院喇嘛，北岳庙祷玉后代，当过兵，画师。

赵允告（1910—1988），玉龙村人，民间艺人，教师。

闵朝佐（1921—2002），玉龙村人，教师。

杨汝坤（1925—1998），玉龙村农民，北岳庙管理员（庙祝）。

和学文（1922—2007），丽江著名东巴，太安汝南化村人。

附二　纳西族“恩溥三多”新论说*

“恩溥三多”是纳西族千百年来笃信的最大的民族保护神，也是战神，是世世代代纳西人民心灵的寄托。

“恩溥”是纳西语对男性老人的尊称。“恩溥三多”一般可译为“三多爷爷”。

在纳西族聚居的地区，历史上都曾建造有祀奉三多的庙宇，像鲁甸新注、宝山、大具等，甚至在西藏的拉萨也有三多庙。其中，丽江的北岳庙是最大的三多庙，是各地纳西族祭祀自己保护神的最高级、最热闹的场所。每年二月和八月的第一个羊日，各地纳西族都要到三多庙去，用全羊牲来隆重祭祀自己的保护神，邻近的白族和藏族人民也常来朝拜和祭“恩溥三多”。

谓之神者，圣人之尊也。恩溥三多是何许人呢？由于历史多原因，两份《北岳纪》已失落[①]，铸有有关资料的大鼎和大钟亦

---

* 本文原载张保华主编：《云南文化资源研究与开发》，云南民族出版社1994年版，作者杨志坚。

① 据北岳村老人讲述；《北岳纪》有两份，一份为庙祝保存，一份藏于三多塑像内。据说一份落入美国人之手，另一份解放后失传。

未留传下来。在民间，有关三多来历的传说又有多种说法[①]，史料所载也仅仅是其中几个片断，甚不完整。所以，今天有关三多的身世已经没有系统的资料可考。基于此，我们根据所收集的传说，北岳庙附近村寨中老人们的回忆，北岳庙庙祝所传的祭文，以及参考有关资料，对三多的身世、来历进行了综合考证。我们综合整理得出：恩溥三多，由西北而来，善武功，通神法，为苯教（青藏高原的原始宗教）巫师。

据考证，三多应该是吐蕃地域的苯教巫师。公元8世纪末至9世纪初，吐蕃上层贵族之间多次发生了拥护佛教和反对佛教的斗争，三多就是在这场斗争中因不堪拥佛派的压迫，愤而离藏，隐身定居在今丽江玉龙雪山脚下。清代杨品硕《丽江北岳神考》中说："先是祖师（莲花生）建桑鸢寺，三兄弟领众魔拆之，旋建旋拆数次。祖师劝以改恶从善。长性大，不服，祖师怒，用法治，以铜盆复之，二即降服，三竟逃走。祖师随后追来，至丽江雪山及之。"

据传三多离藏时，他的恩师派了八员神职武将（即"八大金刚"）暗中护送。因三多居于风雪宝地，故"八大金刚"在今玉龙仙人台（香绩岩）的坚石上留下佛号（至今仍可见），随后化仙回藏去了。由于个人的信仰和生活习惯，到丽江后，三多在今玉峰寺之西北山腰间（原玉峰院旧址——敦古）按苯教习俗造屋建房，隐居下来。定居丽江后，三多经常到雪山深林中修身练法，采集

① 乾隆《丽江府志略》载：麦宗常猎雪山中，见一獐，色如雪以为奇，逐之变为白石，重不可举……负至今处，少憩遂重不可移，因设像立祠祀之。也有的说，三多是纳西族在北方居住时就信奉的一个神，纳西族往南迁徙时，把这神也带到了丽江。清丽江纳西族文人杨品硕写的《丽江北岳神考》一文中提到了此传说。还有的人说：三多是木土司家一个英勇善战的将军，打过很多胜仗，所以人们把他奉为神来纪念和祭祀。

草药，并长时间往来于今丽江、鹤庆、中甸一带民间，传教助民，惩恶扬善，济贫行医，深得当地人民的尊敬和爱戴。

约在唐文宗太和年间吐蕃趁南诏再次叛唐之机（时唐蕃和议，并于823年建立会盟碑），突然集结重兵，直逼丽江，计划途经鹤庆直到南诏，以报唐贞元十年（794）神川铁桥之役兵败之辱[①]。一场战争灾难即将降临，恐惧和惊慌的气氛笼罩着丽江，当地部族首领慌忙调兵遣将，形势万分危急。

在这紧急关头，三多为了避免各族之间的流血和屠杀，不顾个人的恩怨，挺身而出，利用自己的特殊身份和地位，只身入藏，通过在吐蕃统治集团中的二哥[②]和有声望的恩师，以及许多有地位的朋友，劝阻吐蕃上层集团停止进行这场即将爆发的战争。经过三多的努力，加上吐蕃统治集团内部的严重矛盾和分歧，最后吐蕃收兵回藏。丽江各族避免了一场浩劫。消息传来，丽江民众欢天喜地，部族首领更是对三多感恩不尽，称之为神奇，并在旧历二月八日把三多请到家中，以盛大的礼节来表示对他的尊重和感谢。此后，每年的二月八日就成了纳西族上层祭祀三多的日子，这就是纳西族保护神的由来，又因与战争有关，三多又被尊称为战神。作为南诏主要组成部分的白族先祖，事后得知其事，深为感动，更加尊敬三多，并主动献一公主为三多之妻。吐蕃人民由于避免了一场残酷的流血争斗，一直怀念着这位远在丽江的先祖，他们称丽江为“三甸（赕）”，意为“三多生活居住的坝子”，这就是后来的白族和藏族人民常常来朝拜、祭祀三多的原因。

---

① 唐贞元十年，南诏叛蕃，乘其无备，大破吐蕃兵于神州（今丽江），遂断铁桥以绝吐蕃。

② 同“恩师”一样，尚待进一步考证，民间流传中确实有这样人物。

退吐蕃兵后，在当地部族首领的赞助下，三多扩建了原有的房舍，形成了一个小寨子（藏语“敦古”），并先后娶纳西、藏、白族女子为妻室。据传三多的二哥在这次退兵中起了关键作用，后又曾来过丽江，故民间至今还有“佛叉路口”（今北岳庙一公里处）之说。相传兄弟俩在此分手，一骑向北而去，一骑向北岳而来。清代杨品硕《丽江北岳神考》载：“相传神行三，同俩兄自西域而南过缅国，转北到丽。俩兄旋逆金江而归西域，神止于白沙里雪山。”长者从前辈庙祝口中得知：后来的丽江土司木氏在祭三多时，开头一段是先祭北方之神，然后才是祭三多的祭文。关于北岳庙的祭文，据至今还健在的一位庙祝讲，是用三种不同的语言，讲同样的内容。其中一段进香词，末尾有纳西语“一年三百六十天，祝香三百六十支，一天一支不间断”。

北岳庙是后来的人们为了纪念三多而建造的。初建成于唐懿宗咸通年间至唐僖宗乾符年间（约860—879）。传说三多在一次雪山老林修行中，突得重病，故施佛法，借石为身。寨中牧羊人阿波高丁在放牧时发现有一块雪石屡现奇光，以为奇，便打算背回家。他一路走，一路祈祷，至今北岳庙址时，石沉如山，尽管百般祈祷，仍重不可拔。巧值三多入山多时，不见归来，人们认为奇石便是三多的灵魂，就此“设像立祠祀之”（传说原塑像是以一棵老树为基座，因为雪石歇其上），并在大殿一角专橱里塑了阿波高丁像，以颂其功。据光绪《丽江府志稿》第四卷“祠祀志”中载：“北岳庙，一名玉龙祠，旧址在府城北三十里雪山麓，唐时建，相传昔有人于山中得异石，负而归至此，少憩，重不可举，乡人神之为立异石祠，及南诏封为北岳，即以岳石为岳神，元世祖征大理特经此，敕封为‘大圣北岳定国安邦景帝’，至今二月八日城乡祀之。”

由于人们对三多的敬仰和强烈的怀念，随着时间的推移，民间便流传出一系列有关三多的神秘传说和传奇故事。传而说之，塑而造之，三多自然成为民众心中的托福之神，并把他与变幻无穷的巍巍玉龙雪山紧密联系在一起，成为保护神。约七百年之后的明嘉靖年间，丽江土司木公在其《重修北岳庙记》一文中把三多当作了玉龙山的神灵，并把它作为纳西族求而无所不灵、祷而无所不验的保护神。文中说：“夫北岳即玉龙也，玉龙即雪山也，巍巍乎！雪山乃一滇之所望也，然雪山之灵者，神也，神即雪山之气也，气爽则神灵，神灵则人杰也……景帝即岳神之檀号也，然所建庙于岳麓之下，其官长齐民卑躬肃祀，求而无所不灵，祷而无所不验。”

在纳西民族的历史发展进程中[①]，三多从一位普普通通的苯教徒成了万民心中崇拜的偶像，成为纳西族精神的化身。这正像是许多民族在其发展的历史中，从对自然、祖先、图腾的崇拜到对某一特定神祇的崇拜，从多种崇拜到一种崇拜一样，由于三多在当时特定的历史环境下为民族的生存作出了巨大贡献，自然成为本民族的英雄而被后人加以崇拜，再加上当时的纳西族社会刚开始从游牧迁徙生活向定居农业发展，宗教祭祀活动仍以自然和祖先崇拜为主。这样，在以后漫长的历史长河中，纳西族先民渐渐把对英雄、自然和祖先的崇拜集于三多一身，并赋予其无穷的神

① 纳西族先民为古羌人，在西北高原过着游牧生活，“无常处，随意迁徙，逐水草而居”。后来，游牧越过巴颜喀拉山脉，向川康地区游牧，沿雅砻江、大渡河继续往南游牧，直抵金沙江流域，到达洱海区域的宾川坝时经济仍以游牧为主。唐初为六诏之一（越析诏），后受南诏势力压迫，被迫向北沿金沙江两岸退缩，并在这时起，开始从游牧生活向定居农业发展。宋代纳西各部逐步统一，到明代完成了全族统一，处于木氏统治下。

威，尊他为“恩溥三多”，以此来寄托自己的希望，祈求本民族的平安、富强。总之，历史发展的必然性和历史的偶然事件相结合，使三多成了今天纳西人心中不可磨灭的神祇。

从某种意义上讲，恩溥三多还是纳西、藏、白各族人民团结和睦的象征。

物换星移，1986 年 8 月 29 日，丽江纳西族自治县八届人大常委会通过决定三多节（农历二月八日）为纳西族传统节日。这是纳西族社会文化中的一件大事，是继承弘扬民族文化的具体体现。三多节的确立对纳西族的团结和进取起到了一定的作用。

当前，丽江经济的发展正在以旅游业为突破口，而旅游业的发展离不开优美的自然景色，更离不开古老而神奇的民族历史文化。三多作为纳西族诗史中的英雄人物，对于他的研究以及如何使他充分发挥作用，这些问题应该像对待东巴文化一样给予重视，使其在弘扬民族文化、促进民族经济发展中发挥更大的作用。

为此，我建议，其一，对有关三多的传说故事、实物进行全面系统的收集整理，对现存有关三多庙宇等实物资料加强保护管理。其二，对三多的历史进行一次全面的研讨，并在此基础上把三多的形象用文学的形式表现出来。20 世纪 60 年代，一部《五朵金花》使大理及白族名扬天下，我们也完全可以用影视手段把三多及美丽的丽江表现出来，这样一个形象，直观而具体的民族英雄将久远地留驻在人们心中，而纳西族和高原名城也将进一步走向世界。

总之，把纳西人心目中不可磨灭的保护神三多形象化、具体化，这是一件艰巨而非常有现实意义的工作。我们真诚地期待着这一工作能得到更多专家、学者的支持和关心。

雪岳觋黎庶 楹联颂三多

——丽江古今楹联中的三多崇拜

杨　陆

楹联（对联）是我国的国粹之一，具有浓郁的中国特色，是国内各民族喜闻乐见的一种传统文学艺术形式。2007 年国务院公布了第一批国家级非物质文化遗产名录，其中就有楹联习俗，编号为 x-62，作出的释评是："楹联习俗，在华人乃至全球使用汉语的地区，以及与汉语、汉字有文化渊源的民族中传承、流播，对于弘扬中华民族文化有着重大价值。"

祖国西南边疆的云南省，有着脍炙人口的楹联传统，国内誉之"滇人擅联"；位于滇西北一隅、纳西族聚居的丽江，则久来被称为云南省的"楹联大县"（此指撤地设市之前的丽江纳西族自治县，今古城区和玉龙县）。纳西族民众普遍喜爱对联艺术，社会运用面十分广泛，内容上既有"阳春白雪"又有"下里巴人"，雅俗并存，普及城乡。不仅年年用以辞旧迎新、"门联春贴亦堪夸"必不可少的春联，用于婚庆之喜的婚嫁联，给老人祝寿的贺寿联，办白事过程中的丧联、挽联、守制联以及墓联，建造新房、乔迁新居之联，举办庆典活动时的庆典联，友人间相赠、予以勉励的题赠联，抒发个人情怀的抒情言志联，选之悬挂于书房、厅堂中的格言联，大量存在于丽江各处风景名胜的胜迹联，等等，而且自古而今都在创作唯丽江独有、可用纳西语和汉语双读、双释的双解联，以及至今方兴未艾、运用纳西东巴文字书写的对联。

“年年春二月，户户祝三多”，对于纳西民族素来信奉的保护神“恩溥三多”，自明代木氏作家迄今，纳西人也同样采用了中华民族这一传统的文学艺术样式，虔诚地表达对于这位保护神的景仰和希冀，成为丽江古今楹联与同中华联苑中一个独特的、具有鲜明的民族与地域特色的内容。

此类独具特色的“三多联”，为数不少，但明清至民国间出现的这类楹联，没能都流传下来，流传下来的有的于辗转传抄产生了文字失误，平仄对仗不协了。兹遴选如下七联，加以注释点评，窥豹之斑，可领略纳西民族自古及今以楹联表达的三多崇拜。

1. 最早的一副三多联——明代木公题北岳庙三多阁联

一片垂慈花马国　千秋永镇玉龙山

【作者简介】木公（1494—1553），明代丽江第八任世袭土知府，诗作甚丰，为木氏代表作家之一。

【注释】［1］“花马国”原指丽江巨甸一带，志载：“花马山，在丽江府西北三百五十里旧巨津州东南界，岩有石如马，其色斑斓，昔摩些诏自名其国为花马国本此。”木公《花马国》诗“政暇西行花马国，铁桥南渡石门关”即此谓。其后“花马国”泛指整个丽江纳西族地区。

［2］“一片”，从地域上、实际上亦以此方子民的民族性，界定了三多神“垂慈”的范围；与“千秋”形成时空相对、平仄和语词结构的对仗，工稳而意境博大。

［3］“垂”为敬辞，用于别人（多指长辈或上级）对自己的行动，如垂爱、垂怜。在此含有“给予”之意——给予慈爱。

［4］“镇”指以武力维持（一方）安定。

【点评】此联当为明嘉靖乙未年（1535），木公命扩建北岳庙之时所题，表达了对所供奉纳西族保护神“恩溥三多”的景仰和希冀。

唐代中期，南诏国主异牟寻僭封“五岳四渎”，以乌蒙山为东岳，高黎贡山为西岳，蒙乐山（无量山）为南岳，玉龙雪山为北岳，大理点苍山为中岳；“四渎”为怒江、澜沧江、黑惠江和金沙江。传说“五岳四渎”为群神所居，因此历代帝王多亲祭境内的名山大川进行“封禅”，并建神祠以祭祀。“封”为筑土坛祭天，“禅”为清理场地祭地，是起源于自然崇拜、演变为封建帝王借以宣告王者受命于天、拥有四方领土的政治行为。五岳居于境内的东、西、南、北、中，构成了一个完整的方位，故而五岳象征着帝王的“普天之下”。南诏封禅之后，玉龙山之麓建起了北岳庙，成为玉龙山的山神庙，是丽江最早的庙宇。

北岳庙始建，不在今址（参见杨汝凤、杨志坚的调查文章）。在其后迁建和扩建的历史岁月中，与纳西族民间的白石崇拜传说联系了起来，认为是玉龙山神显灵，于是在北岳庙中设立专祠、供奉白石神像，纳西语美称为“恩溥三多”，意即三多老祖。明代以来，民间传说中又融入了新的内容，三多神又成为木氏土司麾下最为骁勇的战将；木氏土司历次出征获胜，也宣扬是三多神暗中显圣助战。后来木公在扩建北岳庙之际，亲撰《重修北岳庙记》的碑文中明白宣称："恭惟乃圣乃神，福我之民，障我之疆，佑我木氏千百世之子孙……"因而传说中穿白甲、戴白盔，骑白马、执白矛的三多神，不仅成为玉龙山的化身，也成了纳西族的民族英雄、最大的保护神。原本是专祠的三多阁，便与起初的北岳庙合二为一了，在纳西民间，也就以三多阁代称北岳庙。如上即木公题写这副楹联的初衷及其内涵。上行下效，成为纳西人撰题三多联的发端。

2.（佚名）题北岳庙三多阁联

玉岳巍峨，丽民咸沾厚泽

金江浩荡，惟公独显灵威

【注释】［1］咸：全部、都。

［2］厚泽：深厚的恩泽。

【点评】此联以丽江标志性地域特色的玉岳、金江起兴，亦为拟人手法——视玉岳为三多神，因而感情色彩愈加浓烈，颂扬了三多神之觊世利民及其勇武。

3. 清王锡桐题北岳庙联

主此土，安此邦，是极八百里金沙，胥蒙圣佑

降为神，封为帝，凭竟亿万年雪域，永著灵钟

【作者简介】王锡桐，字梦桂，号叶唐，丽江古城纳西族，

清道光丁酉科（1837）拔贡，旋于此科乡试中举人。选为大挑知县，试用江苏，历任如皋、睢宁、安东等县、徐州同知，充咸丰己未科（1859）江苏乡试同考官。后兼理镇江知府，在任上卒于金陵。

【注释】［1］胥：齐，皆。“圣”即雄镇此方的玉龙雪山，亦即三多神。

［2］“降为神”：玉龙山被人格化地视为纳西民族的保护神——恩溥三多。

［3］“封为帝”：玉龙山在唐代受南诏封禅，封号当为现今三多阁所悬匾额上的“雪石北岳安邦景帝”；宋末元初，忽必烈于1253年率大军南征大理经丽江时，又敕封玉龙山为“大圣北岳定国安邦景帝”。

［4］“灵钟”为“钟灵”倒装，以与“圣佑”对仗。钟，意为凝聚、集中；灵即灵气，引申为优秀的人物。参见成语“钟灵毓秀”。

4. 清杨元之题北岳庙三多阁双解联

三多得愿意　八极告新猷

【作者简介】杨元之（约1848—1892），字用九，丽江古城纳西族，清廪生，以特有诗才著名。他对本民族的民歌民谣极感兴趣，所写的汉文诗多具纳西民歌风格；撰写楹联力求汉语、纳西语两用。其作品多已散失，留存于世那首著名的《重到文峰寺》就是一首汉语、纳西语兼通的诗作：“暮多好山色，庭菊冷露滋。佛心徐可觅，佳哉宜意移。”此诗汉意自明，纳西语意则为："不见日久啦，又来此山行。但听百鸟唱，好似诵佛经。"

【注释】以汉语读来：

［1］得：得到（三多神的应允）。

［2］八极：八方极远的地方，指普天下。

［3］告：告诉、宣告。

［4］猷：计划、谋划，是名词。

全联汉语意思为：（希望）得到三多神同意，就向普天下宣告（我们的）新计划。

以纳西语读来：

［1］得：读"特"，表示句中动词"愿"（所期望）的指向——是向三多神求愿。

［2］意：读"耶"，音调拖长，是个表达情感的语气助词。

［3］八极：庄稼。

［4］告：好。

［5］新：读"修"，是个表示结果的时态助词，表示庄稼丰产的期望能够得以实现。

［6］猷：动词，意为"给予"。

【点评】汉语联意思是："愿三多同意众盼／向八方宣告新猷！"纳西语联意思是："祝愿三多神／保佑庄稼好！"可见，汉语联说的是经众人酝酿、要征得三多神首肯的一个计划，而纳西语联则只是祷求三多神保佑庄稼好——两种语言所表达的联语意思各不相同。这就是可用纳西语和汉语双读、双释的双解联。此联由纳西族旅昆乡友杨仲文先生献悬三多阁。

5. 周善甫先生代“丽江旅昆老人联谊会”题献三多阁联

恩溥是善耕牧、善歌唱、善战斗的神祇，曾为斯土洒热血

纳西乃多英雄、多才俊、多能手之民族，愿以自强荐心香

【点评】此联如作者按语所强调的：指出了三多之特具其他天神所没有的人民性；“三多娃”为边民，且表现出其他边民所不及的卓异资质。两者都言之有据，并非溢美。而崇英烈、荐蒸尝，也出于更高的理念与情感，一洗往日献牲帛、祈福佑的陈套。此联今镌悬在三多阁。

6. 赵净修先生题北岳庙三多阁联

恩溥在纳西心中，纳西在恩溥心上，心即是神，神心永善

三多乃雪岳身影，雪岳乃三多身容，身常修德，德身宏昌

【点评】此联亦评说之联。作者之论，着意采取了回环手法——“恩溥在纳西心中，纳西在恩溥心上”“三多乃雪岳身影，雪岳乃三多身容”，一俗一雅，论述得十分精彩。对仗极为工稳：句中的两处“纳西”对两处“雪岳”，四个“心”字对四个“身”字，两个“神”字对两个“德”字。此处亦采用了顶针手法：将上下支前一分句的句脚字“神”与“德”，作为后一分句的句头字，使这两个分句既凸显了“神”之有“德”的衷心寄意，又首尾相连，一气呵成，造成了一种琳琅醒目、“联珠”的艺术效果。此联今镌悬三多阁。

7. 李世宗先生题北岳庙三多阁联

白骑归来，泉美酒香欢岁月

玉龙起舞，云蒸霞蔚壮山河

【注释】白骑：指代三多神。

【点评】三多神的“归来”，当然是胜利归来，这是“高若”——纳西族民众由衷的期盼与呼唤。当与其子民一道，欢愉此境“泉美酒香”、和平安宁的岁月。

三多节的文化内涵及其保护

木基元

民族节日是一个民族在长期历史发展中形成的，具有一定意义并要举行庆祝或祭祀仪式的日子。各民族节日与自然界季节更迭、祈求丰收、崇敬英雄、谈情说爱、传统习俗、宗教信仰等有密切关系，是民族历史的活化石，是民族生活方式的集中体现，也是民族传统文化的生动展示。纳西族三多节具有悠久的历史，成为深深植根于纳西人心中的一种文化现象，值得进一步挖掘和保护。

一、三多节及其文化内涵

1983 年 7 月，经纳西族革命老前辈和万宝倡议，郭大烈等学者组织了旅昆纳西族同胞的“创美生恩（火把节）”活动，方国瑜、陈可轩等乡贤齐聚云南民族学院共度佳节。当时笔者正面临毕业分配，有幸与几位即将分回家乡工作的同学炒瓜子做接待，我们兴高采烈地布置会场，这最早组织旅昆纳西族的节日活动里留下了我的青春印记。此后年年坚持，和志强、尹俊、刘树生、赵廷光等多次至活动现场，旅昆纳西同胞欢度传统节日实现了制度化，并逐渐成为在昆明地区具有较大影响力的一个民族节庆活动。

农历二月初八是纳西族祭祀本民族保护神三多神的盛大节日，具有悠久的历史，也是纳西族法定的民族节日。该节日源于玉龙纳西族自治县白沙镇玉龙村的北岳庙会，纳西语叫“三多颂”，汉译为“祭三多”。1986 年 4 月，郭大烈等发起建立纳西文化学会（今演变为云南省民族学会纳西学研究委员会），积极倡议将农历二月八日设立为纳西族的传统节日——三多节。丽江纳西族自治县八届人大常委会十二次会议于 1986 年 8 月 29 日作出了将每年农历二月八日确定为纳西族传统节日的决定。[①] 经玉龙纳西族自治县十三届人大三次会议通过，云南省十届人大常委会十六次会议于 2005 年 5 月 27 日批准《云南省玉龙纳西族自治县自治条例》，该条例第 7 章第 57 条规定：纳西族传统节日三多节，放假三天。

北岳庙，因南诏时曾封玉龙山为北岳，三多庙因建在玉龙山麓而得名。相传古时有一猎人，在玉龙雪山上发现一块奇异的雪石，便要背回家去，走到现今的庙址时雪石异常沉重，就停下休息。而再想背起赶路，雪石变得重不可移。人们认为这是神的化身，就地建庙祭供，从此传说常有一位身着白甲、戴白盔，执白矛、跨白马的天神显灵，保护这里的土地和人民。纳西人认为三多属羊，是本民族最大最有权威的神，每年二月初八和八月属羊日，要用全羊隆重祭典。庙会期间，正是茶花初开时节，人山人海，烟火缭绕，花开四野，人们四散野餐，信徒烧香磕头。“年年春二月，户户祝三多”，庙会之隆重，冠丽江所有庙会和节日之首。

---

① 丽江纳西族自治县志编纂，李汝明总纂：《丽江纳西族自治县志》，云南人民出版社 2001 年版，第 34 页。

作为纳西族历史悠久的民间习俗，每年农历二月初八，各地纳西人都要到丽江白沙三多阁隆重祭拜三多神，或在自己家中举行祭三多仪式。三多节群众文化活动，是对外展示纳西族优秀民族文化的平台，也是各民族群众展示文化、缔结友谊、促进团结、谋求和谐发展的载体。同时，三多节活动也为更好地传承和弘扬纳西族优秀文化遗产，充分展示纳西族民间文化魅力，打造民俗节日文化旅游品牌，促进经济社会文化的大发展、大繁荣起到促进作用。

许多学者对三多节的文化内涵也做了深入研究。杨世光认为，祭祀民族保护神成为民族盛大节日的典型是纳西族三多节，祭祀的是整个民族的保护神——三多神。[①] 族神，即民族神，小则为一个民族不同地域的村寨神，大则为一个民族共有的保护神。这类族神及其所代表的节日文化，体现为本土原始信仰的崇拜偶像，认同为一个民族村寨的保护神或整个民族的保护神。祭祀保护神的民族节日，具有原始崇拜文化色彩。

在纳西族的三多节庆中，还透现出其别样的文化内涵。

其一，白石崇拜。白石崇拜原是古羌文化的孑遗，[②] 迄今川西羌族房头上仍立白石，被传为制胜神器。这一习俗也是中国西南地区普米族宗教信仰的表征之一。[③] 纳西族源自氐羌族群，三多崇拜当是白石崇拜的象征。崇拜玉龙雪山，即是先民自然崇拜

---

① 林超民主编：《中国地域文化通览·云南卷》，中华书局 2014 年版，第 523—524 页。

② 钱安靖：《试论以白石崇拜为表征的羌文化》，《宗教学研究》1988 年第 4 期。

③ 奔厦·泽米：《普米族白石崇拜的文化解读》，《云南民族大学学报（哲学社会科学版）》2011 年第 3 期。

的折射。

其二，尚武精神。纳西族素来是个小民族，在几大民族的包围中，历史上战事频仍，因而需要像三多这样英武的战神作为保护神。在近代百余年来抵御外侮的鸦片战争、中法战争、抗日战争等刀光剑影中，纳西男儿高呼“恩溥三多”驰骋疆场，冲锋陷阵，留下了许多可歌可泣的故事。

其三，与周边民族守望相助和谐共生的象征。在三多庙所塑三多神的两侧，塑有藏族大妃和白族二妃，一齐享受祭祀，反映了纳西族与相邻的藏白民族通婚和谐共处的历史事实，同时也印证了东巴经《创世纪》里藏族、纳西族和白族是一母所生三兄弟的记载，“同胞兄弟，团结共生”的理念与生共来。[①]

二、对三多文化的研究及其传承保护

丽江市、县历来重视三多文化的保护与研究，做了大量工作，而今成果斐然。

早在 1982 年，丽江县人民政府公布第一批县级文物保护单位，北岳庙榜上有名；1988 年由云南省文化厅拨款对北岳庙正殿、厢房、过厅、炉亭、大门、围墙等进行了维修加固，并重塑三多神像，仿制大鼎等。1993 年 11 月 16 日，北岳庙被云南省政府列为省级文物保护单位。按照国家文物局关于文物“四有”工作的要求，竖立了文物保护单位标志说明碑，签订了保护使用合同书，走上了科学、规范的文物保护管理之路。

注重以非物质文化遗产的理念保护三多文化。2009 年 8 月，

---

① 任维东：《民族团结是社会进步的动力》，《光明日报》2009 年 7 月 23 日，第 5 版。

纳西族三多节被列入云南省第二批（传统礼仪与节庆类）非物质文化遗产名录。

在专题研究方面，周善甫等学者做过精到的概述，白庚胜、木仕华等也做过专题调研。玉龙县文物管理所所长杨志坚的专著《纳西三多神》最为出色，该书考释了三多神的族属、生平、宗亲、部属以及三多与周边民族和宗教的关系，具有重要的学术价值。

在传承文脉扩大影响方面，各地做了大量的工作。昆明自 1983 年首次举办旅昆纳西族同胞“创美生恩（火把节）”活动后，形成惯例，年年不断推陈出新；丽江也举办了相应的活动，扩大了影响；北京、成都、拉萨、广州、临沧、大理、怒江、玉溪、保山、德宏等地，都积极举办节日活动，凝聚人心，不断壮大民族文化的品牌形象。

三、扩大三多节文化品牌影响

1. 要加大对三多节文化的认识力度

2015 年 1 月，习近平总书记在视察云南工作时，对大理市湾桥镇古生村的村落文化保护提出了殷切的希望。古生村位于洱海边，是一个典型的白族传统村落，已有一千多年历史。街巷道路整洁，溪水环流，绿树成荫，洋溢着浓浓的民族气息。习近平总书记穿行于村中街巷，同当地干部边走边聊，向他们了解村民增收和古村落保护情况。习近平指出，新农村建设一定要走符合农村的建设路子，农村要留得住绿水青山，记得住乡愁。

我们一定要从“记得住乡愁”的高度，来提高民族文化保护重要性的认识。什么是乡愁？习近平总书记说是离开了这个地方还在想起的东西。纳西族的乡愁是什么？我认为，三多节是我们重要的乡愁之一。除了本民族学者做全方位深入研究外，还要鼓励和动员各民族的专家学者和有识之士以高度的文化自觉加大对三多文化的调查研究，进一步吃透三多文化的内涵，通过召开座谈会、研讨会、出版论著等方式，增加三多文化研究成果，提升三多文化的影响力。

2. 通过各种形式弘扬三多节庆文化

中央历来重视民族文化的保护和弘扬，中共中央宣传部、中央文明办、教育部、民政部、文化部等五部委于2015年8月出台了《关于运用传统节日弘扬民族文化优秀传统的意见》，提出加强对传统节日的研究和保护，是运用传统节日弘扬民族文化优秀传统的基础性工作。该意见指出，中国传统节日凝结着中华民族的民族精神和民族情感，承载着中华民族的文化血脉和思想精华，是维系国家统一、民族团结和社会和谐的重要精神纽带，是建设社会主义先进文化的宝贵资源。面对构建社会主义和谐社会的战略任务，面对人民群众日益增长的精神文化需求，面对世界范围内各种思想文化的相互激荡，充分运用民族传统节日，大力弘扬民族文化的优秀传统，对于推动形成团结互助、融洽相处的人际关系和平等友爱、温馨和谐的社会环境，对于进一步增强中华民族的凝聚力和认同感、推进祖国统一和民族振兴，对于不断发展壮大中华文化、维护国家文化利益和文化安全，具有重要意义。这个意见还进一步强调，我国是一个统一的多民族国家，少数民族传统节日是中华民族文化的优秀传统的重要组成部分，当地各级人民政府要加强对相应节庆活动的组织与引导，充分尊重少数民族的节日习俗，积极开展丰富多彩的民族节庆活动，进一步增强民族团结，维护国家统一，弘扬中华民族文化的优秀传统。

为此，我们一定要在弘扬民族节庆文化上深挖潜力，凸显亮色。昆明等地办三多节，从最初150元的经费办起，有钱就办有钱的事，无钱就办一两件重要的事情。目前旅居昆明的纳西族群众多达一万人，在云南省民委、市（区、县）各级政府及其办事处的大力支持下，先后辗转云南民族大学、云南大学、云南师范大学等校园，也在云南民族村、昆明国贸中心热闹狂欢，并长期定点于西华公园、云南民族博物馆等地，开展祭天、祭三多仪式，为家乡抗震救灾举行募捐，举办纳西语译制片展播及各类书画摄影艺术展览。活跃在昆明、丽江等地的纳西族文艺人才纷纷登台献艺，旅昆合唱团及云南民族大学纳西文化研习会历来是主力军，尽管成员已换了一代又一代，《净土》换醒了许多乡友的母语意识，《纳西三部曲》也走出云南风靡全国。值得关注的是，旅昆纳西族过三多节时，藏族、白族、彝族等民族的歌手也纷纷前来助兴，前来祝贺的其他民族学会代表也置身于狂欢打跳的行列，活脱脱一幅云南各民族团结协作守望相助的立体画。丽江知名民营企业正龙集团不忘初心，20年来坚持把家乡的凉粉、米灌肠、荞饼等组织到省城进行展销。云南省民族学会纳西学研究委员会还根据昆明文化教育学术人才密集的特点，先后协助有关部门举办了方国瑜诞辰100周年、110周年座谈会，木芹先生从事民族历史研究55周年座谈会，举办了《李群杰文集》《周善甫文集》《和万宝文集》出版座谈会，主办了郭大烈先生从事民族学研究50周年座谈会、和即仁先生从事民族语言研究65周年暨90寿辰座谈会、和钟华女士从事教学科研56周年座谈会，既注重了实效，又扩大了影响。丽江、北京、成都等其他城市也举办了丰富多彩的活动，辐射力及影响力不断增强。在此过程中政府部门给予了一定的支持，同时企业也通过不同方式给予支持，如玉水寨集团不断派出东巴分赴各纳西聚居地和相关城市，进行文化展示和抢救工作。

3. 运用各种展示宣传手段，扩大三多文化影响

要充分发挥新闻媒体对宣传民族传统节日的导向作用，切实加强对民族传统节日的舆论宣传，积极营造尊重民族传统节日、热爱民族传统节日、参与民族传统节日的浓厚氛围。

2017年丽江三多节系列活动异彩纷呈，活动包括玉龙民俗文化图文展、三多节白沙庙会、第四届黑龙潭民族传统乐舞展演、丽江三多节群众文化及商贸交流系列活动暨文化消费试点启动仪式等。三多节当日，各界人士齐聚三多阁举行了公祭三多仪式。各级领导与各界文化名人、企业代表和各民族群众共同相聚在玉龙山下，相聚在三多的故乡，共同纪念丽江各族人民心中和平与正义之神三多神，一起缅怀奋进历程，追思先贤，继承传统。祭典仪式的议程分为六项：（1）开中门；（2）吹奏法器；（3）敬献花篮；（4）恭读祭文；（5）全体人员向三多神像行鞠躬礼；（6）乐舞告祭。祭告礼成，来宾向三多神烧香献花祈福。

3月4日，丽江市玉龙纳西族自治县举办了三多文化研讨会。国家非物质文化遗产保护专家委员会副主任、中国社会科学院名誉学部委员刘魁立，文化部非遗司原副司长屈盛瑞，云南省非物质文化遗产保护专家委员会副主任、云南省文化厅原副厅长赵自庄等，与近三百名国内非物质文化遗产、民族文化以及丽江民间社会文化等专家学者共聚一堂，围绕三多文化的内涵和外延、历史和现实，三多文化与民族团结进步示范区建设，三多文化旅游品牌建设，非物质文化遗产保护等主题，对打造三多民族节庆文化旅游品牌从深度和广度上展开了多角度的学术研讨。多部门统筹协调，组织开展多姿多彩的活动，规模大、场所多、形式灵活多样，游客乐于参与，激发了游客探寻少数民族文化和节日内涵的心理，这种心理使游客积极主动融入形式贴近他们的节庆活动。

纵观近年来丽江举办的三多节庆典活动，我们可以不断总结其成功做法和经验。要积极开展传统节日的研究和保护工作，使传统节日不断传承和发展。从三多节入手，要切实加强对传统节日活动的管理和引导，及时总结推广各地运用传统节日弘扬中华民族文化的优秀传统的好经验、好做法，进一步扩大传统节日的社会影响。

四、全力做好三多节申报国家非物质文化遗产名录的工作

非物质文化遗产指被各群体、团体，有时为个人视为其文化遗产的各种实践、表演、表现形式、知识和技能及其有关的工具、实物、工艺品和文化场所。各个群体和团体随着其所处环境、与自然界的相互关系和历史条件的变化，不断使这种代代相传的非物质文化遗产得到创新，同时使他们自己具有一种认同感和历史感，从而促进了文化多样性和人类的创造力。非物质文化遗产包括以下方面：口头传说和表述，包括作为非物质文化遗产媒介的语言；表演艺术，社会风俗、礼仪、节庆；有关自然界和宇宙的知识和实践；传统的手工艺技能等。

自国务院于 2006 年起向社会公布四批国家级非物质文化遗产代表性项目名录以来，云南省国家级非遗代表性项目名录已达 107 项（122 个保护单位）。在云南诸多少数民族中，传统节日没有上

榜国家非物质文化遗产名录的，纳西族三多节是目前为数不多的几个之一，这与三多节庆文化在纳西文化中所承载的厚重内涵是极不相符的。我认为应汇集各方力量，将申报工作做实做牢，力争以最好最快的速度实现这一目标。

为此，我们要认真按照文化部关于推荐申报国家级非物质文化遗产代表性项目有关事项的通知[①]精神，做好申报工作。第一，要吃透推荐申报条件。已列入省级非物质文化遗产代表性项目名录的非物质文化遗产项目，并符合下列条件：一是体现中华民族优秀传统文化，具有重大历史、文学、艺术、科学价值；二是具有体现中华民族文化创造力的典型性、代表性；三是具有鲜明特色，在当地有重大影响；四是要在一定群体中或地域范围内世代传承、活态存在。第二，认真准备申报材料。一是完善申请报告，要认真填写申报项目名称、保护单位，并对申报目的和意义进行简要说明；二是逐项填好项目申报书，包括项目简介、项目具体信息、传承情况、项目图片、保护单位情况、保护计划及经费预算。项目申报录像片及辅助材料要在突出共性的基础上，尽量彰显其个性亮点。

四批国家级非物质文化遗产代表性项目名录的先后公布，使云南省的四级代表性项目名录体系进一步得到健全和完善。这与云南民族众多、少数民族文化艺术形式多样、节庆习俗资源丰富有密切的关系。近年来，云南省认真贯彻“保护为主、抢救第一、合理利用、传承发展”的工作方针，坚持依法保护、科学保护，制定规划，做好代表性项目的传承、传播工作，积极开展生产性

① 《文化部关于推荐申报第四批国家级非物质文化遗产代表性项目有关事项的通知》（2013 年 9 月 6 日）。

保护、区域性整体保护，探索适合代表性项目保护的措施和方法，传承弘扬民族优秀传统文化，为文化强省建设提供了有力支撑。由此可见，纳西族三多节的申报具有良好的基础，并呈现出良好的发展前景。

玉龙是全国唯一的纳西族自治县，山清水秀，文化深度深厚。我们一定要奋发有为，承担起重要的使命，努力建设全国最美的民族自治县，努力挖掘得天独厚的资源，梳理纳西文化亮点，重塑三多文化品牌，谱写好中国梦云南篇章！

（作者系西南林业大学社科处处长，教授；
云南省非物质文化遗产保护专家委员会副主任）

三多：纳西人心目中的保护神

许存仁

北岳庙与祭三多历史沿革

北岳庙又名玉龙宫、玉龙寺、玉龙祠，居住在这里的纳西等各族人民统称其“三多阁”，即三多的家。它是玉龙县现存有一千多年历史的一座庙宇，庙内古柏也有一千多年。庙宇坐北向南，一进三院，前院由五间门楼，两边三间平房厢房组成；中院由正殿五间，东西五间厢房平房组成；后院为三间平房。

北岳山神庙为唐代宗大历十四年（779）南诏王异牟寻迁都太和城，敕封松外龙山（指玉龙雪山）为北岳并建庙而得名。而北岳庙之称是从宋理宗宝祐元年（1253），蒙古军进云南攻大理途经丽江时，忽必烈驻于北岳山神庙，敕封三多为“大圣北岳安邦定国景帝”开始。

《大元一统志》曰：“玉龙雪山，在州北三十里，条冈万里，岿心千峰，上插云霄，下临丽水，顶端积雪，冬夏不解，岩岸涧谷，清泉飞流。唐时南诏尝封是山为北岳庙基尚存。癸丑年（1253）世祖圣德神功文武皇帝（忽必烈）南征大理，师次于此。”

史书载文证实北岳庙为忽必烈到丽时的驻地。

木公《重修北岳庙记》遗碑载文："夫北岳即玉龙也，玉龙即雪山也。巍巍乎，雪山乃一滇之所望也。然而雪山之灵者、神也。神即岳山之气也。气爽则神灵，神灵则人杰也……景帝即岳神之檀号也。然所以建庙于岳麓山下等长官齐民卑躬肃祀、求而无所不灵，祷而无所不验。"

清杨品硕《丽江北岳神考》载："西藏桑鸢寺，离本藏三百里许。寺北首十余里有专拱山，山有一小岩洞，就洞建寺，供莲花祖师，即摩伽陀也。寺旁一小院，供三个护法神，院僧言是三兄弟。长乃顶卡补、次巴定敦王，三色定那古（即丽江北岳神也）。具有护法经，系吐蕃字。先是祖师建桑鸢寺，三兄弟领众魔拆之，旋建旋拆数次。祖师劝以改恶从善，长性大不服。祖师恕，用法治，以铜盆覆之。二即降服，三竟外去。祖师随后追来至丽江雪山及之。祖师欲以法治，神即尾忏悔。""祖师谓尔有做此地土主之分，务须护国卫民、至嘱而回。……祖师令三兄弟为护桑鸢寺之神，故建寺祀之云云。"

民国年间美国学者洛克著《中国西南古纳西王国》一书载："山神和三多寺（北岳庙）……丽江雪山依然代表着一个神灵，这个神灵不是一个本地神，而是源于遥远的北方，即西藏东部的草地区域，纳西人是在汉朝末期从那里迁到丽江的，因此纳西人就这样把三赕这个名称带到丽江来，很可能最初以他为丽江雪山的名字，然后把三多神作为山神和纳西移民的保护神。直至丽江城产生后，才称丽江为三赕。"

党的十一届三中全会以后，丽江市、县党委政府加强了对民族宗教工作的领导，多次拨出专款对三多庙进行修复完善。1986 年 8

月 29 日，丽江纳西族自治县人大常委会第十二次会议根据县人民政府报告，审议决定每年农历二月初八日三多节为纳西族传统节日，全县统一放假一天。2005 年 3 月 21 日，玉龙纳西族自治县十三届人大三次会议通过，并经同年 5 月 27 日云南省十届人大常委会十六次会议批准的《云南省玉龙纳西族自治县自治条例》，规定纳西传统节日三多节放假三天。

民间祭祀三多的习俗

相传明代至清“改土归流”前，木氏任丽江知府期间，农历二月初八祭祀三多是其专利，不许旁姓人等进入庙里，待过二月初八过后，才允准百姓入庙祭祀，很具神秘感。直到清雍正初年改设流官执政，木氏任通判式微，其祭祀优先的专利不存，“二月八”这个民众仰慕已久的节日，成为不成文的纳西族传统节日“三多颂”（三多节）。当地俗称“见丹节”，是独具纳西民族特色的节日。

纳西人总是把白石、雪石、异石与三多联系在一起，久而久之先民们的白石崇拜以及原北岳山神异石传说逐渐转移到三多身上，危难时三多总显神灵，使人们遇难呈祥，人们认为三多是逢凶化吉的胜利神和战神。在滇、川、藏边缘山区接合部喇嘛寺院的护法殿塑有三多护法神，甚至其他教派护法殿也有塑三多为护法神供奉。三多成为藏、白、纳西族人民群众心目中的托福之神，并与变幻无穷的巍巍玉龙山紧密联系在一起。三多阁是当地香火最旺盛的神殿，从明清直至抗日战争，三多神显神灵助阵取胜的民间故事传说比比皆是。

定居丽江的数百户藏民信奉三多与纳西族信教群体无异。节日这天，人不分男女老幼，休息打拼伙，欢庆节日。纳西语叫

“见丹节”，“见丹见丹哦达的话本，的满子高母”，汉译为“欢庆节日，朋友相聚，好吃好喝吃一点”。人们也不忘放牧的一伙特殊成员，“好过不过二月八，放牛娃娃煮高戛（肉）吃”。“二月八”三多节这天尽管亲到三多庙祭祀的人群有限，但很多人都通过各种不同形式过三多节。

三多是丽江、中甸、宁蒗、鹤庆、剑川、兰坪一带各族人民心中保一方平安信仰的精神支柱。1864 年，远在西藏拉萨的藏客周献奇在八南学（地名）倡捐建云南会馆。笔者 1946 年至 1949 年在藏商“聚兴祥”商号当店员，据东家们在闲聊中言讲：拉萨云南会馆内增塑的三多、关公像是 1933 年由周石奇、杨家泽、李达三等走西藏经商的纳西富户捐资请内地名师塑，逢每年农历二月八日在拉萨的纳西人汇聚一堂祭祀三多，过三多节。德钦的三多庙是 1920 年丽江纳西藏客周尚德任德钦商会会长期间，倡捐的，并定期举办三多庙会祭祀。

儿时目睹耳闻的祭三多习俗

我仅 9 岁时随奶奶去拜三多一次，但至今印象深刻。当天凌晨 4 点多起床早餐后，带上香火午餐，相约邻居五六人一同前往，沿途道路两旁断断续续有刺蓬和野李子树，三五成群人流不断，有唱纳西谷气情调、人生苦乐调、赞颂三多调等此起彼伏，每当唱完一段，会大声吼叫“阿呼呼邓”之声。同时还能看到刺蓬旁或立或坐拼刺叶轻声慢语有节奏谈情说爱唱纳西恋爱调的。我们边走边歇，约步行四小时抵达三多阁，看到有的人穿着节日盛装骑骡跨马前呼后拥威风凛凛，有的则擦粉抹脂精心打扮，十分引人注目。

在祭祀三多的人群中说纳西语寓言“初心畜母寄，热闹涂慈门”，汉译为“不是真心来上香，只图凑热闹为之”。来祭祀三多神灵的人群中，有的为升官发财，经商致富；有的为家人外出求平安；有的为求子求寿，事业有成。总之大事小情都到三多阁祈求三多保佑。凡来祭拜者都得带上香火、供品、油、盐、米、玉米等，数量不限。但供品中人人不可缺的要算马料蚕豆。图凑个热闹者有之，虔诚信仰三多者也不少。例如文明村李建明，据其先伯父与先父讲：“我村李建民是藏客商人，走西藏经营麝香、虫草、高档皮毛到成都、广州沿海，利润丰厚，除在家建四合五天井民居大院（今已列为重点保护民居）后，为感恩三多保佑而在三多庙后殿塑三尊神像。”

因我是许家的长孙，受奶奶宠，到三多阁祭拜深感荣幸，不敢多言，只敢紧紧跟随进入庄严雄伟的大殿。进入大门东面有泥塑人马一排，奶奶及我一道烧香叩拜，献上蚕豆，祈愿六畜兴旺。然后进入人山人海的大殿祭拜三多，当时只顾随奶奶叩拜而不知除三多外叩拜的是哪一尊神。烧香叩拜、上供毕，在大殿的四周转了一圈，只见满院重叠挂起匾额，从献匾人看，有本地求取得功名担任文武官员者，有来自内地到丽江任职的文武官员，有发家致富者，也有求子求寿者，有求逢凶化吉者，等等，他们皆因感恩于三多神保佑而为之。

三多节在我儿时的印记中也是最深的。当天我相约平时处得要好的十来个人，早饭后有的拿锄头、撮箕，有的拿水桶、盆子到田间戽水拿鱼，待水戽干拿完鲫鱼，又扒沟泥抓泥鳅，每次抓到三四斤回家每人从家中割寸许一节腊肉、一碗米、一块豆腐，到友家“东豆牢”（即打拼伙）赐名“泥鳅钻豆腐喜庆三多节”。

因吃的都是自己劳动获得的绿色食品，其香味至今念念不忘。

纳西族保护神的喜与忧

传说中的三多为了守望丽江，他将自己化作了玉龙雪山。三多的双眸始终凝视着山下的人们，他将从天而降的雪花凝固成冰，又化为清澈甘甜的水，终年来不断地汩汩流向丽江大地，浇灌树木庄稼，养育了当地各族人民。他给人们勇气，引导民众向往美好生活，努力奋斗奔小康。

历史上许多文人墨客曾留下不少赞美玉龙山的诗词佳句。美国人洛克到丽江铁甲山，看到玉龙雪山赞不绝口。如今中外游客来到丽江，目睹玉龙美景无不称赞，流连忘返，甚至定居丽江，成为新丽江人。今天我们生活在玉龙雪山脚下，日日夜夜有玉龙雪山阿普三多相伴。玉龙雪山成为纳西人心目中的神山，是可望而不可即的神山圣地。

但是三多并不喜欢被过度打扰，迄今为止，有中外人士登上了珠穆朗玛主峰，却还无人能登上玉龙雪山主峰，是三多执拗地一次也不肯接纳。

如今不得不让人忧心忡忡，看着你雪山——三多逐年消瘦的面容，将你的忧虑流露出来。雪线逐年上升，冰川融化，是因为过度开发，人们生产生活正在受到威胁。黑龙潭每秒流量约三立方米的珍珠泉水已消失得无影无踪，整个丽江坝子出水量大大减少。如果丽江坝没有了玉龙雪山，河流干涸，庄稼树木就干枯，人往何处去？雪山——三多你已向纳西人提出了警示，现在到了我们该好好反思的时候了。

三多庙历经一千多年，在当地人民物质生活和文化生活中扮演着重要角色，有的和当地重大历史事件、著名人物、藏纳文化相联系。三多庙是历史文物，是文物宝库，它赋予了极为丰富的纳西族文化遗存，有传播和承载社会历史与文化的功能，同时也反映了一千多年来居住在玉龙山下的纳西族政治、经济、文化、军事等方面的状况，为后人了解研究丽江的形成与发展提供了历史轨迹，也是展示丽江三大遗产精华集萃中的一大亮点。要延续纳西族文化的文明记忆，牢牢地守住纳西文化精神家园，让历史走进各民族中，弘扬传承本土文化。坚信民族宗教工作在地方党委政府的坚强领导下，做到维护民族团结不动摇，改善民生不懈怠，着力推进民族地区科学发展和谐发展，不断开创民族进步新局面，为把古城区、玉龙县建设成为民族团结示范区县作出新贡献。

祈愿三多与我们同在！

（2017年2月20日于怡璟苑）

纳西族三多祭俗的演变

和华璋　庞灿芝

前　言

云南省玉龙纳西族自治县和丽江市古城区是纳西族的主要聚居区。这一区域位于云南省西北部，东经 99° 23′—100° 32′，北纬 24° 41′—26° 42′；南接大理州鹤庆、剑川两县，西与怒江州兰坪县、迪庆州香格里拉和四川木里县毗邻；总面积 7648 平方公里，总人口 36.7 万，其中纳西族人口有 30.8 万。1961 年 4 月成立丽江纳西族自治县。2003 年 4 月丽江撤地设市，丽江纳西族自治县分设为丽江市古城区和玉龙纳西族自治县。

丽江因有绮丽的雪山，拥有世界文化遗产丽江古城，世界自然遗产"三江并流"及世界记忆遗产东巴古籍等三顶桂冠，而举世闻名。生活在这里的纳西人民与其他世居少数民族一道，创造和保留了许多珍贵的民族文化传统，为世界民族文化之林添加了异彩。

纳西族有许多民俗节日，而最能代表纳西民族特征的有两个节日，一是祭天节，另一个就是三多节。

一、三多的名称

“阿普三多”，是纳西语的称呼。

“阿普三多”，纳西语意为“三多爷爷”或“三多老祖”;“阿普”是纳西族人对老人尊称，和汉语中“爷爷”二字意思相近。“三多”是他的名字。

传说，木土司家的一个牧人放羊时在雪山脚下见到一块特殊的石头，遍地积雪的时候，唯有这一块石头干燥无雪。他觉得很奇怪，打算回家顺路把这块怪石背回来。不料走到村旁，牧人突然觉得石头有几千斤重，只好放下来留在那里。到家后，把经过详细讲给主人，于是木氏把怪石当作神石就地建庙奉祀，神石被称为“阿普三多”。

有传说：三多是忽必烈革囊渡江时，一个军官在丽江亡故了，按蒙古的规矩，军官死亡在哪里，就封在哪里，所以在丽建庙祀奉。先前，庙门旁塑有多匹泥马，三多塑像的服装、袍子、帽子像蒙古装束。但这位军官，没有木家的光禄大夫（元封赠木家祖先的官职）高，所以祭祀时，木土司不作叩头礼，只坐在椅子上作陪，让随从祭奠。

又有传说：先前，三多神像两边塑有两神像，黑黑苍苍令人见而惊怖。据老辈人说，他们一个叫“阿冲朋”，一个叫“阿经停”。相传一天阿冲朋在阿经停家的园子里放牛，牛吃了菜，阿经停发怒了，顺手拔起一棵棕树，想打死阿冲朋。阿冲朋慌忙无计，马上抱起牛跳过大水沟逃跑了。三多神座下还有神像，人们称之为“阿波高丁”。

二、丽江北岳神三多的相关传说

传说西藏桑鸢寺北百十里余有座青拱山，山有一小岩洞，就洞建有寺。寺中供莲花祖师，即摩伽陀。寺旁有一小院，供三个护法神，据说是三弟兄。老大叫顶卡补，老二叫巴定敦五，老三叫三赕那古（即丽江北岳神）。三兄弟都有护法经，系吐蕃字。

起先，祖师建桑鸢寺，三兄弟领众魔来拆。刚建起又拆掉，如此反复了几次。祖师劝他们改恶从善，但老大任性不服。祖师大怒，用法力来治他，祖师用铜盆盖住他。老二见状立即皈依了祖师。老三见状竟然逃脱而去。祖师随后追来，追至丽江雪山下，赶上了他。祖师想用法力来制服他，老三立即表示了忏悔。于是祖师说你有做此地土主之缘分，叫他务必要护国卫民，再三叮嘱后才回到桑鸢寺。此时祖师揭开铜盆一看，老大已经变为一只大蝎子。祖师遂念咒使他恢复了本形，于是他皈依了祖师。祖师令三兄弟为桑鸢寺之护法神，后人建寺来祭祀他们。

又相传有三个神行者，一同从西域向南经过缅甸，又向北转回到丽江。两兄逆金沙江回归西域，而老三到了丽江白沙雪山下，就不愿再走，成了当地的保护神。相传后来老大去穷成了桑鸢寺的护法神。老二能穷成了敦抨寺的护法神。老三成为北岳神，丽江俗称为“崩石三多”。崩石为地名，即今白沙，三多为神名。

在民间则流传着一个与“北岳”有关的白石崇拜的传说。古时候有一个勇敢的纳西猎人，名叫阿波高丁，他力大无比。一次他在玉龙山上打猎，追赶一只白獐，白獐跑到一块白石后面就消失了。阿波高丁甚为奇怪，就背着这块白石往家走，当走到今北岳庙时，怎么也背不动了。人们认为这是玉龙山神之圣灵，于是就在此设像建祠供奉，取神名为“三多”，纳西话尊称为“阿普三多”，意为“三多老祖”，即丽江坝保护神。据说从此以后，人们常看见一个骑自马、穿白甲、执白矛的神将出没显灵，保护着纳西族人民的生命安全。久而久之，三多成了玉龙雪山的化身和神灵，成了纳西族的民族英雄和保护神。

到了明代以后，民间传说又融入新的内容。三多成为木氏土司的一员战将，土司历次出征获胜，也认为是三多神在暗中显圣助战。土司木公还重修北岳庙，并铸大鼎大钟于庙内，亲撰《重修北岳庙记》碑文。清代“改土归流”以后，黑龙潭及一些纳西族聚居地也修建庙宇，供奉三多神像，甚至纳西旅藏同胞在拉萨也建起三多庙。据东巴经记载，三多于羊年羊月羊日出世，因此每年农历二月初八和八月的第一个属羊日，各地纳西族都到三多阁用全羊进行隆重祭祀，附近的汉、白、藏等族群众也进香祭拜。特别是二月初八北岳庙会，成了纳西族最隆重的民族传统节日三多节。

民间又有传说，说三多是木氏之家将，名叫李华。相关细节今已不详。

三、三多祭祀的庙宇和地点

过去有这样的说法，只要有纳西族聚居的地方，就建有三多庙。这句话似乎有些夸张，但如丽江境内的鲁甸、宝山、大具、太安等地，乃至西藏拉萨等地，都曾建有三多庙。有的地方没有建庙但有专门祭祀三多的场所，有些山村虽没有专门的祭祀场所但仍保持着这个传统。

1. 南诏大理时期的古建筑北岳庙

“北岳”之称谓来源于唐代宗大历十四年（779）南诏王异牟寻迁都苴咩城（今大理之太和村）并改元，第二年，封禅“五岳四渎”。东岳为乌龙山，南岳为蒙乐山，西岳为高黎贡山，北岳为玉龙山，中岳为点苍山。金沙江、澜沧江、怒江、黑惠江为四渎。北岳庙建于唐德宗兴元年（784），已历经一千余年，是丽江最早的寺庙。全寺三进院落，由山门、花厅、厢房、鼎亭、大殿、后殿组成，占地2329平方米。院内大门上方写着“恩溥三多”四个大字，大殿正中供奉三多神像，当地群众因此又把北岳庙称为“三多阁”，意为“三多神祠”。

南宋末年，忽必烈南征大理路过丽江时，又封玉龙雪山为“大圣北岳定国安邦景帝”，此后祭祀更盛。

北岳庙内大殿右侧至今还有一棵圆柏，系建寺时所种，树龄已逾千年。树高22米，胸径约2米，树身虽已部分枯死腐烂，但主干仍挺拔苍翠，生机盎然。

到了明代，土司木氏鉴于历史经验，进而以此为重，大力重修庙堂，对三多加强神化，“向白袍而助阵，乘火剑以斩妖”。还把白族、藏族、纳西族之语言混编为《北岳经》《北岳卦》。木氏祭祀北岳以对坐而礼。

嘉靖乙未年（1535），土司木公命土民扩建三多庙，宣扬“福我之民，障我之疆，佑我木氏千百世之子孙”。土司木增书正殿额题云“雪亮”。

2. 东部金沙江河谷区的祭祀场所——三多庙

大具三多庙位于玉龙纳西族自治县大具乡培良村委会培当村民小组。大具三多庙位于大具坝东南面，房屋坐西南向东北，背靠玉龙雪山，眺望大具坝。在三多庙空地范围内有白香树数棵，周围50米范围内都是荒地，杂草丛生。大具三多庙所在的培良行政村培当村共有120多户村民，主要有纳西和汉两种民族，三多庙是该村初一、十五、二月八（三多节）烧香祭祀的地方。该村物产丰富，主要种植水稻、玉米等农作物。三多庙前50米是同心希望小学，前100米是丽江至大具乡政府公路，西50米处是一户人家。三多庙为平房，3间，面阔8.8米，进深8.1米，3架梁，抬梁式木结构；青瓦石灰屋顶；横枋设有雀贴，雀贴雕刻精美；厦下2颗柱檐石都有雕刻；整幢房屋未隔整，地面为粗糙水泥地面，为村民后面铺设；墙体用土基和石块垒砌而成；房屋整体坐基高1米，设三级踏跺；盖岩石为长打大理石板。殿内原供奉三多像。

吾木三多庙始建于清末民初，为丽江纳西族地区重要的三多庙之一。历史上曾多次维修，后辟为学堂。大殿坐北朝南，面阔11.2米，进深8米。这座庙现今保存较完好，过厅廊、梁、柱雕花保存较多，石柱础完好，现辟为学校学生食堂。殿前存有1916年2月所立的“永远遵守”碑一通。西厢房保存基本完好，现辟为教师宿舍。大殿往东约一百米处存有石狮一尊。所处的吾木村委会位于宝山乡东部，距乡政府15公里，距丽江古城115公里，与宁蒗县隔江相望，与鸣音乡相邻。吾木三多庙位于吾木村委会吾木村内，周围为民居，庙南峡谷底部为果乐河。

3. 丽江其他地方祭祀三多的部分山神庙

在太安，人们农历二月初八到本地村庙中祭拜山神。当地人把村庙称为三多庙，与其他地方相较，更简陋，跟山神庙差不多，现在这种类型的村庙几乎踪迹无存。

在这类山神庙中，丽江七河较为突出。古城区七河乡各村都有专门的庙宇，新民村举行祭祀仪式的地点是天台山神庙。天台山神庙位于新民上村西北角五百米处的山坡上。据村民讲述，庙内塑有三多神像，庙为一个四合院，大殿坐西向东，两边厢房为平房，东为门楼，门前是一片开阔地，并建有戏台，目前仅存山神庙遗址。三义村祭祀的庙宇称为黑义山神庙，庙位于梅所自然村背后的山脚下，为一个四合院，大殿坐东向西，内塑黑义山神像、雪山娘娘像，南北为平房，西面是一所二层楼房，大门从房内通过，设重檐，门前为一片开阔地并设戏台。该庙于 1984 年由村民集资重新修建，但因资金以及技术指导等原因，难以恢复当年山神庙的原貌，神像无力重塑。目前，村民仍在此举行“二月八”祭祀仪式。

4. 有相当固定地点的祭祀场地

在玉龙县石头村东南离村大约三四公里的山腰上，有一方圆三百米左右的平台，当地村民称之为“二月八坪”。其上一公里有溶洞，洞旁现有几所小房，供信众祭祀之用。每年农历二月初八，附近村民都聚集到二月八坪，集体祭祀山神。

在玉龙县九河乡龙应村上方山脚坡地上有一处公共祭祀场地，村民称之为祭天坛。每逢节日庆典、生老病死、外出回归、起房建屋、大宗买卖，村民都来祭拜。

在玉龙县龙蟠宏文村和上元村的调查中，笔者了解到，这里的村民过“二月八”，有相对的固定场所，即村中有水源的荒野地。

5. 无固定场所的祭祀

玉龙县黎明、巨甸、塔城等乡村过三多节没有固定场所。

四、三多祭俗

丽江纳西人对三多神信仰十分虔诚，比对其他的神敬畏得多，故过去纸火铺都印有北岳神纸的记印。以前，只要有丽江人在的地方，就有北岳庙的说法。

每年农历二月属羊的那天，即二月八日，就是庙会期。每逢庙会期，人山人海，男男女女互对民歌，近庙村寨都住满了人。以前，丽江的各村各寨都筹集资金，做庙会开支，香客们有很多的酒肉捐赠。

北岳庙一般无庙主和僧道。唯有一种专为人卜卦的人，称之为“祷玉”。问卜时，问明问卜人的生辰八字后，掷贝于碗，以似唱似咒的声调，说出一大串吉凶祸福的话来，据说很灵验。

在建有三多庙的乡村，每年的二月初八，村民以最近的三多庙为聚集地进行拜祭和娱神祈福活动。祭祀过程中，一般请东巴来主持仪式。

鸣音大具宝山片区的村民以三多庙为中心集中地进行集体祭祀。听老人介绍，鸣音三多庙曾是六区片最大的庙宇。以前，六区片的人们进出丽江途经鸣音，都有向鸣音三多庙祈福报安的规矩，上一炷香，洒祭一杯酒、茶。

大具培丹的三多庙祭祀较为特殊。在“二月八”祭祀三多的同时，还要去周边的五谷财神庙、金银财神庙等村庙祭祀。在祭祀三多的仪式中有一重要的场景，就是“高卜”，即祭胜利神（英雄神）。此类祭祀以峨眉之自然村最有代表性，据说，该村和姓始祖为“千长毛”，是明初到丽江军屯的最高军事长官；“千长”是千夫长，相当于团长，“毛”为纳西语，意为“高祖”。当时的“峨眉亨”（稷神、粮食神、丰收神）就在峨眉之村，“峨眉亨”化一只金鸡飞到永胜三川坝之后，丽江军屯的主力就移到了永胜，即澜沧卫。“峨眉亨”化金鸡起飞，纳西语就叫作“峨眉等”，为该村原名，不知什么时候汉译名改称为“峨眉之”。在祭祀三多时，当地和姓子民把祭“千长毛”作为一项重要内容。

整个祭祀过程由大东巴主持。祭祀用品为五谷（稻谷、大麦、小麦、蚕豆、黄豆）、酥油饼（或乳扇、奶酪）、干粉皮、苦荞籽、爆糯米花、煎鱼、猪头（含尾，以前用四只脚白的黑猪，称为牺牲猪）、公鸡。与平常节日祭祀一样，烧香、祭酒、祭茶、祭果品必不可少。

祭祀时，先用艾草熏各种物品祭品，以示除秽。然后念经祈福，之后做供养祭品等法事。整个过程在庄严而神秘的气氛中有条不紊地进行着。法事结束后，在三多庙周围的空地上，村民们举行各种文体活动，以达到自娱及娱神的目的。

在山神庙祭祀三多的活动有自己的特色。在古城区七河乡新民村和三义村，对三多的崇拜和敬仰则更多地表现为祭祀山神为主的自然崇拜。两村进行祭祀的庙宇不直接称为三多庙，新民和三义祭祀的庙宇分别称之为天台山神庙和黑义山神庙，但从两村庙宇的形成和在庙宇内举行的传统祭祀活动以及祭祀时间来看，两庙都是将三多山神化。两村的庙宇都是由村内的纳西族居民投资投劳修建，同时也由他们组织对庙宇的祭拜活动，并将祭祀传统习俗传承下来。天台山神庙内塑有三多神像，与丽江三多主祭场所北岳庙一样，每年的正月初一村民以家庭为单位到庙内进行祭拜，二月初八举行以村为单位的祭祀仪式。在新民，二月八日又称为“见丹节”，“见丹”为白族语，也是传统祭祀三多的习俗。这一天全村的居民都会与自己的同龄人结伴野炊，以表达心中的敬仰和崇拜之情，地点一般都是邱塘关下的西关龙潭、西哨的鹤庆龙潭，有时也会到天台山神庙所处山脚下的出水口。对三多的集体祭祀则是在农历的二月十三日。祭祀仪式分为家祭和村祭，家祭的时间一般是每年的正月初一早上，每到这一天，村民都要准备香、纸钱、酒、茶前往庙宇祭拜。有时村民家中有人或家畜生病，为了避灾避难也会到庙内进行祭拜，这样的祭拜时间不定。两村以村为单位进行集体祭祀时间各不相同，新民村民每年农历二月十三日为祭祀时间，这一天村民都会到天台山庙祭拜，祭祀从早上一直持续到晚上，二月八日老人和小孩以野炊表示祭拜；三义村的集体祭祀时间是每年的二月八日为正祭。两村这一时间上的差别，是因当时整个七河坝区对祭祀仪式进行了统筹安排。当时七河乡内共有三个祭祀三多的庙宇，时间前后相差几天，其中共和鲁瓦山神庙祭祀时间是二月初六，三义黑义山神庙祭祀时间是二月八日，新民村天台山神庙祭祀时间是二月十三日。

在其他临城较远的乡村，祭祀三多的习俗，又叫“见丹节”，一般是牧羊人和小孩子们野炊的特殊节日。

在对龙蟠乡宏文村和上元村的调查中，笔者了解到，这里的村民过“二月八”有相对稳定的场所，即村中有水源的荒野地。内容为每年这一天，村中放牧人员和小孩，每人带上一节腊香肠腊里脊、若干鸡蛋、一碗米去野炊，俗称过“见丹节”。村民们一直认为，阿普三多是牧神，见丹是牧人和小孩的事，过去农村小孩往往较早就承担家中牧羊牧牛牧猪等家务活。人们认为过见丹节可以使村中家中六畜兴旺。过见丹节，村中没有兴师动众。

巨甸镇德良村，每年二月八，村民都会去野炊，没有固定地点和场所。较为特别的是，村民一般要点自制香。其做法是：用松树朽木粉加上一寸左右扁柏木条为原料，点燃即可。过“二月八”，村民称为“见丹”，或称“放猪娃节”。

塔城乡塔扎村，过“二月八”，也叫“见丹”，是放牧人的节日，小孩和牧人在外野炊。

有一个特殊问题是，在白族聚居的丽江乡村，过“二月八”较为隆重。每年农历二月初八，村民都集体祭祀山神。祭祀时，上一年二月八至本年二月八之间生有男孩的家庭要供献猪头一副，生有女孩的家庭要供献鸡一只，其他家要出肉一块，米面菜蔬各家自带。

在场地中央立四根两丈高木柱，上架一梁，梁上挂两条粗绳，两绳间距四尺，两绳间用木棒砍刀相间做成绳梯，刀口向上。祭祀时，一女巫赤足登梯，手握木棒，脚蹬刀刃，口中念祭辞，若念错，梯下有人摇动绳梯，女巫脚底就会受伤。女巫上下刀梯是最震撼人心的事情。法事完毕，有婴儿的家庭向女巫请求给予赐名，这也是重要的活动。“上刀山下火海”仪式完毕，村民三五成群进行野餐。

另外，有的地方在农历六月羊日举行“洗绵羊脚”祭礼。节日期间，要请东巴做法事。其间，最隆重的是斗牛。这种活动从五月耕种完毕之后就开始，要给将参与斗牛的耕牛加强营养，隔几天给一次板油，有的甚至杀鸡喂牛。经过激烈的角逐，斗胜的牛还会披红挂彩，听说自己也会长膘。斗败的牛情绪低落，同样的道理会掉膘。

九河、石头、太安各村落以村寨为单位，由村中长老和头人组织开展各项活动。

九河、石头、太安各村落过二月八节，有一个共同的特点，即都有集会祭祀场地，一年两祭，春祭为二月羊日，夏祭为六月羊日。祭祀场地三地称谓不同，九河有寺观和祭天坛，石头有村庙和二月八坪，太安有三多庙，但实际差别不大。且祭祀活动以村社为单位，是集体行为。在祭祀活动中，都有集会赶会和大型文体活动，对邻近村寨有影响力。

与“二月八”相似的九河羊日节，在农历五月栽秧后秧苗返青时，选一个六月羊日，一般为六月十八至二十八日之间举行。以前以村寨为单位轮序过节，如六月十八日南高寨易芝古开始，二十日是南龙应和中龙应村，二十一日为北龙应、史家坡村，二十六日九河街、回龙村，二十八日为清江村、西石坪。节日期间，村寨要请纳西东巴做法事，家家宴请三亲六眷与好友，后人也称之为会亲节。

羊日当天，纳西东巴在高寨天王庙前场地做法事跳神。同时还进行“上刀山下火海”活动，在场地中央竖立两根两丈多长木杆，隔三尺凿眼，穿一根四尺长横木，横木上拴上一把锋利的砍刀，刀刃朝上。“上刀山”的表演巫师胸前背大红公鸡，嘴衔烧红的铁犁，赤脚反背登梯上刀山，下梯后，赤脚走过放满烧红炭火的火坑，上下敏捷，刀火无伤。

节日期间，早餐是用鲜茄煮汤的新鲜面条。午餐用米糕、花卷馒头肉包子、鸡豆凉粉。晚餐则尽力做到丰盛。

庙会期间，九河白族一般将傩戏作为演出内容。演出时，由当地佛教密宗规范师，即俗称祭师者来主持。表演时人们身穿古戏服，戴木制面具，操剑（或提灯，或执杖）击鼓，边歌边舞，跳跃腾挪，人数少时三人，多时百年人，可用唢呐、笛子、锣钹等乐器伴奏。乐舞结构有歌有舞。歌者一般为每句八拍，十六拍成一段。舞者以变音怪腔对白，舞末最后四拍时鼓声大作并高呼，散纸花。表演者所戴面具皆画有夸张变形荒诞不经之脸谱，民间俗称“鬼面舞”。

九河白族在节日期间，主要内容是民族舞蹈霸王鞭，曲艺有“大本曲”与“本子曲”两种，乐器有三弦、芦管、唢呐。

节日期间，白族民众穿着服饰较为讲究。九河石头白族服饰大体一致。其服饰制作理口镶嵌的花边有十余处，头饰是刺绣艺术的集中点，镶边、画线、制作等工序有多种，饰有山、林、水、火、日、月、符、咒等纹饰，整个造型呈倒圆罐形，由十二层至二十一层七彩头巾折叠而成，十二层象征十二个月，七彩象征四季的色彩变化。

五、三多祭俗的演变

从上述祭祀场所的类型和祭祀的形式，我们不难看出，二月八祭祀和三多祭祀有一个微妙的演变过程。

以祭祀场所来论，边远山村没有固定的祭祀场所，村落较集中的地方有相对固定的祭祀场所，坝区和政治经济中心区域，有庙宇，甚至有专门的三多庙。

以祭祀的形式上看，有自由的野炊，有小群体的野祭，有有组织的群体祭祀，以及庙会节庆活动。

以祭祀的对象和内容上看，有祭祀农业神（稷神、丰收神）的，有祭祀土地神山神（社神）的，有祭祀畜牧神的，有祭祀地方保护神的，有祭祀战神的，如此等等。

从中我们可以看到，从崇羊祭祀和“二月八”民俗活动，到庙会活动，乃至节庆活动，是一种民俗的融合过程，是一种演变。这种融合和演变，把历史上纳西族先民对自然崇拜、祖先崇拜、英雄崇拜等多种祭典集中到祭祀三多上。在漫长的历史长河中，纳西先民把对英雄、自然、祖先的崇拜集于三多一身，并赋予他无穷的神威，并把他与变幻无穷的玉龙雪山紧密联系在一起，成为纳西族千百年来“祈而无所不灵，祷而无所不验”的保护神。

在纳西族的东巴经典中就有《阿普三多颂》的祭典，集中体现了纳西族先民在狩猎、游牧、农耕等历史长河中形成的民族民俗文化，如以祭祀山神为代表的自然崇拜，以祭祀本土保护神为主的祖先崇拜，以祭祀战神为主的英雄崇拜等多元文化特征。

在民俗活动中，各地的“二月八”习俗和祭祀三多习俗零零散散地反映了历史的痕迹，到了东巴经典和祭祀北岳，才不断演进而集中到一起。因此，我们研究三多祭俗时，不能一味只盯住三多，而要关注整体习俗的演变。要研究流，也要研究源。

纳西族三多神信仰的演变及其分布特征

杨林军

三多神是纳西族顶礼膜拜的保护神，每年农历二月八日是主祭的时间。1986 年，丽江纳西族自治县八届人大常委会通过把每年农历二月八日定为纳西族传统节日三多节。三多神信仰具有明显的地域性特征。唐代以来，三多神信仰经历了从祭祀玉龙雪山为主的自然崇拜到人物形象塑造的人文信仰过程，从纳西族保护神、胜利神到区域内保护神、土主神的嬗变过程。

一、纳西族三多神信仰的演变

三多神信仰是纳西族有别于其他民族的民俗表征之一。三多是玉龙雪山的化身和神灵，是纳西族的保护神，供奉于北岳庙内。北岳庙位于玉龙雪山南麓的白沙乡玉湖村，大殿正中供奉三多神像，左右两边各有两尊藏族和白族妇女形象的塑像。

北岳庙始建于唐大历十四年（779），是丽江有史料记载的建造最早的庙宇。“岳自大唐代宗大历十四年，异牟寻迁阳睑苴咩城，改元上元。明季始封玉龙为北岳也。”[①] 南诏异牟寻即位后的

① 杨林军:《丽江历代碑刻辑录与研究》，云南民族出版社 2011 年版，第 18 页。

第二年，封玉龙山为北岳，始建有北岳庙。庙内立一尊白石，是纳西先民白石崇拜的体现。关于此白石的由来，乾隆《丽江府志略》载：

麦琮常游猎雪山中，见一獐色如雪，以为奇，逐之变为白石，重不可举。献猎人所携石祝之又举，其轻如纸，负至今庙处少憩，遂重不可移，因设像立祀之。元世祖忽必烈征大理，由丽江路敕封雪石北岳安邦景帝。时土府木氏与吐蕃战，神屡现白袍将，跨白马助阵。万历间，重拓殿宇，铸大鼎、大钟，以纪其事，至今每岁二月八日，土人祭赛祈祷，多验。[①]

光绪《丽江府志稿》又载：

北岳庙，一名玉龙祠，旧志：在府北三十里雪山麓。唐时建，相传昔有人于山中得异石，负而归，至此少憩，重不可举。乡人神之，为立异石祠。及南诏封为北岳，即以此石为岳神。元世祖征大理时经此，敕封为大圣北岳定国安邦景帝。至今二、八月城乡祀之。[②]

1253年，忽必烈南征大理，赐封玉龙雪山为“大圣北岳定国安邦景帝”。早期纳西族白石崇拜的记载，由此可见。

---

① ［清］管学宣等：乾隆《丽江府志略·艺文志》，丽江纳西族自治县县志编纂委员会印，1991年，第336—337页。

② ［清］陈宗海等：光绪《丽江府志稿·祠祀志》，丽江纳西族自治县县志编纂委员会印，2005年，第181页。

明代以来，北岳庙内供奉的白石演变成了人物塑像，体现了民族民间信仰的变迁。明嘉靖年间，北岳庙遭火灾，嘉靖十四（乙未）年（1535），土司木公重修北岳庙，并撰有《重修北岳庙记》碑文：

夫北岳即玉龙也，玉龙即雪山也。巍巍乎雪山乃一滇之所望也。然而岳山之灵者神也，神即岳山之气也。气爽则神灵，神灵则人杰也。况我木氏，世守丽江，此非岳之钟而神之毓者乎？于呼！岳山之崇，雪贯四时，而玉立万仞，此非一滇之所望者乎？岳自大唐代宗大历十四年，异牟寻迁阳睑苴咩城，改元上元。明季始封玉龙为北岳也。

景帝即岳神之檀号也。然所以建庙于岳麓山下，其官长齐民，卑躬肃祀，求而无所不灵，祷而无所不验。是故，庙貌威严，殿庭高邃，林木深稠，见者无不敬畏而崇礼也。今嘉靖乙未年，公感神而殊服，乃命工重修祠宇，焕然一新，此公之一诚之所致也。恭惟乃圣乃神，福我之民，障我之疆，佑我木氏千百世之子孙，祀神而神饷，如今日之神之饷之人之祀也。

春吉旦　知府木公书[①]

由于北岳庙内的神石具有“求而无所不灵，祷而无所不验”的奇效，再加上明代木氏土司“与吐蕃战，神屡现白袍将，跨白马助阵”，所以白石崇拜开始转向人物形象的崇拜。木公在《重修北岳庙记》中说：“福我之民，障我之疆，佑我木氏千百世之子孙”，

① 杨林军：《丽江历代碑刻辑录与研究》，云南民族出版社 2011 年版，第 18—19 页。

道出了重修北岳庙的目的，是木氏土司的现实需要。因此，明代以来，三多神的信仰从自然崇拜转向人文崇拜。

什么时候把自然崇拜转向人文崇拜呢？历代木氏土司效忠于中央王朝，到土司木泰时，仿效中原陆续修造道观佛寺，丽江府进入了鬼神崇拜兼容道释儒多元宗教的文化兴盛时期。土司木公时仿效汉俗修造木氏勋祠。勋祠即木氏家庙，庙内供奉着历代木氏祖先的牌位，每日早晚举祀。木公还重修了北岳庙，把北岳庙内供奉的白石具物撤走，取而代之的是效仿中原道观佛寺，塑成人物神像。在北岳庙大殿内，左侧塑有阿波高丁，据说他是从雪山上背回白石的神；右侧塑有茨巴纳汤，据说他是能抱起一头水牛的大力神。木公仿效道教撰修《白岳庙卜卦碑》，立于北岳庙内。这时北岳庙的主祭执仪人，已由东巴祭司改成道教的道士。立碑时为嘉靖十四年（1535）岁次，时木公任土知府职，北岳神就有了土主神和守护神的文化内涵。

北岳神像的人物化与明代木氏土司开疆拓土有直接关系。明代木氏土司向藏域扩土，主要靠“勇战而不畏死”的纳西士兵。对外战争需要有一套理论来引导战士们的“正义”举动，又要与广大士兵的利益密切相连。在东巴经《崇般图》中记载：崇仁利恩娶回天女后生育有三子，长子成了藏族的先祖，成了拥有天的民族；老三是白族祖先，地是由白族开辟的；老二纳西族没有继承天地的权利，为了生存只好去开新天、辟新地。这成为木氏土司对藏区拓展的理由，也是其激励和鼓舞纳西士兵向藏域扩土的战争理论依据。其次，木氏土司在向藏域扩土战争中，大肆宣扬和鼓吹，每次开战天际云间屡现一位白胡子、着白盔白甲、跨白马的神来助阵。只要有他的庇护，每战必胜。这位白须老人就是北岳庙的三多神。木氏因此不断扩土开疆，控制了从昌都以东、康定以西的大片藏域。万历年间土司木增再次扩建北岳庙，“重拓庙宇，铸大鼎、大钟，以纪其事，至今每年二月八日，土人祭祀祈祷多验”。书法家董其昌写“玉龙宫”的题匾和“一片垂慈花马国，千秋永镇玉龙山”的对联，木增为正殿写了横匾“雪亮”。

清乾隆十三年（1748），丽江府守备和国柱为北岳庙添置灯田，刻碑文《灵应北岳庙置灯田记》。和国柱率领士兵屡次远征中甸、德钦、藏东地区，滇东北之东川、巧家等地，他认为因受三多神保护，故每次都能全胜而归。

壬子秋，制宪高檄率士兵弁，总随镇杨赴新平，夺栅搜山至漫干□拒，贼献俘颇，或冬又遣随哈游击驰应普思，进征九龙江，攻猛烈剿腊从，直捣贼巢，次年秋始凯旋。天以碌碌如国柱西南屡录，微勤实赖国威，且借所属士兵弁之力，雪夜枕戈，瘴江夺栅，危急之际，或言神现白马，或见阴助旗阵，数数灵应，指不胜屈，至腊纵逼贼巢，贼乘夜劫营。自言为长须圆目神，率猛兽绕营，不容进军，中汉土兵□多毙者。群知为北岳显圣，国柱始益信旧闻之不诬。因恩获天兵，救水旱既列祀典，而国柱身屡受庇，区区之私，又何能忘神德乎？[①]

和国柱和士兵们更加相信三多神助战的传说，为了报答三多神数次相救之恩，特购置数亩田地交给庙祝，永供北岳庙所用。

雍正元年（1723），丽江“改土归流”。纳西族青年男女在婚

① 杨林军：《丽江历代碑刻辑录与研究》，云南民族出版社 2011 年版，第 33 页。

前可以自由恋爱，而谈婚论嫁须按“父母之命、媒妁之言”的封建礼教执行，他们为了爱情而纷纷殉情。随后，退守农村和山区的东巴教创生了超度情死男女葬仪的《鲁般鲁饶》和《楚布尤布》两部东巴经典。殉情男女情死前必到北岳庙烧香，祈拜三多神，祈求男女情死后魂归玉龙第三国，祈求三多神收留和保护他们的灵魂。

清道光年间举人王锡桐在回乡探亲之际，丽江乡绅、耆老等乘北岳庙修缮之机，请他为北岳庙撰一副长联。王锡桐欣然撰曰：“主此土，安此邦，是极八百里金江，胥蒙□；降为神，封为帝，凭境化万年雪域，永著灵。”横批：“雪亮”。道光年间的三多神已成为“主此土，安此邦”的守护神，与山神、保护神合二为一。

早期所崇拜的白石称为“北岳”，缘何在明代就改称“三多”了呢？一般认为，藏族对丽江一带称为“三赕”，缘于明代木氏土司对藏区的影响。明万历年间，木氏土司为巩固其在藏域的既得利益，把所扩得的区域合理化，重提“三赕”的藏语地名。据《元史》记载：“通安州，治在丽江之东，雪山之下。昔名三睒[①]，僕繲蛮所居，其后麽些蛮叶古乍夺而有之，世隶大理。宪宗三年（1467），其二十三世孙麦良内附。中统四年（1263），以麦良为察罕章管民官。至元九年（1272），其子麦兀袭父职。十四年，改三睒为通安州。”[②]明后期，藏区称木氏土司为“三赕汗”（木天王）。

① “睒”动词或形容词，与“陕”同音；“赕”音同“啖”。两者字形相似，《元史》作“睒”，其实应为“赕”，“睒”误也。另外，《西藏拉丁字典》认为，《格萨尔王传》中“姜”国的首邑为三赕。

② ［明］宋濂等：《元史·地理志》卷六十一，中华书局1976年版，第1465页。

于是把北岳神改名为“三赕神”，“三赕”也渐变音为“三多”。清举人杨品硕在《丽江北岳神考》一文中认为：

先是祖师（莲花生）建桑鸢寺，三兄弟领众魔折之，旋建旋拆数次。祖师劝以改恶从善。长性大不服，祖师怒，用法治，以铜盆复之。二即降服，三竟逃去。祖师随后追来，至丽江雪山及之。……一说桑鸢寺本藏南三百里许，中有去穷护法神，性最大，番民言是丽江北岳神之大兄也。敦坪寺，在本藏，中有能穷护法神，番民言是丽江北岳神之二兄也。北岳神，丽江俗呼白石三多。白石，地名，华言白沙里也。三多即神名。相传神行三，同俩兄自西域而南过缅国，转北到丽。兄俩旋逆金江归西域，神止于白沙里雪山。神属羊岁，故二、八月属羊日，祀者最多。[①]

木氏土司还把三多神从北岳神的土主神扩及藏域的守护神和胜利神，使三多神成为开天辟地的守护神和胜利神的具象，北岳庙改叫三多阁，殿内又加塑十二尊金刚，祠坛内还加塑三多妻室，门口东侧的厢房内加塑十二匹坐骑和十尊马夫神像。“改土归流”后，丽江府已失去昌都以东、康定以西的藏域土地，三多神从战神转化成丽江的土主神和山神。

二、纳西族三多神信仰的地理分布

三多神并非所有纳西人都信奉的保护神。三多神是唐代迁移到丽江的“拿喜”一支的典型信仰。唐时，纳西族先民信仰玉龙

---

① ［清］杨品硕：《丽江北岳神考》，《丽江文史资料全集》（五），云南民族出版社 2012 年版，第 346 页。

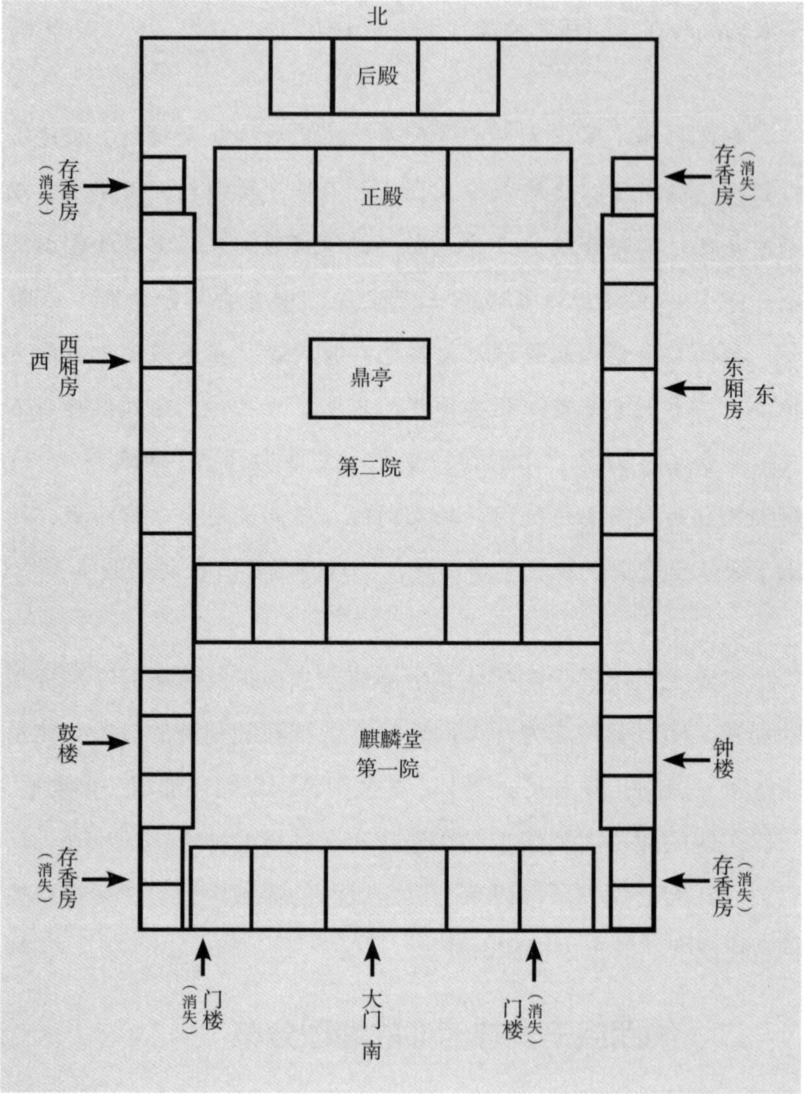

北岳庙示意图（白庚胜：《三多信仰考察》，《丽江师专学报》2010 年第 2 期，第 8 页）

雪山，在今天的白沙修建了北岳庙。明代，木氏土司出于对外战争的需要和汉文化的习染，将白石升格为人物形象，成为战神和保护神。丽江“改土归流”后，三多之名出现，三多神成了丽江纳西族的保护神。北岳庙也渐改称为三多阁。

民国时期，北岳庙的住持称为“祷玉”，原由姓和一家所担任，后来和、杨二姓开亲，由杨姓家族担任庙祝并延至今。三多庙坐北朝南，北依玉龙大雪山，前临象山、狮子山。一进三院，大门正上方悬挂着“玉龙祠”匾额，两边厢房内塑满战神和战马。上台阶，过花厅到第二院。院子中央盖有一个亭子，内置一个铜制大香炉，进香和烧柏树枝要上一个木梯子方能见到炉内。大殿正前方挂“恩溥三多”四个大字题匾。“恩溥”为纳西语，是对长者的尊称，与汉语中的“爷爷”类似。正中塑三多神坐像，两边各塑有藏族和白族形象的女子，都为坐像。亭子和大殿上挂满历代官员和文人撰写的匾额。大殿背后还有一个小院，主屋中间塑有一个妇女形象，据说是三多神的母亲。正殿左侧，有一棵高达十米的柏树，据植物学家测定，为唐代时期种植，按唐大历十四年来算，已有一千二百多年之久，这也是北岳庙建于唐代的见证。

纳西族地区的三多神信仰，从地域分布看，以丽江白沙北岳庙主庙为中心呈四面发散式分布。清代丽江府附近的村镇，如大具、鸣音、太安、大东、七河、南山、石鼓、巨甸、鲁甸、下江、宝山、汝南、奉科等地[1]都建有三多阁，内塑三多保护神。每年农历二月八定期在庙内举行祭祀仪式。今天这些乡镇仍保留有三多阁的遗址。清代以来，丽江纳西人外出经商或求学，都要先到

① 和志武、杨福泉：《中国原始宗教资料丛编·纳西族卷》，上海人民出版社 1993 年版，第 118 页。

三多阁祭拜三多神，祈求保佑，一路平安；考取功名，财源滚滚。据木府博物院院长黄乃镇介绍，民国时期，他爷爷带他父亲到木里运送货物，启程前一天就去三多阁祭拜。当时木里匪患严重，等他们到木里后，货物交割完毕，当夜住在一户熟人家。半夜他爷爷梦见一个花白胡子的老者叫他起床，催他赶路。他爷爷从梦中惊醒，发现房子吱吱作响，便拉着还在梦中的儿子冲出房间。原来发生了地震，顷刻间房屋倒塌，虽然自己的财物皆埋于废墟中，但父子之命得以保全。老人认为，这是三多神显灵了，回来后还专门去三多阁祭拜三多神。类似的传说在丽江还有不少。

三多神的信仰不仅囿于丽江一带。散居在永宁江边、皮匠村的“拿喜”多为明清时期从丽江迁来，“他们很信‘北岳安邦景帝’土主，于二月八日建未之日（属羊日）全村大小祭北岳土主，每择病痛灾厄，必呼‘阿普三多’的圣号，当地人呼北岳安邦景帝为阿普三多。”[①] 嘉庆年间丽江商人李悦等在西藏颇有声望，在藏区形成了一股重要的商业力量[②]。他们在拉萨修建了一座云南会馆，位于今天拉萨市吉日路 1 巷 24 号。值得一提的是，房屋依照丽江纳西人的建筑风格，还在里面供奉着一尊坐西朝东的三多神像。[③] 每年二月八日，凡在拉萨的云南同乡都会聚于此，共同祭祀三多神。20 世纪 40 年代云南同乡会会长马义财主持筹办，[④] 由周尚德出资在阿墩子（德钦升平镇）修建了一座三多神殿，每年二月八举

---

① 周汝诚：《永宁见闻录》，《纳西族社会历史调查》（二），民族出版社 2009 年版，第 160—161 页。

② 周智生：《近代纳西族、白族商人特殊塑神行为》，《云南师范大学学报》2004 年第 2 期，第 67 页。

③ 戈阿干：《在拉萨祭三多的旧俗》，《丽江文史资料全集》（三），云南民族出版社 2012 年版，第 695 页。

④ 宣绍武：《茶马古道亲历记》，云南民族出版社 2001 年版，第 73 页。

行祭祀三多神仪式。[①] 民国时期，丽江纳西族在昆明的商人、学人和其他旅居的，在同乡会组织下，在圆通街丽江会馆举办祭祀三多神活动。[②]

与纳西族杂居的白族、藏族也有信仰三多神的习俗。乾隆三十五年（1770）鹤庆府改为州，隶属于丽江府。流官为加快丽江东坝开发，从鹤庆调派白族到丽江居住，丽江东坝得以开发，并先后发展成“十八个村落”[③]。迁居到丽江东坝的白族修建了祭拜本主神的东山庙，为了与周围纳西族关系融洽，在信仰、语言、习俗等方面进行改革，把三多神与东山老爷说成是两个关系非常要好的朋友（纳西语称“拉给”）。此外，鹤庆府的逢密村建有一座三多庙。

白族祭拜三多神的时间也是农历二月八日，祭拜者要争着去烧头香，他们认为烧到头香最显灵。那天白族村民三更就上路，天亮前就赶到了三多阁。祭祀三多神要带上荤食搭配的食物。诸如：上一年受到三多神的保佑，家庭和谐，六畜顺利，所以每年都要来祭拜，希望得到神的保佑。有的每年都来不了三多庙祭拜，就要说明还愿时间，否则三多神是不会显灵的。许了愿就一定要来还愿，而且一定要说到做到。许愿和还愿内容因人而异，有的是为家人平安而来，有的是为六畜昌盛而来。可见，三多神在丽江已经发展成土主神、地方保护神，不再是纳西族独有的民族保

---

① 李旭：《藏客》，云南大学出版社 2000 年版，第 51 页。

② 和志武、杨福泉：《中国原始宗教资料丛编·纳西族卷》，上海人民出版社 1993 年版，第 119 页。

③ 最早到丽江的白族是居住在东北角靠东山脚下的村落，如赵家登（安乐村）、曾家登、杨家登、寸家登、张家登（新民下）、榨油登、田家登、陈家登等村落，带有“登”村名的是第一批到丽江东坝的白族村落。随后进来的就带有“院”或“家”，如新团八队称洪家院，十北队称杨家院，十南队称赵家院。这就构成了白族到丽江东坝时的“十八大村”。

护神。这是三多神信仰范围和内容上的拓展。

其他地区的纳西族则不信仰三多神。今天四川盐源县达住村的纳西人，保留了每年二月八举行“亨颂”活动，“亨”是牲畜神，“颂”即祭拜。这一天村里放牧的人邀约起来到山顶祭祀牲畜神，祈求牲畜神保佑，牲口兴旺。俄亚大村的纳西族也没有祭祀三多神活动，他们保留了纳西族传统白石崇拜的习俗。在俄亚三江口有一座酷似驮一个大鼓的白马，称白马石（纳西族语“拉萨路米”）。据传，西藏白登木女神骑着这匹白马从拉萨赶往云南鸡足山祭拜，必须在天亮前赶到鸡足山。可是到三江口天已亮，白登木女神嫌它行动迟缓，便令它变成一块白马石，落至三江口。每年二月初，中甸、丽江、宁蒗、俄亚、稻城等地纳西人都赶来祭拜白石，[①]祈求五谷丰登，生意兴隆，儿孙满堂。这尊白石同三多神一样都具有区域保护神的特点。

在香格里拉的三坝乡，农历二月八日祭白水台之神。光绪《新修中甸志书稿本》记载：“仲春朔八，土人以俗祀为祭，赀币承牲，不禁百里而来；进酒献茶，不约千人而聚。此一奇也，亦胜景也。”[②]在“二月八”集会中，由各祭祀群的东巴在本群祭祀处诵经。祭祀时把画有人的五官和龙象的“卡”（意为“王”）插上，诵毕，把“卡”插到龙潭边，舀一壶水和折几根树枝带回家。树枝就插在住房及畜厩上，以示辟邪。[③]此习俗在澜沧江边的盐井、白松乡、维

① 刘龙初：《四川木里藏族自治县俄亚乡纳西族调查报告》，《四川省纳西族社会历史调查》，四川省社会科学院出版社 1987 年版，第 119—120 页。

② 吴自修修，张翼夔纂，和泰华、段志诚标点校注：《中甸县志资料汇编》（二），中甸县志编纂委员会，1990 年，第 31 页。

③ 和钟华：《中甸县三坝区白地乡纳西族阮可人生活习俗和民间文学情况调查》，《纳西族社会历史调查》（三），民族出版社 2009 年版，第 5 页。

西叶枝等纳西族中还有保留。

在四川盐源县、木里县的“纳日”中没有发现祭祀三多神的习俗，但保留了传统的祭祀牲畜神的古风。

可见，纳西族祭祀三多神的地理分布有着这样一条线索：明代以来丽江为中心的纳西族形成了祭拜三多神的习俗，从丽江迁居到盐井、俄亚以及永宁、盐源的纳西族支系，都信仰保护神和战神——三多。在丽江山区、中甸三坝等地则保留了传统祭祀牲畜神的仪式，中甸三坝还形成了独特的二月八节。

三、纳西族三多神信仰的特征

1. 纳西族三多神信仰是以丽江为中心的信仰

三多神的信仰限于以丽江为中心的纳西族、白族。从三多神信仰的分布可知，清代后期至民国时期，三多神信仰随纳西族商人，沿着茶马古道传播到拉萨，也传播到了滇中昆明，但局限于纳西族活动区域。丽江府直辖的乡镇都建有三多阁，是为了祭拜土主神、保护神而创建。明代以来，丽江纳西族形成了祭祀三多神的习俗。每年元旦的凌晨，各家都举祀三多神，纳西语叫“吉争负斗顺”，念祷“阿普三赕勒窝禄”，意为“祈求三多神，保佑赐福”。穿白衣、白裤，戴白套头，骑白马就是三多神的形象，他经常巡视丽江的东坝。金山民间老人会告诉小孩说，天黑就不要到处走动了，不然会影响三多神巡视的。洪建忠的老岳父也曾说过，遇到这样骑白马的三多神，要赶紧跪下叩头，不要张望三多的面容。传说只要三多神巡视的地方，当年一定会风调雨顺、五谷丰登。

2. 三多神信仰主题随时代而演变

从内容上看，三多神信仰是明代以来纳西族地区不断强化三多人物形象的结果。唐代纳西族崇拜白石，到明代木公时期，转而祭拜人物。这是木氏土司对藏区军事行动的需要，吐蕃也对木氏畏敬而称“三赕汗”。明代纳西族从白石自然崇拜转向三多人文崇拜，是木氏土司在纳西族地区的一次“有意为之”。木氏土司认为，三多神是木氏家将，每逢二月八日祭祀三多神时，木氏土司坐在一边陪祀。举祭时供一只羊、一只猪、一只公鸡做供品。仪式由道教的道师主持，首先要给三多神和供品除秽，三多神像前面每村点燃三炷碗口粗大香，门外烧着天香，群呼“阿普三多窝陆佑”（意为“三多神保佑”）。

在纳西族中有一个共识，就是有人在外面做官，是受了三多神的保佑，所以每次回来先到北岳庙敬香磕头，挂以匾额。有的纳西人在外地做生意发了财，腰缠巨资，荣归故里，也被认为是受到了三多神的荫庇，每年都要到北岳庙三多神面前敬香磕头。清代后期随着商业的发展，纳西人对三多神更加笃信，并视为胜利神和财神。这样一来，三多神信仰的内涵就得到日益丰富。

清代以来，丽江纳西族在每年二月八日都举行祭祀三多神的活动，各村村民全体出动，前往三多阁祭祀三多神。每年春节的第一天，各家都要在院落里祭祀三多神，称为“富都术”。使用专门的三多神像甲马纸（此纸在民国时期由大研镇火铺制作和出售，有木刻北岳、三多神甲马纸。祭祀时，把甲马纸贴在竹竿或香烛上），磕头祈愿，求子嗣、求牲畜兴旺，等等。

到了民国初年，传统的城乡祭祀三多神活动受到影响。因为四乡和大研里祭祀三多神时，大家都在争烧头香，经常发生争执。祭祀完毕，四乡的香客团旋歌舞唱“阿麦达”，有的唱“谷气”来对歌，这些土风民俗歌舞与他俗不相融合，斗殴滋事时有发生。

大研里在黑龙潭龙神祠的南侧建造了北岳殿，作为大研里祭祀三多神的场所，就避免了这些社会矛盾。李绍源在洞经音乐经卷中，增创了《北岳宝诰》经文（1922年丽江洞经会信士木檀手抄，丽江市博物院藏），并创以曲牌在举祭时候演奏。从此，大研里祭祀三多神时，有了洞经音乐演奏仪礼。

清后期以来，由于祭祀三多神的主题不断随俗流变，东巴的地位得到提高。东巴主持较大规模的祭祀仪式后，都要举行一场"富都术"仪式，以一只公鸡和一块腊肉作为祭品，主祭三多神、城隍、山神等。因为每一场大型祭祀活动，东巴都要动用各种神灵，生怕对这些神灵招待不周而带来麻烦，便请求三多神来保护，起到慰藉心理的作用。祭祀后，还要掷贝卜以测吉凶。年轻人为了反抗不合理的婚姻，双方密约到三多阁祭拜三多神，然后在玉龙山上殉情。这些悲剧在纳西族传统大调《游悲》（殉情之歌）中作了详尽的描述。

3. 三多神信仰中的藏、白文化是民族融合的体现

明代以来，三多神的祭祀由道教人士、东巴等来主持，后来固定由庙祝来主持。现存东巴经书中就有《存香经》《祭三多经》，是纳西族祭祀三多神的专篇祭文。据白庚胜研究，《存香经》34句经文中前18句是白族语，《祭三多经》42句中前37句是白族语[①]，最后几句才是纳西语。三多神塑像旁有两尊女性的塑像，左侧是藏族妇女，右侧是白族妇女，是三多的两位妻子。这样说来，三多是白族和藏族的女婿。但是为什么在东巴经典中有白族语呢？难道是祭祀三多的白族妻子？还是表达其他含义？这有待

① 白庚胜：《三多信仰考察》，《丽江师专学报》2010年第2期，第15页。

进一步深入研究。三多神信仰是纳西族人民在长期的社会生活中，不断与周边民族融合和交流而形成的，是纳西族所处的社会阶段和自然环境所决定的。从自然崇拜到人物崇拜的转化过程，使一个自然神和纳西族社会神有机结合，最终定格于民族的保护神。总之，三多神是一个土生土长的民族神，是一个扎根于纳西族土壤的民族保护神。

（作者系丽江师范高等专科学校教授，民族文化研究中心副主任；
本文原发表于《普洱学院学报》2016 年第 1 期）

浅谈三多精神文化内涵*

年建生

题记：国家的统一，人民的团结，国内各民族的团结，这是我们胜利的基本保证。

——毛泽东

中国的历史，是讲统一、讲团结、讲和谐的历史，是各民族认同中华大一统的过程。“恩格斯认为，世界不是一成不变的事物的集合体，而是过程的集合体。他告诉我们，考察事物秉持过程性、历时性的视角。我们要在历史的长时段、全过程、大坐标中全面审视、科学考察‘不忘初心’的历史性生成逻辑。”[①]“由于纳西族拥有血与火铸成的生存发展历程”[②]，纳西民族发展史也是过程的集合体，自觉认同践行国家民族观过程，经历了逐步认识认同，到总结发展认同，到自觉践行认同的历程。纳西族精神象征——

---

* 本文写于2016年2月16日，在撰写过程中，和新贵老师给予提供资料与十分认真严格的审阅，在此深表谢意。

① 周显信、罗馨：《不忘初心的逻辑建构》，《光明日报》2017年2月8日。

② 白庚胜：《序一 嘟玛切里佩措》，杨志坚：《纳西三多神》。

三多神，由单一民族保护神，逐步上升为保护川滇藏交汇地域各兄弟民族的北岳神，这块土地上多元宗教和各民族崇敬的神灵，乃至成为“定国安邦景帝”神，是历史性生成过程。三多神是纳西民族的精神思想的集大成者，是纳西民族的象征，是精神寄托。三多神集中鲜明地展现了纳西民族精神文化内涵——自觉维护中华大一统国家观，是个敬天法祖、好礼守义的民族。三多神形象具体地体现了纳西族维护各兄弟民族之间的“各美其美，美之人美，美美与共，天下大同”团结和谐共同发展的国家民族观。我们弘扬三多精神，就要准确把握中华大一统的国家民族和谐发展战略，传承纳西民族的核心价值体系——在自觉践行维护中华大一统国家观和各民族共荣发展观的前提下，谋求纳西民族的繁荣和发展。

一、纳西族简史

评述三多神，有必要梳理纳西族的发展过程。纳西族发展史也和其他民族的发展史一样，交织着南征北战、四海迁徙的历程。

纳西族源于古时居住在西北河湟地带的古羌人，秦汉时期一部分古羌人逐渐南迁，与居住在巴蜀一带的夷人融合发展。三国蜀汉时期，纳西族被称为“牦牛夷”或“摩沙夷”，居住在今四川盐源、冕宁、昭觉等地；纳西族一部首领蒙醋醋率部进入濮、獹两部所居的石鼓、巨甸一带地方并定居下来。东晋末，纳西族首领泥月乌部落进入永宁坝。唐初，纳西族首领叶古年部进入濮獬部族所居的丽江坝。从此，纳西族便与当地部族融合发展，世世代代在以丽江坝为中心的广大地区繁衍生息。[①]

1. 血与火铸成的生存发展历程

（1）纳西先民与汉、蜀的纷争

白庚胜说："纳西族拥有血与火铸成的生存发展历程。"是的，我们单单列举东汉至隋唐以来，就可触摸到纳西族生存发展之艰危。东汉永平元年（58）"姑复蛮夷"作乱，被斩首镇压。尔后又"郡县赋敛烦数"，爆发了大规模的动乱。元初五年（118），"越嶲夷寇遂久，杀遂久令"。同年，"秋，七月，越嶲蛮及旄牛豪叛，杀长吏"。夷系部族参加动乱人数达十余万人，攻占了二十余县。东汉政府派杨竦平叛，打到洱海一带，"凡杀虏三万余人，获生口千五百人，财物四千余万，降赦夷三十六种，举劾奸贪长吏九十人，黄绶六十人，诸郡皆平"。旄牛道这条从成都到越嶲的必经要道，由于安帝延平二年春（123）"旄牛夷叛，攻灵关杀长吏"，阻断长达百余年。三国时期，蜀汉对"越嶲郡夷"屡有征伐。

（2）铁桥战事

7世纪，吐蕃势力向西南扩张。677年前后，吐蕃在中甸与丽江之间的金沙江上建造了万里长江第一桥——吐蕃铁桥。（此桥的建造有吐蕃建造的潘发生说和隋朝将军史万岁的郭大烈说。）铁桥的建造加快了吐蕃势力向今滇西北地区扩张步伐。[②]唐调露二年（679），吐蕃设置神川都督府。唐天宝十一年（752），吐蕃南下扩张，唐朝中央军和南诏联合抗击吐蕃。吐蕃来势凶猛，从铁桥上冲杀而来，南诏王见状实难抵挡，便下令斩断铁桥，阻止了吐蕃。唐德宗贞元

---

① 玉龙县文产办编：《玉龙回眸·纳西族迁居丽江坝》。

② 潘发生：《论滇西北纳西族和藏族聚居区的民族大碰撞》，木仕华主编：《纳西学研究新视野》，中央民族大学出版社2014年版。

十年（794）南诏攻破铁桥城，设铁桥节度。这场前后绵延百多年的铁桥战事，拉锯般的在磨些江区域杀戮，对纳西族来说是场灭顶之灾的战争，惨烈之状载于《云南志》："贞元十年，南诏蒙异牟寻用军破东西两城，斩断铁桥，大笼官已下投水死者以万计。今西城南诏置兵守御，东城自神川以来，半为散城。"但南诏政权为了惩处战前倾向吐蕃的磨些，对纳西先民进行一场民族大遣送、大流放，将上万户磨些迁徙至滇中，分而治之。

2. 民族交融

惨痛的教训，血与火的洗礼，痛定思痛，纳西先民对自身如何发展进行了理性的定位。"始终把维护国家的统一，促进民族间的和谐，忠心报效国家作为最高的准则。在纳西族和各民族的历史文化中，的确存在着团结和谐、美好善良的文化慧根。"①

（1）政治文化

《史记》《华阳国志》《后汉书》《三国志》十分清晰地记载了纳西先民自觉认同中华民族大一统的史实。杨福泉说："据有关专家考证，汉族形成于两汉时期，在两汉以前，汉族还未成为中华民族的主体之前，中华文化是经过各民族长期的文化交流、融汇以及分流之后，逐渐形成的。汉族文化与中国其他少数民族的文化的交流与融汇，在2000多年的历史长河中从未中断。"②

东汉时期的《白狼王歌》生动形象鲜明地表达了纳西先民的尊君思想，这是其中华大一统民族国家观的雏形。《白狼王歌》吟诵道："大汉是治，与天意合。""涉危历险，不远万里。去俗归德，

① 杨国清：《努力构筑各民族共有精神文化家园》。

② 杨福泉：《反思与整合：构建当代多民族构成的中华民族道德文明》，《云南社会科学》2006年第4期。

心归慈母。”“传告种人，长愿臣仆。”[①]

戈阿干说：“不论是从宗教的角度，还是从一般的文化的角度，认真琢磨一番三多这个形象，对于进一步搞清楚藏族、纳西族和白族的文化关系，是会有好处的。”[②]《格萨尔王传》记载：姜岭大战之前，姜（磨些）国大臣白图、国母姜萨拉姆、公主姜萨贝玛曲钟极力维护与当岭（吐蕃）的友好交往。

（2）宗教交往

山田敕之十分缜密地论述了纳西族与藏传佛教的亲密程度。他说：“几乎时跨整个明代约220余年间，木氏土司与噶玛噶举派转生喇嘛二者之间都存在着交流关系。”“白沙的大宝积宫和束河河村的大觉宫等建筑，从现存情况来看，虽没有木府壮观，但是由于它们有来自藏传佛教的佛、菩萨、神像等的壁画，所以笔者认为，这里也是一个适合招待转生喇嘛并举行佛事的场所。”“根据藏语史料，可以搞清木氏土司在整个明代与噶玛派转生喇嘛之间的交流实态。尤其是为了开版丽江版《甘珠尔》，木氏土司邀请噶玛派转生喇嘛来到丽江，一起举行了版本的善住会。因此，可以看出他们的关系非常亲密。”[③]

（3）联姻交流

为了巩固本民族的地方政权，与各少数民族首领间加强政治文化联系，门当户对的姻亲交往十分频繁。“据史书记载：吐蕃王朝第三十七世国王赤德祖赞（704—755年在位）的王妃之一‘降

---

① 郑卫东：《文明交往视角下纳西族文化的发展》。

② 戈阿干：《滇川藏纳西文化考察》。

③ 山田敕之：《纳西学研究新视野·明代丽江木氏土司与噶玛噶举派转生喇嘛的交流》，木仕华主编：《纳西学研究新视野》，中央民族大学出版社2004年版。

母赤尊’就是纳西女子，生子降普拉乌即纳西后裔。”[①] 唐代樊绰《云南志》记：“磨些蛮在施蛮外，与南诏为婚姻家，又与越析诏姻娅。”众所周知，姚安高氏与丽江木氏在明代的云南，地位相当，可谓是门当户对的联姻之家。“木氏与高氏的婚姻关系，先是就近与鹤庆高氏、永胜高氏开始，然后与姚安高氏结亲。（姚安）高氏在大理国时，曾为国相，权重一时，其子孙分布云南各地，也多有一定权力。”[②]

（4）商贸交流

唐贞元年间，居住于神川都督辖区的纳西先民上万户，约四万人，占此区总人口的四分之一。唐仪凤二年（677）前后，这些人依附于吐蕃。吐蕃与南诏交好时，今玉龙县塔城区域是西南地区经济及文化各方面交往最频繁的集散地。“大羊多从西羌，铁桥接吐蕃界三千二千口将来博易。”千百年横亘于滇西北大山大水间的，绵延至藏青的茶马古道上，说不尽的各民族兄弟姊妹之间的交流、交往、交情，本文就不再赘述。

二、三多祠春秋演义

1. 以石为社神

关于三多的来历，据史料记载：“麦宗[③] 常游猎山中，见一獐色如雪，又为奇，逐之变为白石，重不可举。献猎人所携石祝之，

① 李静生：《序二 嘟玛切里佩措》；杨志坚：《纳西三多神》。

② 余嘉华：《姚安高氏与丽江木氏土司关系初探》。

③ 将石“设像立祠祀之”之事挂在南宋的麦宗上，笔者觉得乾隆《丽江府志略》、光绪《丽江府志稿》两志书记载有误。将石“设像立祠祀之”之史实，发生在唐南诏封玉龙山为北岳，建祠祭祀之事之前，因此不应是麦宗。——本文作者注。

又举，其轻如纸，负至今庙处稍憩，遂重不可移，因设像立祠祀之。”①

民间还流传着这样的传说：相传古时候，有一个叫阿波高丁的纳西族猎人，力大无比，箭无虚发，常年在玉龙山上打猎。有一天，他在山上看见一只雪白的獐子，便紧追不舍，那獐子突然钻进一块雪石后不见影踪。阿波高丁觉得奇怪，便想将雪石背回家中。当走到今天北岳庙址时，雪石变得沉重起来，他不得不就地歇息，不料，雪石变得无比沉重，不但背不起来，几个人也无力移动。人们认为这是玉龙山神显现圣灵，便就地建玉龙祠奉祀。

以石为社神，立祠设像是自然神崇拜的表现，“社乃土地之主，封土以为社。”②牛相奎这样说：“千百年来，在纳西人的心目中，玉龙山神——‘三多’是一位扶危济困，消灾解难，保境安民的神灵，是纳西民族的保护神。”③三多深受纳西族人信奉。人们也认为三多就是玉龙雪山的化身。这位天神被人们认为就是“阿普三多”，并当作本民族最大最具权威的神来拜祭。

笔者认为其意义在于：以石为社神，建造三多祠，祭祀三多，是纳西民族由游牧民族转变为农耕民族的重要标志。

2. 五岳四渎

三多是纳西族的本主神灵和最高保护神，三多神也由当初的山（石）神，逐步成为人格化的骑白马、穿白甲、戴白盔、执白矛的战神，常常显圣，保护着纳西人的安全。山（石）神由自然的山的形象发展为人格化的五岳之神。

---

① 乾隆《丽江府志略》、光绪《丽江府志稿》。

② 《孝经援神契》。

③ 牛相奎：《纳西族的节庆及其文化习俗》。

据史书记载，唐代宗大历十三年（778），异牟寻继位为南诏王。德宗兴元元年（784），异牟寻在云南境内封“五岳四渎”。点苍山为中岳，无量山为南岳，乌蒙山为东岳，高黎贡山为西岳，玉龙山为北岳，金沙江、澜沧江、黑惠江、怒江为四渎，并各建庙祭祀。明代万历年间，李元阳修纂的《云南通志·丽江府》载“北岳为五岳最高山峰，北岳庙有正殿五间”。北岳庙又叫玉龙祠，始建于唐德宗兴元元年，是丽江现存建寺最早的一座寺庙。寺内正殿东侧有一棵古柏树，为唐代建寺时种植，虽历经一千多年的风霜雨雪，沧桑巨变，仍虬根盘曲，枝叶叠翠，显示出旺盛的生命力。

唐南诏封玉龙山为北岳，为三多建祠祭祀，显而易见，三多神已由纳西族祭祀山神上升为地域性的保护神。

唐代南诏封“五岳四渎”，三多阁改为北岳庙，反映了南诏地方政权认同中华民族文化，是其学习吸纳秦汉的封禅礼仪的表现。

3. 忽必烈敕封

“元世祖忽必烈征大理，由丽江路敕封雪石北岳安邦景帝。时土府木氏与吐蕃战，神屡现白袍将，跨白马助阵。”[①]

因传说三多是属羊的，故每年二月八和八月第一个羊日，纳西民众用全羊牲来祭祀。庙会期间，不仅远近的纳西人蜂拥而至，邻近的其他民族也来进香，甚至远方的藏民也来朝拜。信众之多，香火之旺，皆在丽江其他寺庙之上。难怪，香火之旺，元世祖敕封三多为“大圣雪石定国安邦景帝”，这是对三多神的最高褒奖，它已升格到为国家大一统服务的层面了。

---

① 李静生：《序二 嘟玛切里佩措》；杨志坚：《纳西三多神》。

4. 明清时期的三多神

这一时期的纳西族木氏土司还大兴土木，拓修三多神庙，并在三多神两侧供奉其藏族和白族妻子的塑像，并铸大鼎和大钟详记三多种种圣迹。明代丽江第八代土知府木公在《重修北岳设碑记》中写道："夫北岳即玉龙也，玉龙即雪山也。巍巍乎，雪山乃一滇之所望也。然而岳山之灵者，神也；神即岳山之气也。气爽则神灵，神灵则人杰也。"三多是玉龙山的神灵，是玉龙雪山的化身，人们对三多的崇拜，亦即是对玉龙雪山的崇拜。故庙门题额曰："玉龙祠"，并有题额"恩溥三多"四个大字，为纳西族著名书法家白沙里人氏黄缉熙撰书，其意有二：一是尊称三多为阿祖；二是颂扬三多的恩德，以表达人们对玉龙山神灵三多的崇敬之情。三多穿白袍、骑白马助阵之事，民间也有许多传说。清乾隆十三年（1748），丽江府土守备和国柱在《灵应白岳庙置灯田纪》碑文中写道："雪夜枕戈，瘴江夺栅，危急之际，或言神现白马，或见阴旗助阵，数数灵应，指不胜数。"

北岳庙大殿神龛正中，塑着三多神坐像。左右是他的两位妻子，神态宁静、安详，一位是藏族，一位是白族，印证了纳西族创世史诗中藏族、纳西族、白族是三兄弟的传说和千百年来三个民族的亲睦友好关系，是提升三多神过程的集合体，更直观、更形象、更生动地表现了加强、加深各民族兄弟和谐共处的精神文化内涵。东西两侧各有一尊神像，西面是三多的侍从阿波高丁，即从玉龙山上背雪石下来的猎人，他目视前方，腰杆微曲，似负重而行；东面是茨巴南坦，据说也是一位猎人，曾与阿波高丁一起将雪石背下山来，以后成为三多的侍卫，他昂首挺胸，手握大刀，头戴缨盔，身穿铠甲，威风凛凛。据老人们讲，从前大殿两边的神龛上塑着两尊威猛剽悍的黑脸神像，一个叫阿冲朋，一个叫阿阱亭。传说阿冲朋与阿阱亭是附近村子里的人，有一天，阿冲朋家的牛钻进了阿阱亭家的园子里，牛吃了菜，阿阱亭十分生气，顺手拔起一棵棕树要将牛打死。阿冲朋见状急中生智，急忙用双臂抱起牛跳过水沟逃跑了。后来，阿冲朋与阿阱亭都成了三多的战将，跟随三多除妖驱魔，保境安民，受到人们的尊崇。

三、三多精神在纳西发展史上的影响

纳西族与丽江其他各民族兄弟，具有热爱祖国，维护中华民族团结统一，顺应历史发展潮流的传统。纳西族在历史上所显示的强烈的爱国主义传统，是三多神——纳西民族的精神文化基因的内核——所具有的维护中华大一统国家观和各民族共荣发展观、进取向上民族精神的最集中体现。在历史上纳西族能紧密靠拢中央王朝，维护祖国的统一，从来没有发生过分裂的事件。

纳西族的首领和历代土司，从唐代随南诏使节做“导从”到京城长安拜见皇帝以来，元明清三代都对国家的统一和中央王朝的巩固作出过一定的贡献，如麦良迎忽必烈于金沙江口，协助蒙古军统一滇西北；明初派大军统一云南，木得“率众首先归附”，未发生兵戎相见之事；清初吴三桂叛乱称帝，木懿坚志不从，被扣押省城达七年之久。近代以来，在关乎国家存亡，强大敌人侵犯领土的重大历史关头，如中法战争、中日战争等，无数纳西儿女奔赴前线，英勇杀敌。纳西族不断随着历史的进步潮流而前进，如积极参与推翻封建帝制的辛亥革命、抗日战争、解放战争等。（和志武：《纳西族的道德观念》）

结 语

笔者粗浅地认为，三多神的塑造过程，三多精神的提升过程，其重大意义如下：

第一，以石为社神，三多祠的建造，祭祀三多，是纳西民族由游牧民族转变为农耕民族的重要标志。

第二，唐代南诏封“五岳四渎”，唐南诏封玉龙山为北岳，为三多建祠祭祀。显而易见，三多神已由纳西族祭祀山神上升为地域性的保护神。毋庸置疑，也是南诏政权认同中华民族文化的反映，及其学习吸纳秦汉封禅礼仪的表现。

第三，元世祖忽必烈敕封三多神为“大圣雪石定国安邦景帝”，三多获得了最高褒奖，它已开始为国家大一统服务了。

第四，明清时期大兴土木，拓修三多神庙，并在三多神两侧供奉其藏族和白族妻子的塑像。铸大鼎和大钟详记三多种种圣迹，提升了三多神的精神文化内涵，是更直观、更形象、更生动表现加强、加深各民族兄弟和谐共处共荣过程的集合体。

三多节：非物质文化遗产保护中继承和发扬优秀传统文化*

杨晓林

引　言

为什么将三多节列入非物质文化遗产保护名录民俗类项目？从民俗学角度来解释，“民俗，即民间风俗，指一个国家或民族中广大民众所创造、享用和传承的生活文化。它的民间文化中常有集体性、传承性、模式性的现象，主要由口耳相传、行为和心理影响方式扩大和传承”。(《民俗学概论》) 对三多节而言，它包括了传统礼仪、民间习俗等，并体现出践行这些习俗的人为方式和价值观念，《非遗法》中对非遗保护工作提出了两大原则：一是保护非物质文化遗产，应当注重其真实性、整体性和传承性。二是保护非物质文化遗产应当有利于增强中华民族的文化认同，有利于维护国家统一和民族团结。(《非物质文化遗产法律指南》，文化艺术出版社 2011 年版) 所以，三多节列入云南省非物质文化遗

---

* 本文插图系作者在 2016 年三多节期间拍摄的以祭祀以及民俗活动为主题的图片。作者单位为丽江市非物质文化遗产保护中心。

产保护名录是符合《非遗法》的。三多节作为传统节庆文化现象，在近年来有显著复兴的趋势，这一复兴过程与丽江市非物质文化遗产保护工作的推进有密切关系，人们越来越关注传统节庆。传统节日的性质条件决定了三多节属于非物质文化遗产。在非遗保护的理论与实践中，三多节在其中占有重要位置，包含了物质生活、社会生活、精神生活三大层面，这三大层面又可归结为五大要素：信仰、人伦、传说、饮食、娱乐。

三多节源于纳西族人民长期的社会生活实践，体现了纳西族人民独特的生产生活习俗和自强不息、奋发进取的精神风貌，是纳西族传统音乐、舞蹈、文学等多门艺术的重要载体。三多节集中体现了纳西族人民千百年来的文化积淀和精神成果，很多纳西同胞无论身在何方，都有过三多节的习俗，三多节已成为纳西人文化认同的一种方式，其所蕴含的民俗文化内容同样在不断丰富与发展。

一、三多节的起源与发展

三多节是纳西族最具广泛性、最隆重的民间传统节日，纳西语叫“三多颂”，“颂”在纳西语中是“祭祀”的意思。民间诗歌有“年年春二月，户户祝三多”的记载，清代诗人和让有白北岳庙诗：“玉龙宫殿雪山前，烟火迷腾二月天。土人爱听土人曲，万声齐声落梅田。”每年农历二月初八，玉龙纳西族自治县、古城区、迪庆州香格里拉的三坝乡、四川省木里的俄亚乡、西藏芒康的纳西族村民都有过三多节的习俗。三多神是纳西族从游牧民族进入农耕时代，纳西族人心目中的保护神。祭祀三多演变而来的三多节，据《新唐书列传·南蛮上》《南诏野史》《滇云历年传》等史书记载，唐大历十四年（779），南诏王异牟寻封禅玉龙雪山为北岳，并在玉龙雪山脚下三多神石处建北岳庙。从此，民间把祭三多神与祭北岳神结合起来，三多节至今已有一千二百多年的历史。明朝嘉靖年间，木公重修北岳庙，撰有《重修北岳庙记》一文。光绪《丽江府志》卷四记载：北岳庙，又名玉龙祠。旧志：在丽江府城北三十里雪山麓，唐时建。相传昔有人于山中得异石，负而归，至此少息，重不可举。乡人神之，为立异石祠。及南诏封北岳，即以此石为北岳神。元世祖征大理时经此地，敕封为“大圣北岳定国安邦景帝”。木氏土司与吐蕃战争（约 794），乃至后来的元世祖忽必烈攻打大理，传说三多神常显圣幻化成骑白马、穿白甲、戴白盔、执白矛的战神助战。元朝末年，三多成了“长官齐民，卑躬祭祀，求而无所不灵，祷而无所不验”的神灵。北岳神显灵的事，一传十，十传百，供献者蜂拥而至。祭祀三多神，从自然崇拜、祖先崇拜演化到了英雄崇拜。明代以来以丽江为中心的纳西族形成了祭拜三多神的习俗，从丽江迁居到盐井、俄亚以及永宁、盐源的纳西族支系，都信仰保护神和战神——三多。在丽江山区、中甸三坝等地则保留了传统祭祀牲畜神的仪式，中甸三坝还形成了独特的二月八节。从三多神信仰的分布可知，它是纳西族人民在长期的社会生活中，不断与周边民族融合和交流而形成的，是纳西族所处的社会阶段和自然环境所决定的。从自然崇拜到人物崇拜的转化过程是一个自然神和纳西族社会神的有机结合体。

二、三多节注重民俗节日文化的传承

三多节期间，东巴祭师在北岳庙主持祭颂三多神，念诵《东巴祭神经》。该经书分为《祭三多神经》和《祭圣日神经》，多为五言句和七言句。跳东巴祭祀舞。各地纳西族人身着节日盛装，扶老携幼云集到玉龙雪山南麓的北岳庙三多阁祭祀神灵，连日继夜对唱《谷气》《喂默达》《窝热热》《阿哩哩》《时授》等纳西民歌；跳《资蹉啰》《呀哈哩跳起来》《哦噜啦 哦噜啦》等纳西族民间舞蹈；在玉峰寺祈祷许愿，敬香纳福，赏茶花，野炊，开展各种活动欢庆节日。如今，每年三多节期间，政府还会组织丰富多彩的文化活动，三多节已成了丽江民俗文化盛会，承载着纳西族许多重大历史文化信息和原始记忆。“民族节日是民族文化的重要载体。民族自信心是维护民族尊严与文化本位的精神基础，一个民族如果缺乏自信，就会在精神迷茫中失去自己的民族位置。保持高度的民族自信是自立于世界民族之林的重要保证。”（萧放：《传统节日与非物质文化遗产》）三多节是造就和谐社会的文化动力，精神思想与文化心理促进构建和谐社会。纳西族三多节塑造了三多这一品性善良、仁慈、广施博爱、助人为乐的形象，它是纳西族人民自强不息、勇往直前的精神支柱。三多节是纳西族人民在独特的自然环境和文化历史环境中，在长期的狩猎、游牧、农耕实践中形成的民俗文化活动，具有广泛的群众基础和民间传承性。三多节集中体现了纳西族人民千百年来的文化积淀和精神成果，代表着对大自然的无限崇敬和对美好生活的执着追求，承载着自强不息、奋发向上的民族精神。纳西族三多节活动已成为丽江各族人民和谐友爱，共同团结进步和繁荣发展的载体。人们利用节日定期进行传统民俗活动，使传统在民众生活中得到延续与加强。纳西三多节集诸多民俗文化于一身，集中展示了纳西族的服饰、音乐、舞蹈、宗教、礼仪等民俗文化。节日期间，也是丽江本土居民进行商贸的好时机，商品品种繁多，农家特产、花木、种苗、鸟市、书画、日用品等，应有尽有。

三、三多节面临的保护问题

20 世纪北岳庙和三多神像曾遭到破坏，三多节民俗活动一度被禁止，东巴祭师传承也不同程度受到影响。改革开放后，党和国家的民族宗教政策落实后，祭三多活动才得到恢复。丽江政府为了进一步发展和弘扬民族节日，引导民众自觉传承和发展本民族文化，三多节放假三天，其目的是增强民族自信、增强民族自觉，使优秀的传统民族文化代代相传。每年丰富多彩的节庆活动确实也实现了这样的初衷。但是，随着旅游业的发展和人民生活的极大改善，近几年，在丽江已经形成了一股在三多节期间离开丽江外出旅游的风气。这种现象对于民族文化的传承发展不同程度地造成了困扰。在全球一体化浪潮和强势文化的猛烈冲击下，三多节和其他民俗文化活动一样，面临着各种挑战。特别是年轻一代追求时尚，虽然“节”照样过，但在有意无意间，传统宗教礼仪习俗不断被淡化。能够熟读《祭三多神经》和主持祭祀仪式的文化传人后继乏人，有民族形象特征的语言、服饰和原生态歌舞逐渐消亡，这些问题也是值得关注的。

丽江纳西族的三多节在盛名之下，不得不忧思：怎样在民族文化中注入新的元素？民族传统怎样才能代代相传？民族精神要怎样才能传承不衰？民族节庆怎样才能历久弥新？……希望很多年之后，人们不仅能看到一个有血有肉三多节的节日形式，其内含的精神和灵魂也被逐渐充实和不断丰富，纳西族依然自信自强，和谐安宁，如此，三多节民俗文化才算成功地度过消亡和危机。

四、三多节民俗活动中实现非物质文化遗产保护

1986 年 8 月，丽江县人大常委会决定每年二月初八为纳西族传统节日，并定名为三多节。如今的三多节，除了祭祀三多外，更多的是演绎成集民族宗教、歌舞娱乐、野炊、踏青、赏花、庙会及农特商品交易等为一体的大型民俗文化活动。

三多节是纳西族民俗文化交流与传承的舞台，同时也是纳西族传统音乐、舞蹈、文学、说唱等多门艺术的重要载体。无论身在何方，三多节已成为纳西同胞的文化认同，是凝心聚力的感情基础和精神纽带。每年农历二月初八上午 9 时，丽江各界群众满怀崇敬之情，齐聚于丽江市玉龙县三多阁前殿花厅，举行庄严的三多祭祀典礼。“全体肃立，开中门”，祭祀仪式正式拉开序幕，在吹奏法器三通后，各位嘉宾先后敬献花篮。祭典仪式恭读祭文后，全体参加祭典仪式人员向三多神像行三鞠躬礼，白沙古乐队在花厅进行乐舞告祭。仪式上，许多祭祀礼仪在三多节活动中体现。在东巴祭祀时，大东巴要吟诵《东巴祭神经》，大意是向三多神求寿、求祈福、求六畜兴旺与五谷丰登、求钱财。民俗文化在这一过程中得到了一定程度的保护和传承。祭祀仪式结束后，在三多阁广场、白沙古镇和古城区黑龙潭分别进行了民族传统乐舞展演。近年来，玉龙县还举行丽江先贤事迹图片展、民族书画展、三多节庙会及玉龙大讲坛东巴文化专场等群众文化活动。

三多节期间，丽江同胞身着节日的民族盛装，四面八方云集到北岳庙，在三多面前供上飘香的美酒、肥美的肉食，焚烧旺盛的香火，跪拜磕头，虔诚祭祀，求愿三多神护佑纳西人幸福安泰、

五谷丰登、六畜兴旺。在古刹门前的场地上，人们高歌踏舞，尽情欢乐。除祭拜活动外，人们还郊游野餐，举行赛马、对歌、跳舞比赛等。丽江纳西族在昆明的商人、学人和其他旅居的，在同乡会组织下，在西藏、昆明丽江会馆举办祭祀三多神活动。（杨林军：《纳西族三多神信仰的演变及其分布特征》）丽江城市到农村，纳西人长奏古乐，载歌载舞，赛马，还会到风景秀丽的地方野餐、郊游踏青，以此来欢庆节日。实现为民俗文化认同，每年当地政府自上而下地推动开展三多节的民俗活动，使三多节节日文化具有更多样化的形式和更鲜明的特色。

三多节期间，开展相关的祭祀、传统民间歌舞、民族服饰、民族民间舞蹈展等非遗项目系列活动，推动非物质文化遗产的恢复与发展，也给民俗文化在内的非遗传承和发展带来了活力。丽江市民通过三多节的社会行为结构了社会教化形式，将这种深厚的民族思想情感做一种跨越时空的持续和传递。

三多节节庆活动中，我们可以通过节庆活动，增强公众的公共文化空间的意识与责任，以孕育培植传统文化共享的精神传统。三多节传统节日中，精神信仰是核心。传承民族文化遗产就是在保持传统文化生态的多样性。“如果站在人类历史发展的高度来看非物质文化遗产现象，即发现它的活态流变性是其传承的一个重要规律，它的传承过程不是静止的，而是在永不停息的演变中与人类社会发展相并行。”（薛江谋：《民俗文化与“非遗”》）加强对三多节的保护，认真开展国家级非物质文化遗产项目申报的准备工作，争取早日被列入，对三多节的内涵和外延发展具有重要意义，这是全国纳西族同胞共同期盼的事情。我们要认真研究申报条件、撰写填写申报材料申报报告。项目申报书包括项目简

祭祀仪式开始时，参加人员全体肃立，开中门

祭祀典礼开始后吹奏法器

当地民众祭拜三多神

祭祀典礼后进行的传统乐舞展演

祭祀典礼之后，人们载歌载舞与三多神同乐

载歌载舞的纳西妇女

介、基本信息、项目说明、项目论证、项目管理、保护计划、文化行政部门审核意见。辅助资料包括录音、录像资料、代表性图片、证明材料以及其他有关资料。要明确具体承担申报项目保护与传承工作的保护单位和代表性传承人；制定翔实、具体可行的五年保护计划，有地方配套经费预算。申报材料要求项目申报书内容充实，表达准确，这是每个非物质文化保护者需要共同努力的方向。

三多节承载着先人对自然、社会、历史与生活的不断认识、感悟、向往和把握。三多节越来越引起人们的关注，保护民俗文化三多节已成为全社会的共识，这从群众基础方面巩固了三多节民俗文化的根基，增强了民俗文化的生命力。三多节活动融纳西族宗教礼仪、民族舞蹈、民间音乐为一体，并且在年复一年的活动中不断得到充实和发展，侧面影响了纳西古乐、民族舞蹈、民间文学的发展，是纳西族民俗文化得以保持和延续的重要因素。

三多节期间的纳西民歌对唱、民族打跳、东巴象形文、东巴绘画的广泛运用，有利于民俗文化的传承，并在加强民族团结、建设美好家园、构建和谐社会中发挥积极作用。实现群众与政府共同保护，是非物质文化遗产最本质的意义。

丽江市古城区金山乡贵峰村三多节调查报告*

和金梅

三多节是纳西族的传统节日。在历史长河中，纳西先民把对自然、英雄、祖先的崇拜集于三多一身，赋予其无穷的神威，尊他为“阿普三多”，并把他与变幻无穷的巍巍玉龙雪山紧密联系在一起，三多成为纳西族千百年来“祈而无所不灵，祷而无所不验”的保护神。对三多神的崇拜弘扬，传承了民族传统，增强了民族凝聚力和民族自豪感，对传承纳西族文化也起到了至关重要的作用。同时，丽江境内及其周边区域的白族、藏族等也有崇拜三多神的群众，每年农历二月八日皆有来自各地的纳西族、白族、藏族等前来祭拜。但随着时间的推移及受多元文化的影响，许多群众对这一传统节日逐渐淡漠，在祭祀等传统礼节上有了较多的简化。此次应中国社科院木仕华老师之邀，利用中秋节回娘家的空闲，将贵峰村作为调查对象，以采访的形式展开调查，主要采访了三位村中德高望重者，

---

* 本调查报告作为《中国节日志》——《纳西族三多节》调查的一部分，得到云南省社科院东巴文化研究院研究员、学者和力民老师及玉龙县文物保护管理所副研究员、《纳西三多神》编著者杨志坚老师的指正，在此表示感谢。

也是仪式的主要参与者和传承人。希望通过本次调查能够与其他地方形成对照的同时也可促进贵峰村三多节传统习俗的传承和弘扬。

相关调查信息如下：

调查时间：2010 年 9 月 24、27 日

调查地点：贵峰大来上村、贵峰大来下村

调查对象：

和德伟，87 岁，贵峰大来上村农民。

和继祖，76 岁，贵峰大来上村农民。

和福寿，54 岁，贵峰大来下村在职教师（文化爱好者）。

村落概况

贵峰村委会隶属于丽江市古城区金山乡，地处丽江东坝子南部，东靠青山，与金安乡、七河乡相连，南与七河乡接壤，西临漾弓江，与本乡漾西村委会相接，北与本乡良美村委会美自村山水相连，距离市区约 13 公里。全村面积 30.65 平方公里，海拔 2300 米，年平均气温 11℃，年降水量 970 毫米，辖大来上、下村、三元、寿南及保吉等 5 个村民小组（此次调查以大来上村、下村及三元村为主）。现有农户 518 户，总人口 2118 人，以纳西族为主，有少数汉族、白族等其他民族。

全村有耕地面积 4661.60 亩，人均耕地 2.2 亩。大春主要种植玉米、黄豆等作物，小春主要种植小麦、大麦、蚕豆等作物。全村拥有林地 27053 亩，森林覆盖率达 65%，其中经济果地 172 亩，人均经济果地 0.08 亩，主要种植青梅、苹果、梨、丽江雪桃等经济林果；水面养殖面积 42 亩。

2009 年末全村经济总收入 737.32 万元，其中农业经济收入

287.5万元，包括种植业收280.78万元，占总收入的38.08%；畜牧业收入292.6万元，占总收入的39.68%；林业收入18.32万元，占总收入的2.48%；二、三产业收入87.64万元，占总收入的11.88%。当前该村正在尝试发展大白菜、紫苏、食用红玫瑰、药材、花卉种植，梅花鹿、水产养殖，建材等产业。

村内基础设施日臻完善，道路基本实现水泥硬化，自来水开始入户；电力网线稳定，有线电视、电话、移动电话、沼气、太阳能等装有量逐年上升，现有机动车200辆。村内有砖厂、农家乐等，为村内经济的发展起了一定的带头作用。

贵峰村以农耕为主，村内学风甚浓。是开南研习所[①]所在地。目前有一所在职教师14名、学生100余名的完全小学，还有由云南省社科院东巴文化研究院研究员、学者和力民组建的东巴学校，其中最有特色的是东巴妇女培训班。和力民老师经常组织传统民俗活动，并在农闲时节向东巴学员及妇女讲授东巴文化，对该村纳西文化的传承起到了至关重要的作用。

三多节概况

1. 三多节的历史

据史料记载，丽江属南诏国，南诏王异牟寻模仿中原皇帝封“五岳四渎”，故封玉龙雪山为南诏的北岳并修建庙宇祭祀。唐初，丽江曾归吐蕃管辖，吐蕃称丽江坝一带为“三赕”，也即“三多”，故当地人把雪山当作保护神，也称三多神。南宋末年，忽必烈南

① 开南研习所是1949年解放前夕中共丽江县委组织发动群众开展革命活动的据点之一。它以学习、宣传革命理论与组织发动群众开展革命斗争相结合的方法，培养教育一大批青年走上革命道路，他们成为丽江解放和社会主义建设的骨干。

征大理路过丽江时，又封三多为“大圣北岳定国安邦景帝”，此后祭祀三多活动在丽江变得非常普遍和盛大。

贵峰村祭三多活动究竟起源于何时，和德伟、和继祖老人均说不清楚，根据他们回忆，至少传衍的有五代人了。由于历史的原因，三多节活动曾一度中断，东巴祭师受到不同程度的影响，加上传统习俗不断淡化，能够熟读《祭三多颂经》和主持祭祀仪式的文化传人后继乏人，阿普三多祭典有失传的危险。为此，地方政府和有识之士为恢复纳西族的传统节日做了大量的工作。1986 年 8 月，丽江纳西族自治县第八届人大常委会报经云南省人大常委会批准，将每年农历二月初八定为纳西族的传统节日三多节。现行的《云南省玉龙纳西族自治县自治条例》规定三多节放假三天。玉龙县和古城区以及各乡镇都组织开展各种活动，欢度三多节，周边地区的纳西族也相继恢复了节日活动。据和福寿老师回忆，为纪念恢复三多节，纳西族人特作“国定纳西节是所望于安疆，民迎三多爷无非赖尔赐福”的对联，欢庆自己的节日。

以前，每年农历二月属羊日，或农历二月初八日，是祭祀三多的日子，即庙会日。丽江的各村各寨都筹集资金，做庙会开支，香客们有很多的酒肉捐赠。曾有这样的说法，凡男逢 36 岁或 49 岁，女逢 27 岁是厄运年，常说“人遇了厄运年，就算不见阎王，也要脱你一层皮”。所以一到庙会日，值“厄运”的人们不吝捐赠挂匾，祈求免祸，如不能保证赶到庙会，就不能事先说要去赶会，说了，就一定要去。因纳西族对三多节特别重视，在贵峰村还被誉为是“纳西族的春节”，表示过三多节就像过春节一样重要。历史上贵峰村村祭三多的仪式在每年的农历二月初八举行，村内一般有空旷的场地作为专门的祭祀场所，当地人称“卜当”。后来卜当相继被耕种，组织者就将祭祀场所迁至村民家中。他们一般在农历二月初六就集中在一起，商议当年祭祀三多的诸多事宜，比如确定举行仪式的地点，每个主要参与者（指男逢 36 岁或 49 岁，女逢 27 岁的村民）的职责及每家每户需拼凑钱、粮、祭品等的数量等。之后，或召开全村大会宣布，或派专人前去挨家挨户通知相关事项。此后便由分派到任务的个人或家庭开始张罗祭祀的准备工作，直至二月初九各用具及物件均收拾归位。

除农历二月初八外，贵峰村的三多祭祀还有家祭的形式，主要分为三种情况：第一，正月初一到正月十五祭；第二，命名祭；第三，结婚祭。其参加者皆为家庭成员，场所为自家堂屋（一般为正房中间一间，用作客厅）。除正月初一到正月十五祭外，其余两次均须请东巴主持，诵读《三多颂》，命名祭、结婚祭还得请三多赐“乳名”、“匾名”（婚名）。其祭祀过程中的禁忌均与农历二月初八的村祭相似。

2. 祭祀的组织

贵峰村三多祭仪式的组织者由村内有威望且有学识的老者担任，当地人尊称“喜游（迎）”[①]。“喜游”——纳西语贵峰本地口音，“喜”即“人”，“喜游”意为“有才干且德高望重之人”。“喜游”不仅主持三多祭祀仪式，还主管村内大小事物，村中纠纷、红白喜事均由其主持，在村中地位较高。因贵峰村和姓者居多，故在各村“喜游”后加其名最后一个字加以区分，而不以姓氏进行区分，如“喜游林”“喜游芳”等。一个村中一般有一至两个喜游，其产生或

① 因当地纳西口音差异，有些人称为“喜游”，而有些人称为“喜迎”。

由村民推举，或由上届“喜游”指定，其下自然也有三至五个热衷于管理村内事务的“喜游”助理，村内大小事物均由助理跑腿。

祭祀三多为村中大事，每年农历二月起始，“喜游”即早早与其助理及村中老者商议该年祭祀事宜。并由“喜游”助理组织有关人员具体筹划实施祭祀活动。

二月初八当天，全体村民（男逢 36 或 49 岁，女逢 27 岁的村民有主动要去北岳庙或东山庙专门上香祭祀的除外）均参加全村集体举行的祭祀三多仪式，大家出物出力，各司其职，祭礼成了村中的一件大事。

3. 祭祀三多的由来

关于三多的传说，众说纷纭，笔者通过对和德伟老人的采访，了解到在贵峰村流传着一些与北岳有关的白石崇拜的传说。传说一：古时候有一个勇敢的纳西猎人，名叫阿波高丁，力大无比。一次他在玉龙山上打猎，追赶一只白獐，白獐跑到一块白石后面就消失了。阿波高丁甚为奇怪，就将这块白石背着归家，当走到今北岳庙时，怎么也背不动了。人们认为这是玉龙山神之圣灵，于是就在此设像建祠供奉，取神名为“三多”，纳西话尊称为“阿普三多”，即奉为丽江地区的保护神。据说从此以后，人们常看见一个骑白马、穿白甲、执白矛的神将出没显灵，保护着纳西族人民的生命安全。久而久之，三多成了玉龙雪山的化身和神灵，成了纳西族的民族英雄和保护神。

传说二：三多是木氏土司的一员战将，土司历次出征获胜，也认为是三多神在暗中显圣助战。土司木公还重修北岳庙，并铸大鼎大钟于庙内，亲撰《重修北岳庙记》碑文。清代“改土归流”以后，一些纳西族聚居地开始修建庙宇，供奉三多神像，甚至藏族同胞在拉萨也建起三多庙。据东巴经记载，三多于羊年羊月羊日出世，因此每年农历二月初八和八月的第一个属羊日，各地纳西族都到三多阁（北岳庙）用全羊进行隆重祭祀，附近的汉、白、藏等族群众也进香朝拜。特别是二月初八三多阁的庙会，成了纳西族最隆重的民族传统节日三多节。

传说三：三多是木氏之家将，名叫李华，他英勇善战，多次击败入侵者，保护并解救民众于危难之时。

种种不一的民间传说，从对自然图腾、祖先到某一特定的神祇的崇拜，最终使三多成为当地民众心中崇拜的偶像，成为纳西族的精神化身。由于三多在当时特定的历史环境下，为民族的生存和发展，为民众的平安和幸福，作出了巨大贡献，自然成为民族英雄而被后人崇敬，加上当时纳西族社会已从游牧生活向定居农牧发展，宗教信仰也从自然（原始）宗教向人为宗教发展。纳西先民们渐渐地将对自然、图腾、祖先的多神崇拜集中在三多身上，并赋予他无穷的神威，尊他为“阿普之多”，以此来寄托自己的希望，祈求民族的平安、幸福、强盛。三多因此成为纳西族自然崇拜、祖先崇拜、英雄崇拜的化身，成为纳西民众心中不可磨灭的神祇。

4. 三多祭祀过程

（1）村祭

① 准备

一般“喜游”组织其助理在二月初六就开始召集各家各户的村民，确定祭祀活动的场所（每年的祭祀场所均不固定，一般由逢 36 岁及 49 岁的男子及逢 27 岁的妇女主动要求在自家举行村祭仪式），商定祭祀所需物品及钱、粮、物等拼凑量，再分摊到各家各户。因有男逢 36 岁或 49 岁，女逢 27 岁为厄运年，须破财方可免灾的说法，他（她）们都会积极主动要求到自己家举行祭祀三多神的仪式，或多出钱出力，或直接在二月初八当天破晓便背上祭品步行前往白沙乡北岳庙进行祭拜。因金山为白族乡，贵峰村虽为纳西族聚居村落，却在很大程度上受白族文化的影响，有些逢厄运年的人在二月初八当天还前往东山庙（白族本主庙）进行祭拜，传说三多原为白族祖先，后为纳西族所有；另说三多为白族的门客（即女婿）。亦传说三多继妻为白族公主。据说东山庙内也塑有三多神像，只是没有白沙北岳庙般的规模。参拜者在祭拜三多的同时也祭拜东山老爷。

二月初七那天，各家各户开始前往祭祀地点（当年确定的祭祀地点）。拼凑的钱、粮、物等，由“喜游”指派专人进行整理、登记。

二月初八是祭祀三多神的正日。一大早，大家纷纷赶来祭祀地点（当年商定的某一户人家），男人负责张罗摆设祭祀用具，如三多纸（印有三多神像的纸张，一般粘贴在堂屋中央，以便供奉）、香、青松毛、公鸡、茶、盐、红糖、生姜等。而妇女则开始张罗食品以供祭祀及当天全村人食用。“喜游”请来祭祀东巴，准备祭祀仪式。

②祭祀设置

由逢 36 或 49 岁的男人将三多纸粘贴在堂屋中央，并备一张方桌洗净摆在三多神像正前方，铺上青松毛；盛一盆大米放在方桌上，米上放一饼子砖茶、一坨盐、一块红糖、一块生姜。

米盆前放置五谷各一碗，呈横行摆放。前方放一个香炉、一盏油灯、一碗净水，再放酒、茶各一杯。

准备猪头一个、公鸡一只、松明若干、柏树枝一捆。

其他要准备的祭品还有：铜瓢一只、蒿草根一枝、金银纸若干、鱼一条、糯米半斤、着色粉皮二两、豆腐半斤、板瓦一片。

③仪程

上香。所有参祭者都要洗手。东巴祭司为猪头和牲鸡洗秽。祭司口诵经书，将香炉里烧上香火，点燃油灯。将猪头置于供桌前方，将金银纸折成金锭银锭的样子，陆续烧进香炉。在祭场一角烧天香，用柏枝、酥油、面粉、酒、茶等供献天神。

生祭。所有参祭者向神灵跪拜，以求三多神庇佑。由户主宰杀牺牲鸡，取一碗盛鸡血放在供桌前沿。生献过程中，东巴祭司口诵献牲经，众人跪拜。

熟祭。妇女将猪头、鸡肉煮熟后，切猪头肉、鸡肉各一块放于碗内，并制作米饭三碗，鱼、糯米粑粑、着色粉皮、乳扇、豆腐共五盘，均供于祭桌上。每样熟食各取一小部分，做一碗喂乌鸦的“萨日”——各种肉点剁碎，放些米饭、肉汤。在瓦片上烧一堆“毕奴”火——用火炭烧一些猪唇、猪耳朵、鸡爪等。把金银纸锭放在香炉里烧掉。熟献过程中东巴祭司口诵献饭经，众人跪拜，感谢三多神，并祈求平安健康、五谷丰登、六畜兴旺。

最后，收拾祭场，仪式完毕后，众人方可用餐。

（2）家祭

①正月初一到正月十五祭拜三多神。正月初一一大早，主人要烧火除秽，然后在堂屋中央置一张桌子，供以水果点心、糯米粑粑、着色粉皮、香、蜡烛等物，并呼唤三多、山神、祖先及其他神灵，祈求他们保佑新的一年平安幸福。继之，家人要在长辈引领下跪拜。吃午、晚饭前先将饭菜拿到供桌上供奉一下，方可

食用。从正月初一一直到正月十五，供桌上每天需备水果点心，香、蜡烛等，正月十五祭拜完毕后方可收拾现场。

② 命名祭。婴儿出生后，主人要请东巴为其取名。在自家堂屋内置一张桌子，其上供以食盐、小麦粒，并焚香、除秽，以请三多神、祖先降临。东巴根据产妇之生辰八字及婴儿诞生之时按东巴教巴格图确定其有关方位为婴儿取名，并口诵经书请三多神和祖先保佑母子平安。

③ 结婚祭。主人请东巴在新人结婚当天为其举行祭祀仪式。在堂屋内置一张桌子，其上供以点心、香、松明等，东巴口诵经书呼唤三多神、祖先降临，并根据新郎、新娘出生的生辰八字及结婚当天的属相为其赐“匾名”（婚名，婚后均使用此名），寓意新人今后幸福美满，儿孙满堂。

不论村祭还是家祭，祭祀前均不得随地吐痰，说污言秽语等。祭祀仪式结束后，村民的收尾工作直至第二天各物件收拾归位才算结束。

5. 节日期间的各种娱乐活动

（1）表演节目

祭祀三多期间，男女老幼都穿上传统的纳西族服饰（通常在重大节日或活动才穿戴），待祭祀活动结束后，老人们聚在一起唱“喂蒙达”（以生产生活为题材，以对歌的形式现场创作，自编自唱），妇女们围在院落中央打跳（纳西族的一种主要舞蹈形式），也有前来参加的老人、男人及小孩等。有条件的村社还组织一场纳西古乐会。有的则开展一种叫“哥彭冲”的表演：用篾子编仙鹤、麒麟、猴子、凤凰等动物，用纸糊在模型上，上色。人举着动物模型跳舞，表示欢度节日。

（2）游戏节目

① 拉美拉古余。一年轻力壮的男子怀抱一窝鸡蛋般大小的石头，其余人过来抢，男子极力保护，等抢完后又轮庄继续。

② 扭扁担。两人各执扁担一头，各朝顺时针方向扭，扭反为胜。用这类游戏比手劲，既娱乐也有助于锻炼身体。

6. 节日用品

（1）饮食

熟祭时的祭品与祭祀者的饮食是有联系的，一般情况下，饮食中包含猪肉、鸡肉、鱼肉、豆腐、着色粉皮、粉丝、糯米粑粑及乳扇等，根据祭祀形式的不同会略有不同，随着时代的发展，饮食种类及花样也越来越多。

（2）服饰

节日期间，纳西族妇女都穿上节日的盛装，除羊皮披肩外，坎肩、围腰、长衫（坎肩内穿的前片短、后片长的衣服）等均有一定区别，老人服饰以青、灰等深色为主，年轻人则以红、蓝、白等亮丽的颜色为主。男人头戴毡帽，身穿羊皮马褂，腰系红腰带。整个祭祀活动隆重、庄严又不失活泼。

结　语

作为维系民族凝聚力，寄托民族希望，保佑民族平安的信仰神祇，阿普三多在纳西人心中的地位是不可替代的。但是，随着社会的不断发展，今天的三多节无论在民众的重视程度、认同感，还是在节日的形式、功能上都面临着弱化、淡化、趋同的危险。为此，我们要像重视东巴文化，举办东巴文化艺术节一样，关注我们的三多节，要在保持传统的基础上，创新、充实节日的内涵，丰富节日的形式，使之真正成为维系民族团结，增强凝聚力的节日。

参考文献

［1］白庚胜：《三多信仰考察》，《丽江师范高等专科学校学报》2010 年第 2 期。

［2］嘟玛切里佩措、杨志坚编著：《纳西三多神》，云南美术出版社 2012 年版。

三多颂词

木　凯

一

晚夕出明星星光照天地 / 天下纳西人喜迎三多神 / 因三多保佑玉龙雪山笑 / 金江水欢腾纳地无不美 / 纳人无不乐精彩人生来 / 发展连发展胜利接胜利 / 合者合　唔哦合!

二

去岁金猴年因三多保佑 / 龙潭喷水净束河流水青 / 四围山葱葱湖海鸟灵灵 / 八方宾客来赏人间天堂 / 放眼仙居阁逍遥自在游 / 思乡不思回思亲不思归 / 合者合　唔哦合!

三

因三多保佑猴年纳人增 / 曾孙子孙代生有三千余 / 先祖高龄人仁寿超两万 / 福如东海潮寿比南山高 / 五谷又丰登六畜更兴旺 / 穷

者脱变富盛世歌满府 / 合者合　哦唔合!

四

鸡鸣出金星欣迎新鸡年 / 蓝天白云间启明星辉煌 / 因三多保佑大吉大利囿 / 改革要深化开放要华美 / 创新是灵魂实干最真贵 / 复兴有希望发展更往前 / 合者合　唔哦合!

五

中央举大旗全民正步齐 / 打虎拍蝇苍决不能手软 / 勤政为民志牢记心上知 / 举好人好事整治坏恶死 / 讲文明礼貌树千秋功德 / 再创新品牌盛名传环宇 / 合者合　唔哦合!

六

因三多保佑不论各民族 / 团结是生命共赢是源泉 / 时不待我看奋勇奔小康 / 祝愿纳西人祝福各界友 / 安康又长寿幸福万年长 / 来年又今天相约颂三多 / 合者合　唔哦合!

（成稿于 2017 年 3 月 11 日昆明西华园）

丽江市古城区七河乡三义、新民村三多节调查报告

庞灿芝

纳西族的传统节日三多节，起源于对纳西族保护神三多的信奉，三多是纳西本土神灵和保护神，是玉龙雪山的化身，也是纳西人对大自然的敬畏、崇拜和对美好生活的向往，是世代生息在玉龙雪山脚下的纳西人的精神寄托。七河是丽江纳西族主要居住地区之一，纳西语为“补窟”，“补”指山梁子，特指丽江坝和七河坝交界处之关坡；“窟”意为里面，“补窟”意为关坡梁子里面的地方，是丽江坝纳西人以方位所取的名称。明代，七河坝为丽江木氏土司家族居住地之一，木氏土司曾在这里设查税所，木增的二儿子作为邱塘关驻守；清代设七河市，有定期的街天。现今，七河乡居住着纳西、汉、白、苗、彝、傈僳等民族，下辖共和、新民、七河、三义、五峰、前山、后山、羊见、龙潭、忠义等十个行政村，与鹤庆接壤，俗称丽江的“南大门”。因其特殊的地理位置，民风民俗既保留了丽江纳西族传统，同时也受到鹤庆白族的影响，对三多信奉和崇拜也是如此。

此次三多节调查采用民间走访、询问高龄老人、实地考察等方式对七河乡三义、新民两个村的三多节传统习俗进行了实地调查，通

过录音、照片等方式记录了两村三多节以前和现在的保存状况。此次调查因时间上的关系，没能够赶上祭祀三多的时间，所调查到的资料只是被调查者的口述，对于以前场景找不到翔实的资料记载或音像记录，在调查过程中也无法拍到照片或音像资料。调查信息如下：

调查时间：2010 年 11 月 2、15 日

调查地点：七河乡三义村、新民村

调查人：庞灿芝，玉龙县文物保护管理所文博馆员。

被调查人：

和布，女，纳西族，1927 年生，三义梅所人，农民。

杨富春，男，汉族，1924 年生，三义木登人，农民。

和崇善，男，纳西族，1930 年生，新民上村人，退休干部。

木绍华，男，纳西族，1932 年生，新民上村人，农民。

和丽文，男，纳西族，1936 年生，新民上村人，农民。

被采访人和布

被采访人杨富春

被采访人木崇善

被采访人木绍华

被采访人和丽文

一、村落概况

新民村位于七河乡的西南角，全村沿漾弓江西岸一条龙居住，南接大理州鹤庆县，面积3.2平方公里，平均海拔为2200米，常年平均气温为13℃，年降雨量960毫米，到目前有700余户3000多人。全村由新民上村、中村、下坡子村、龙兴村、西哨村、金竹村组成，村民以纳西族居多，龙兴村民小组兼有少数白族和汉族。在新民上村和下村中村民有很多木姓村民，据说此地的木姓村民是木增二儿子的后代，当时丽江南大门邱塘关由木增老二驻守，因此在新民村设查税所。长期以来村民靠种植为主、养殖业为辅的生产生活，主要种植品种以水稻、玉米、大麦、小麦和一些豆类为主，养殖以猪、牛、羊、鸡等为主。在调查中发现新民村内有天台山神庙遗址、木家院遗址、文昌阁、魁星阁等多处文物古迹和遗址。木家院据村内老人讲，与丽江古城木府木家院格局相同，气势宏伟，装饰精致，但现仅存遗址，并在新民村村口漾弓江边发现木家院门当一个，被用作洗衣石。现存魁星阁于2008年重修，基本保持原貌，并列为古城区文物保护单位。文昌阁大殿尚存，被翻修后作为新民下村老年活动中心，在文昌阁内还保留光绪十六年（1890）二月的“文教昌明”牌一块及内部摆设的文案桌一张。

三义村位于七河乡南端，辖区内有丽江机场、丽大公路、丽大铁路，形成航空、铁路、公路的立体交通网络。全村面积25平方公里，全村8个自然村，13个村民小组，居住着汉、纳西、白族等3个民族，有农户735户3140人。该村居民以汉族居多，仅存的很少一部分纳西族也逐渐被汉化。梅所、拉市弯依东山而居、八队、木登、龙吉则位于坝子中央。全村以种植水稻、玉米、烤烟、蔬菜和生猪养殖等为主导产业，人均纯收入 3900 元。

二、三多信奉的表现形式

历史上，纳西族先民将自然崇拜、祖先崇拜、英雄崇拜等多种祭典集中在祭祀阿普三多上。纳西族的东巴经典中有“阿普三多颂”（祭典），集中体现了纳西族先民在狩猎、游牧、农耕等历史长河中形成的民俗文化，如以祭祀山神为代表的自然崇拜，以祭祀本土保护神为主的祖先崇拜，以祭祀战神为主的英雄崇拜等多元文化特征。在历史长河中，纳西先民把对英雄、自然、祖先的崇拜集于三多一身，并赋予其无穷的神威，尊他为“阿普三多”，并把他与变幻无穷的巍巍玉龙雪山紧密联系在一起，三多成为纳西族千百年来“祈而无所不灵，祷而无所不验”的保护神。每年农历二月八日和八月的第一个羊日，各地纳西族都要到三多庙去祭祀自己的保护神三多。

在新民和三义，对三多的崇拜和敬仰则更多表现为祭祀山神为主的自然崇拜，两村进行祭祀的庙宇不直接称为三多庙，新民祭祀三多的庙宇称为天台山神庙，而三义祭礼祀三多的庙宇称为黑义山神庙，但从两村庙宇的形成和在庙宇内举行的传统祭祀活动以及祭祀时间来看，天台山神庙和黑义山神庙都是将三多山神化。两村的庙宇都是由村内的纳西族居民投资投劳修建，由纳西族群众组织对庙宇的祭拜活动，并将祭祀传统习俗传承下来，且天台山神庙内塑有三多神像。与丽江三多主祭场所北岳庙一样，两村村民每年的正月初一以家庭为单位到庙内进行祭拜，二月八日三义举行以村为单位的祭祀仪式，二月十三日新民举行以村为单位的祭祀仪式。在新民，二月八日又称为“各丹节”，“各丹”为白族语，意为二月八日，也是传统的祭祀三多的习俗。这一天全村的村民都会与自己的同龄人结伴去野炊，以表达心中的敬仰和崇拜之情，地点一般都是邱塘关下的西关龙潭、西哨的鹤庆龙潭，有时也会到天台山神庙所处山脚下的出水口。

三、祭祀仪式

村民对三多神的信仰十分虔诚，以前，在每年各自庙会安排的时间都会在庙内举行祭祀仪式，在庙会的当天所有村民都会到庙内参加祭祀活动。祭祀活动的举行是村民一年一度的大事。

时间

祭祀仪式分为家祭和村祭，家祭的时间一般是每年的正月初

黑义山神庙门楼

黑义山神庙外部环境

村民集资重建的黑义山神庙大殿

新民天台山神庙遗址

新民村貌

一早上。每到这一天，村民都要准备香、纸钱、酒、茶前往庙宇对神像进行祭拜。平时有的村民家中有人或家畜生病，为了避灾避难也会到庙内进行祭拜，有的因婚后多年无子嗣到庙内祭拜求子，也有的为求财源广进到庙内祈福，这样的祭拜时间就因人而定。两村以村为单位进行集体祭祀时间各不相同，新民村民每年农历二月十三日为集体祭祀时间，这一天村民都会到天台山庙祭拜，祭祀从早上一直持续到晚上，二月八日老人和小孩进行野炊表示祭拜，三义村的集体祭祀时间是每年的二月八日。两村这一时间上的差别，源自对当时整个七河坝区祭祀仪式进行的统筹安排，在当时，七河乡内共有三个祭祀三多的庙宇，时间前后相差几天，共和鲁瓦山神庙祭祀时间是二月初六，三义黑义山神庙祭祀时间是二月八日，新民村天台山神庙祭祀时间是二月十三日。

地点

两村都有专门的庙宇举行祭祀仪式，新民村举行祭祀仪式的地点是天台山神庙。天台山神庙位于新民上村西北角五百米处的山坡上，据村民讲述，庙内塑有三多神像，庙为一个四合院，大殿坐西向东，两边厢房为平房，东为门楼，门前是一片开阔地，并建有戏台，目前仅存山神庙遗址。

三义村祭祀的庙宇称为黑义山神庙，庙位于梅所自然村背后的山脚下，庙为一个四合院，大殿坐东向西，内塑黑义山神像、雪山娘娘像，南北为平房，西面是一所二层楼房，大门从房内通过，设重檐，门前为一片开阔地并设戏台。该庙于 1984 年由村民集资重新修建，但因资金、技术等原因，难以恢复当年山神庙的原貌，神像无力重塑。目前，村民仍在此举行“二月八”祭祀仪式。

仪式的过程

以村为单位的祭祀仪式要在庙会的前几天就开始准备，由庙会的组织者组织村民筹集粮食和资金，并购买祭祀时用的猪、鸡及其他物品，安排庙会当天完成做饭、烧水等工作的人员，并负责聘请唱戏的戏班和“上刀山下火海”的表演人，庙会的前一天还要组织村中的青壮年搭建戏台、刀杆。

庙会当天举行祭祀活动，祭祀分为生祭和熟祭，所谓生祭和熟祭是指祭祀食品要分两次祭献，一为生祭，以祭献猪头和鸡为主，将生猪头与炸过的糯米粑粑、五色虾片等食品置于供桌，活鸡放于神像前，由主祭人点香烧纸对神像进行叩拜并说祭献语。在三义，生祭是在杀猪和鸡之前进行，在猪已按在案板上时点香烧纸并由主祭人说祭献语，鸡要洗净鸡脚和鸡头，并将鸡头按下到神像前叩首。生祭一般在庙会当天早上太阳出来以前完成。二为熟祭，生祭后将猪头、鸡等食品煮熟（在煮时猪头和鸡不能切开，要整个煮），在祭献时要将一个猪头、一只猪脚、猪身上的一块肉、猪尾巴（寓意是以整猪祭献）及整鸡端到每一个神像前分别祭献。之后将猪头等切开回锅，村民可以吃饭的时候，在摆好桌前再一次点香烧纸说祭语（此在当地称为“献饭”）。此次献祭包括所有的食品和菜肴，在祭祀仪式完成后，村民可以吃饭，吃完饭做庙会的收尾工作，打扫庙宇，拆戏台、刀杆。所不同的是三义在所有祭祀仪式完成后，还要举行一个扫火场的仪式。在当地有一个传说，鹤庆龙潭天子庙三老爷在正月初一至二月十五这一段时间会到鹤庆坝子的各个庙宇云游，他正月初一由天子庙出发，二月十五归殿，二月初八便到黑义山神庙云游。扫火场意为迎接鹤庆天子庙三老爷到此闲游，此时要将庙内所有塑像用轿子抬出庙门，做迎接仪式（目前扫火场仪式已取消）。而家祭的仪式比较简单，只需在祭祀的当天准备祭祀用品到神像前祭拜即可。村祭除在规定的时间举行外，如果遇到大旱、暴雨等大的自然灾害时，也会组织祭祀活动。

组织者

庙宇平时由村民中生活较为困难的孤寡老人看守，每天早晚烧纸上香、鸣钟、更换净水，村民每户每年称粮出资给守庙者。在主祭的当天，由村内较有权威的人组织，外村村民自愿到庙内祭祀的人要自己带餐具及食品到庙外的空地上野炊。（外村村民到此祭拜一般会带一只鸡和香肠、鸡蛋等食品以家庭为单位煮食，也有的是几个家庭搭伙，其祭祀习俗与集体祭祀时相同。）主祭人由东巴担任，三义村则是由村内和姓家族和杨姓家族共同组织。目前，新民二月十三集体祭祀三多的习俗已经因庙宇的解体而取消，二月八日的野炊传统还有保留；三义集体祭祀三多的传统仍然存在，其组织工作由村中老人协会承担，主祭者就是该会会长，组织的方式也是同原来一样，村民集资，所不同的是如果外地的人来此祭祀，可以出资与村民一起搭伙吃饭。

用品

祭祀食品中猪头、鸡、鱼、米、炸过的糯米粑粑、五色虾片以及白酒、茶是必不可少的，其他食品还有香肠、鸡蛋、花生以及各自所带的糖果和蔬菜等。祭祀用品有纸钱、香、青松叶、白香树枝、从出水口处取的净水。在举行祭祀活动的当天，青松叶用来铺整个庙宇的地面，以示此项活动的隆重。白香树有两个用途，一是除秽，将潮湿的白香树枝置于庙中有火的香炉，形成青烟以示对整个庙宇和来庙宇祭拜的人除秽；二是装饰庙门，在举行祭祀活动的前一天，村民会用潮湿的白香树枝在庙门搭建一个青棚大门，在白香树枝中间放置较平整的木板，并在木板上贴对联。在三义，祭祀时会将用麦面粉捏成的各种牛、马、鸡等小动物形象和用五色彩纸裁剪成的各种形式的衣服作为贡品祭祀。

用语

祭礼用语一般根据祭祀人的民族情况而定，新民村村民为纳西族，其祭祀时就用纳西语，而三义村民祭祀时多用汉语，鹤庆白族到庙祭祀时就用白族语。祭祀时首先由主祭人用敬语请各方神圣到此食用祭品，诸神请完后主祭人表达愿望，表达的意思一般都是愿神保佑一年风调雨顺，村民安居乐业、平安健康，六畜兴旺，来年多福、多财，也有个别人如果有希望实现的愿望也可到神像前许愿。

参加人员

祭祀活动以村中村民为主，其他村中的信奉者也会在庙会当天到庙内祭拜，三义的黑义山神庙举办庙会时除本村村民外，有很大一部分人都来自外村，其中以鹤庆白族群众居多。黑义山神庙也是五峰及鹤庆辛屯、逢密、鹤庆县城等一带白族群众祭拜的一个主要场所。

其他活动

在举办庙会的当天会举办很多活动，场面非常热闹。一是唱戏。村民中也没有记得戏名的人，据村民讲述一般唱滇剧，也有少量的京剧，演员由村民集资邀请鹤庆等地的戏班。新民村唱戏的演员是村内村民，唱时由老师在台下现场指导，唱戏从早上一直持续到下午庙会结束时。二是“上刀山下火海”，这本来是傈僳族的传统习俗，为什么会在庙会当天举行这项活动，其寓意是什么，村民也说不清楚。“上刀山下火海”是将刀捆扎于四五丈高的树杆上，每把刀相距尺许，刀刃全部朝上，并在杆前放置炭火，表演者要从通红的炭火中走过，赤脚踩蹬上刀刃，逐级爬至刀杆的顶端，依次进行开天门、挂红、撒谷等表演。三是由东巴跳东巴舞、念东巴经，这一活动主要在新民村祭祀时才有。除一些主要的活动外，每逢庙会期，往往人山人海，热闹非凡，庙外林间处处集有香客，男男女女互相对唱《骨气》《喂没答》等纳西民歌和白族小调，在三义这种对唱的民歌又被称为“唱曲子”，还有信奉者自带餐具和食物在庙外的空地进行野炊，也有小商小贩到此摆摊兜售粮粉等食品和玩具。如今，丽江将每年农历二月初八定为纳西族的传统节日，两村除举行祭祀外，与丽江城区的纳西群众一样着盛装，组织开展文艺表演、舞蹈比赛等各种活动欢度三多节。

禁止行为

在庙宇内及附近不能打架斗殴、不能讲脏话，也不能说对各位神像不敬的语言；妇女不能到庙内祭拜，祭祀活动只能由男子举行；祭祀食品中凉菜不能祭献；不能做惊扰诸神的事，如：三义村民上山砍柴和竹子，经过庙旁时柴和竹子不能拖着走，要扛在肩上，以防拖动柴和竹子的声音打扰各神；为祭祀准备的食品在没有献祭前不能食用，茶要新泡的，酒也要新倒的，倒酒和倒茶的杯子要干净；祭拜神像前要洗手、洗脸，否则被视为对神不敬。

附近白族群众对三多的信奉

三义的黑义山神庙是附近白族居民进行祭拜的主要场所之一，也有一部分白族居民会在二月八日这一天到白沙北岳庙进行祭拜，其对三多的信奉与纳西族居民一样，所不同的是每年的农历七月二十会在三义黑义山神庙举办一个以白族群众为主的瓜汤会。瓜汤会相传是因为当时有一对鹤庆的母子两人上山砍柴，到庙宇处儿子生病，于是就到庙内祭拜祈福，并许愿在农历的七月二十日这一天一定回庙内祭祀，祭拜之后病马上就好了。母子俩于七月二十日到庙还愿，但因当时生活贫困，在祭祀之时已没什么好的东西，正逢当时小瓜成熟，就带了一个小瓜前往庙内祭祀，瓜汤节由此而来。七月二十的瓜汤会不如二月八日隆重，但也会举办庙会，这一天到此祭祀的人以鹤庆的白族为主。

结　语

新民和三义是两个不同类型的行政村，作为丽江纳西族地区的一部分，其三多节传统祭祀习俗在 1949 年以前保留较为完整。其后由于种种原因，许多关于三多的传统习俗和举办的活动已不复存在。三多节定为纳西族传统节日后，传统祭祀习俗逐渐被政府举办的文艺表演活动替代，祭祀的习俗只有部分老人还在举行。相对而言三义祭祀传统保留较好，其祭祀的庙宇虽然与当年有很大区别，但也得到了一定的传承，给祭祀仪式的举行创造了一平台，其祭祀活动每年的二月初八仍然在红红火火地举行，鹤庆一带及七河的部分群众仍然会自发地到此祭拜祈福。

参考文献

[1] 白庚胜:《三多信仰考察》,《丽江师范高等专科学校学报》2010 年第 2 期。

[2] 和汝恭:《恩溥三多》,《丽江文史资料》第 2 辑。

三多轶事

周廷伟　和卫芳

纳西三多神

三多的来历说法不一，一说是西藏桑鸢寺的三个护法神之一；二说是忽必烈南征时在丽江亡故的一位将领；三说是木氏之家将名叫李华；四说是纳西族一名将领，在三思开受伤去世。三多已成为纳西群众中影响最大的神祇之一，被称为“恩溥三多”（纳西语意为“祖辈爷爷或阿老三多”）。三多属羊，恩溥三多由西北而来，善武功，通神法，为苯教巫师。据考证三多来自吐蕃，8世纪末至9世纪，他由一个普通的苯教徒成了万民心中崇拜的偶像，成为纳西族精神的化身，这个转变过程体现了当地民众对大自然的无限崇拜和对美好生活的执着希望与追求，从某种意义上讲“恩溥三多”，也是纳西、藏、白各族人民团结和睦的象征。

纳西人在藏语中被称为“三赕娃”，意为“三多的儿子”。三多是人，不是神，在历代各民族群众中具有崇高的威望，并升华为民族的守护神。纳西人认为三多是护法神、战神，人们发自内心敬畏他，到处为他建造专祠，定期在每年农历二月初八三多的出生日举行盛大的祭祀活动。

三多阁

白岳庙，也即三多庙建在白沙玉龙山下。传说从前有个牧羊人名叫阿波高丁，他到玉龙山中放牧，只见牧犬突然追赶一只白鹿往雪山悬岩而去，白鹿变成了白石。阿波高丁觉得稀奇，便把白石背下山来。令他奇怪的是，初背这块白石觉得极轻，但越到后来越重。到现在三多村即玉龙村时，累得气喘吁吁阿波高丁只好放下白石休息。当他再次背石时，奇怪的事又发生了，白石变得沉重如山，再也背不动了。当地民众听说了白石的故事，都觉得惊异，于是决定在白石安卧处盖庙，起名“三多庙”，纳西语称“三多阁”（即“三多的家”），后来元世祖忽必烈封赐“三多阁”为“大圣雪石定国安邦景帝”。

三多颂：祭祀三多

纳西族地区每年农历二月八日举行祭祀三多的活动延续至今已有千年的历史。1986 年 8 月 29 日，丽江纳西族自治县第八届人大常委会第十二次会议审议决定三多节，即每年的农历二月八，为纳西传统节日，全县统一放假一天。2005 年 5 月 27 日，云南省第十届人民代表大会常务委员第十二次会议批准《云南省玉龙纳西族自治县自治条例》，规定纳西族传统节日三多节放假三天。每年农历二月八日，各地纳西族都在不同地方如北京、昆明或远离三多庙的地方，包括藏、白族同天，举行供奉三多的祭祀活动，特别是白沙三多阁（北岳庙的祭祀）热闹非凡。

远离玉龙雪山白岳庙的丽江各地如鲁甸、新主、宝山、大具历史上多建有三多庙宇，同时在藏族、白族、汉族等各族聚居地都建有祭祀三多的多种庙宇，三多文化成为丽江具有深刻历史及现实意义的重要民俗文化内容。

历史上人们将祭三多的活动，与祭祀玉龙山的活动、朝拜“白岳帝君”的活动，合三为一。

历史上人们将庙称为“北岳庙”，将玉龙山称为“三多神”，将大祭日定为农历二月八，于是多种文化（本土信仰文化与外来文化包括道教文化、南诏文化、吐蕃文化等）相互交融，多种文化和睦共处相互融合在二月八对三多的祭祀中。

以前纳西人还兴每年大年初一早晨在自家院坝中祭祀三多的习俗，有些山区的纳西族人在畜群放牧前也要祭三多，乞求人畜平安。旅居在外的纳西族同胞，往往在农历二月八聚首祭拜三多神。

以上仅为我的一些所见所闻，结合一些文字资料的粗浅体会和认识。由于三多传说已延续千年，相关文献资料极其匮乏，加之本人学识短浅，错误在所难免，请予帮助指正为怀！

（2016 年 2 月 10 日）

参考文献

[1] 郭大烈、和志武：《纳西族史》，云南大学出版社，云南人民出版社 2015 年版。

[2] 和钟华、杨世光主编：《纳西族文学史》，四川民族出版社 1992 年版。

[3] 杨福泉：《多元文化与纳西族会》。

[4] 夫巴：《纳西人—白沙行》。

[5] 本书编写组：《丽江纳西族自治县概况》，云南民族出版社 1986 年版。

[6] 嘟玛切里佩措、杨志坚编著：《纳西三多神》，云南美术出版社 2012 年版。

[7] 杨金山：《丽江旅游》，云南民族出版社 2005 年版。

三多文化价值之所见

——浅析玉龙县大具三多阁保护和修复之意义

和秀琼

如果说历史上的丽江在西南民族文化交流和融合起到了重要作用，那么玉龙县大具乡在丽江的历史文化版图里则是一个极为重要的坐标。地处汉藏、纳藏交界区核心位置的大具乡是一个多民族交融和谐相处、多种宗教信仰并存、多种文化共同发展的地方，具有宗教文化的独特性和民族融合的必然性。以大具为中心的玉龙县东部乡镇和附近州市（迪庆州香格里拉市三坝乡）的民族同胞信仰三多、崇尚三多精神，将其作为主要的信仰寄托和精神依靠。作为三多文化载体和三多信仰活动场所的大具三多阁成为周边群众精神文化生活和民族感情交流的重要平台。

一、大具特殊的地理位置决定了三多为主的多种宗教文化得到发展和繁荣

大具地处玉龙雪山北麓，金沙江虎跳峡畔，东接鸣音乡，南连白沙乡，西南与龙蟠乡隔玉龙雪山毗邻，西与迪庆州香格里拉市隔江相望，北与宝山乡接壤，离丽江城只有八十多公里。从古

至今，大具是丽江进入藏区的重要通道之一，也是历代王朝和地方势力的必争之地，是西南彝羌文化走廊核心板块的重要位置，也是纳西民族迁徙的重要中转站。这些史学观点和历史事实在郭大烈、和志武著的《纳西族史》等书也有记载，在四川木里、奉科、宝山等地纳西族老人离世时的送祖线路中也有体现。这样的地理位置决定了大具多种宗教并存发展，如道教为代表的中原汉传宗教文化、以本地宗教为主体的纳西东巴文化都在大具这块土地上共融共生、共同发展。据大具老人们传称，仅大具辖区内在20世纪50年代以前有观音庙、土地庙、娘娘庙和财神庙和三多阁等十余处宗教信仰活动场所。这在其他地方是极为罕见的。

二、小聚居、大杂居的民族分布是东巴教为主的多种宗教信仰并存的重要原因

大具乡下辖头台、培良、白麦、甲子4个村委会49个村民小组，村寨以大具坝子为核心，呈立体形山势向四周分布，居住着纳西、汉、藏、彝、苗等族群众万余人。据当地老人们回忆，大具三多阁早年香火比较旺盛，到每年二、八月（农历二月初八和农历八月的第一个属羊日），周边村寨和宝山、奉科和香格里拉市三坝、白水台等乡镇的善男信女均来此祭拜三多，求福求财、许愿祷告。84岁的大具乡培良村委会培当村程灿奎老人说：他八九岁时在三多阁里的学堂读书，那时三多阁院落还算完好，一进两院，前院大堂神龛内神像位于前院正对麒麟门，塑像清晰，有六七尊塑像，分两排，第一排三多神像居中，右侧为观音像，左侧为文财神像，后排塑有战神两尊，三多阁门前有牌坊，看似大门，用石灰砌成，倍感雄伟和神圣，进门两侧分别塑有战马一

匹，战神一尊，院中有一个两耳红铜大香炉和一座高四五米的白塔，后院两侧各三间偏房。在笔者记忆中也有门前牌坊，一所当地称之为三多阁的房屋以及房墙上的一些壁画，也就是当时的大殿。

多种宗教之神供于一堂的大具三多阁有别于白沙北岳庙（白沙三多阁），有别于丽江白族地区和大理州鹤庆县白族本主神庙里供奉的三多神像，也有别于藏族地区喇嘛寺内供奉三多神像的情况。白沙北岳庙里仅供奉了三多神像、三多的母亲像、两位随从的塑像。以上比较充分地说明在大具各民族群众具有一种特别的多神共仰、信而不笃的宗教观。然而从三多神像在前排居中的情况看，三多仍然是大具及其周边群众的心中最为敬重、信仰的民族保护神。

相传，三多来自藏区，身为藏人，生活在丽江的时代是纳西先民从部族游牧生活向部落定居农牧发展阶段，生产生活比较稳定，信仰也从泛灵崇拜过渡到祖先崇拜，再到多神崇拜，再到一神崇拜转移阶段。由于三多与当时民众包括大小部族首领之间的亲密友好关系，受到了民众的尊敬和爱戴，加上后来为纳西先民的生存作出了巨大贡献，自然也就被民众当作民族英雄来赞颂。这位在纳西民族危难时，保护了族群生存的英雄，在当时以至后来的纳西民众心中留下了深深的记忆和敬意。这种由先辈们一代一代传递下来的民族感情，未能因历史的发展和更迭而淡化，相反人们更加怀念这位英雄的不朽业绩，自然先民的内心也从泛神崇拜逐步转移到三多这位具体的实在的英雄身上。三多成为纳西族最为信仰的保护神，人们在其身上寄托自己的希望，祈求民族繁荣、平安和幸福。这种信仰远远超出了原来的部族、区域，成为一个民族——纳西族的精神支柱。因此，纳西人在生活和经过的地方，都会建三多阁来赋予其民族精神和信仰的寄托。大具的三多阁也因此而建在这个纳西族大聚居、其他民族小杂居的多民族和谐发展的地方。

三、大具三多阁的历史演化和兴衰

三多阁至今尚存破瓦房三间，当地人用空心砖砌成一个再简单不过的神龛，所谓的神龛上放着一块从白沙北岳庙拍摄的三多神像放大后的图片。每年的二、八月，大年初一凌晨都有许多群众前来祭拜自己民族的保护神和心中的英雄，以此延续着地方民众的信仰和希望。大具三多阁建于何年何月，由何人所建已无从考证。据一位老人针对当地观音庙建庙记载和大具乃至丽江宗教盛行的年代背景佐证，推断大具三多阁建于明末清初。有关大具三多阁，还有这一个传说：在大具三多阁建成竣工之日，大门上写了这样一副对联，上联为“雪石北岳安邦景帝”，下联为“阿普三多勒窝禄祐”，表明了当地群众对三多神的期待和敬仰，也证明了当时汉文化也在大具及周边地区已经比较盛行。大具三多阁作为不同宗神灵并供的庙宇，是大具特殊的区域位置决定的，也体现了大具与周边各民族包容各异和兼收并蓄的民族特性。

在历史的变化和社会的发展中，大具三多阁曾经被当作地方领头办案惩恶的公堂、周边老人娱乐的地方、教书育人的学堂、生产队的粮场和集体的种马站……今天我们能看到的仅是古时遗留的数棵参天古柏和在翻新重建后仍使用的三多阁大殿上的梁木和柱子。

四、重修大具三多阁的重要意义

大具三多阁自建庙以来，成为大具以周边群众祭拜三多的唯一地方，弘扬了三多精神为代表的纳西民族精神，推进了纳西族与当地和周边各民族之间的团结和谐发展。

重修大具三多阁是保护和挖掘丽江三多文化的需要。三多文化是丽江文化和纳西文化的重要组成部分，对研究丽江宗教文化和民族文化具有重要的意义。重修大具三多阁有利于丰富和充实三多文化的内涵。

重修大具三多阁是进一步弘扬三多神为代表的纳西族民族精神的需要。三多从一个有血有肉的人到一个民族精神代表，最后成为当地各民族都敬仰的神。我们从关于民间流传的故事看，三多是一个在战场上是英勇无比、以一当十的战斗英雄，在日常生活又是传教助民、施医济贫的良士。相传三多在民族矛盾和争斗中多次用自己特殊的身份和人格魅力和平化解了各民族之间的战争，保护和挽回了民族兄弟的生命财产。三多在藏族群众中也有很高的威望，人们认为三多是自己民族的祖先；白族同胞说三多是白族的门客（女婿），在丽江北岳庙祭拜三多的白族同胞也很多，而纳西族把三多当作最敬仰的神灵，在纳西族群众中有许多关于三多的传奇故事。

重修大具三多阁是维护民族团结和推进民族之间和谐发展的需要。大具三多阁是丽江民族团结和大具及周边各民族和谐发展的重要标志，是民族宗教融合发展和各种文化深入交流的重要标志。多年以来，大具及周边群众在共同信仰的基础上，在参与大具三多阁的宗教活动中不断增进民族之间的感情。

重修大具三多阁合乎党和国家的民族宗教政策。国家鼓励和支持有利于民族团结和社会发展的宗教信仰，三多文化的精神内涵是积极向上的、文明和谐的。

参考文献

[1] 和志武、郭大烈:《纳西族史》，四川人民出版社 1992 年版。

[2]《丽江文史资料》第 10 辑。

[3] 嘟玛切里佩措、杨志坚编著:《纳西三多神》，云南美术出版社 2012 年版。

[4] 董学瑞:《大具风物志》(内部资料)。

三多：陪伴民族成长的本主神灵

和继先

纳西族是一个崇信万物有灵的民族，在千年的民族迁徙发展历史中创造了丰富的民族文化。万物有灵的民间宗教信仰形成了丽江生物多样性的重要基础；多元融合的文化成就了包容众家优秀文化因子于一体的纳西文化。

多神崇拜、追求与自然万物相依相伴和谐共处、追求天人合一的原始宗教崇拜是纳西民族文化的主要内涵和特色。在多少事关民族存亡的历史变迁中，讲求融合、包容，理性吸纳众家之长的文化引领着这个古老民族生生不息，并与时俱进地丰富着其不竭的智慧。

三多是纳西族多神崇拜中的一位神灵，在纳西人的崇拜意识中是位超凡的保护神，从远古的部落争战仇杀到延绵千年的迁徙之路，三多一直陪伴着这个古老的民族，成为纳西人心中不可缺少的保护神。

在纳西族众多的神灵中，三多是独一无二地通过东巴口耳相传的存在形象，他走出东巴字形式记载而存活，形成拥有独立塑像和拥有庙宇的本主神灵，世世代代被纳西民众顶礼膜拜。

在讲三多之前不妨先简略说一下三多神崇拜的东巴文化中不同的神灵。从开天辟地的“排”“善”神，到战无不胜“了久”“卡冉”，再到能变身无数的英勇凶悍的“优麻”战神，从视生命无时无刻不离开的“素”生命神，到为人类提供一切财富的“署”自然神，再到养育了一代后人的祖先“愚”，就连东巴什罗，在纳西族的文化里都以神轴画和东巴古籍记录的形式存活于世……与以上各种神灵不同，三多神被纳西民族从文字的记录中到底分离出来，并给他塑像建庙宇供之拜之。三多神在纳西族的文化中到底占据着怎样一个不可替代的位置？在民族的精神崇拜中为何有着如此重要的地位？三多在千年的文化变迁历史中对纳西民族文化的发展和延续起到了什么样的作用？

三多是纳西族的本主神。据有关文献记载，早在唐朝三多就已经是纳西族的一尊保护神，在民间凡是有一定规模的纳西村寨，部落和族群都以不同形式予以祭拜。大凡有村庙的地方多有三多的塑像，配以纳西东巴文化中表示自然崇拜的山神“世日”或“日争”进行供奉。在民间的口述中三多是一个牧羊人，由此也可推测出三多神在纳西文化中有悠久的历史，把神灵的身份形象以牧人的角色进行流传，足以证明三多的源头应该早在纳西先民仍处于游牧的历史时期，是人类早期的游牧文化崇拜之一。在民间传说中关于三多的形象描述，多数地方都是基本相同的：身着白色战袍，骑白色的战马，手持长矛。从这点也可看出三多与古羌民族的白石崇拜有一定关系。而这两个特征的结合也反映了三多并非他族文化影响下形成的神祇，而是纳西民族远古的英雄崇拜和自然崇拜的文化，是纳西民族的正宗本主神祇之一，陪伴了纳西民族漫长的发展历程。而把三多神用特定的庙宇进行供奉的历史，根据民族迁徙的路线和所经过的地理区位来看，只能在开始定居接受农耕的历史时期。逐水草而居的游牧生活是无法建立固定的庙宇的。三多庙的出现应该是纳西人迁徙进入藏区受到藏族宗教文化的影响，就具体地理区位来说是纳西族进入无量河金沙江流域的时期，也就在约唐朝之前后。2010年，笔者在宝山进行田野调查过程中也曾见过一尊桃木制作的纳西谷神“诺妥孙”和一尊烧瓦窑的土制炉神，这种宗教神灵形体化出现，本土神祇的固定庙宇的出现，均反映了东巴教已经开始从远古的自然崇拜的原始宗教向人文宗教过渡。

唐宋时期的纳西族仍在迁徙途中奔波，在这个过程中，纳西族进入刀耕火种，轮闲耕作，半农半牧的原始农耕文明时期。这一时期的纳西族仍处于居无定所，不同支系和部落酋寨星列、互不统摄的社会。“元跨革囊”对纳西族历史的影响是很大的。当时的古宝山州酋长阿宗阿良以超人的智慧和胆识审时度势，不仅有效地保护了自己的部落和族群，并借助蒙古军的力量一统古纳西部落，纳西民族首次实现了部族的统一。阿良被封为察罕忽鲁罕，丽江进入元朝版图。元世祖忽必烈封玉龙雪山为“北岳”，封纳西土神三多为“大圣雪石定国安邦景帝”，在玉龙雪山下建庙供奉。进入明朝，由于日益强盛，木氏土司加强了中原汉文化的引进，丽江开始兴建代表汉文化的道观庙宇，同时也为了其向北拓展疆域的政治目的，出现了印藏经，以及指云寺、文峰寺、玉峰寺等为代表的藏传佛教文化。以玉龙雪山化身北岳三多庙为重要的本土文化代表而进行的大规模扩建，使三多在纳西人心中的保护神地位得到了进一步的提升。三多逐步化身成北岳玉龙大雪山，“崩拾三多”开始在纳西族中变成家喻户晓的保护神，并被民众进行隆重而严肃的祭拜。

传说三多属羊，在每年农历的二月初八或第一个羊日，各地纳西民众都前来烧香祭拜，祈求三多佑护，保佑族人平安健康。

清朝雍正皇帝施行的“改土归流”，对中国的少数民族地区有深远的影响。他废除了少数民族地区的土司制度，改派中原流官。与此同时，以儒道文化为代表的中原文化和先进的生产技术被大量引入丽江，汉文化被迅速推及以丽江坝为中心的纳西族居住的山区和金沙江流域。在丽江周边山区，纳西族已经进入了相对稳定的农耕社会，农业经济因不同先进技术的推动，得到了快速发展。以玉皇殿、观音庙、龙王庙为代表的中原信仰文化开始进入山区纳西族的村落。这些寺庙多与本土的三多庙融合信仰，到民国时如丽江周边的大具、鸣音、太安、宝山、奉科、鲁甸等地都建起了以三多庙为主，附塑龙王、观音、马王的村庙。这是代表本土文化的三多庙成功融合多元文化的典型实例。纳西族文化能在保留自身优秀因素的基础上兼容并蓄、广纳众长，丰富、发展提升自身。

山区的寺庙完整保留下来的很少，这使研究和挖掘三多文化少了很多实物材料。宝山自元以来一直是木氏土司的战略要地，也是其重要的边塞关口和主要产粮区，曾是木氏向北拓展疆域时期的后勤保障基地。茶马古道丽江至永宁线贯穿宝山全境，是纳西民族的重要发祥地之一。自明朝以来从历代土司府到“改土归流”后的历代丽江知府都比较重视此区域的战略地位，外来文化的植入和管理使这一区域也成了继丽江坝区又一个受中原文化影响较深的纳西族聚居地区，宝山石头城和吾木村汉文化传习可追溯到明末。

据笔者调查在宝山域内建于清朝的古石桥建筑就有九座之多，寺庙多达八座。其中岩可的村庙，据当地老人伟才（已故）讲述，庙内供奉的是一尊观音，配有纳西本土的山神“诗日”，该庙现留存墙基和大榕树两棵。岩可村是一个汝可和纳西人混居的村落。与岩可一山之隔的石头城村庙，相传寺庙规模很大，现只留庙中的柏树。据石头城老年协会会长和尚豪描述，寺庙曾供奉有三多、龙王等神像。宝山坡上的土庙在美国学者洛克的《中国西南古纳西王国》一书中记载为庙中供奉有一尊红衣女神。据当地老人讲，庙中供奉的是红衣观音，现仅存庙的屋基，不过每年三月份仍有附近的村民前往烧香野炊。果乐村的村庙已找不到能说出庙中供奉的神像的人，丽江解放后用作公社办公处，后改为乡政府、村公所，现在庙的原址上建了幼儿园。知识瓦村的村庙现只留有石制的香案座基。宝山苏明村的村庙现仅存石制的香炉和香案座基，无人能讲述庙中所奉的神像。在宝山乡吾木村内的汉族同胞于清末在该村对面的“韦排山”背后利用山洞供奉了一尊观音，当地人称为观音庙，观音像为一尊桃木神像，约二尺高，现供奉在村民家中，这是丽江东部地区唯一一尊留下来的神像。另外在东部地区还有大具培良村的三多庙，奉科乡“美古地”的村庙，有传说此为一喇嘛寺。在东部地区的古寺庙中保留比较完整的是宝山吾木村的三多北岳庙和大具乡培良村的三多庙。吾木村保留了整体的庙宇院落到 20 世纪 90 年代，于 2016 年对大殿进行了修缮。大具的三多庙也在相关部门的支持下进行了恢复重建。

吾木村的三多庙具体修建年代已经找不到相应的文献记载，据传说最早的村庙位于现址西面约五百米处，为一栋土基木板房，无人能说清庙内的详细情况。不过也有传说因村庙原址发生泥石流滑坡而迁址，山体滑坡事件确实记载于《乾隆五年吾木村山照》中。由此可知吾木村最早的三多庙在乾隆之前就已建成。改迁后的北岳庙无具体的修建年代记录，现仍留有院中的两棵古柏。据吾木村东巴和茂椿（现年 81 岁）讲述，此树是吾木村梅支系累布家族祖先拉嗄所种，传说是因为他当时不够修庙的义务工数，罚种了这两棵柏树。笔者对拉嗄的后人进行了采访，其家族的辈数已有七代，具体排序为：拉嗄—共久—义塔—洛若—哈巴若—木金红—和世华（现年 18 岁），约 150 年。

从以上两方面可推测迁址后的三多庙应该修建于清朝中期。村民李占坤（现年 79 岁）老人讲述，他家祖上是给三多庙管理资产的，小时候经常跟父亲去庙里参加各种活动。据他回忆三多庙大殿有块匾横挂于大殿门上方，刻有“北岳庙”三个大字。庙里供奉的神像中间是三多，一身白衣手持一杆长矛，两边是三多的妻子。一个藏族，一个民家的，当时的村民分别称正宫娘娘、偏宫娘娘。相传塑神像时工匠把两妃子的坎肩做成不同的颜色，三多托梦表示要一视同仁，后来工匠又重新修塑。左边一间塑有龙王，右边是马王，前面还塑有几十个的小神像，老人说为“恒若”。中间的两根柱子上分别有两只龙盘柱而下，两边的走廊塑有两个武将。庙里有一鼎大铜钟、一只要八个人抬的象皮大鼓，早晚烧香敲钟擂鼓声能传到江对面的宁蒗翠玉。厢房里锁有经勒班的道具和炊饮用具。

和茂椿东巴的父亲和光祥是当时吾木村的纳西古乐会会长。据和茂椿老人回忆，每年的二月份从初一开始就举行为期七八天的祭祀活动，还有开庙会、奏古乐前几天的生活都吃素食的说法。农历二月八日进行杀猪祭拜，有专门祭三多的一本东巴经，不过是用东巴文字书写的藏语、白族语。很多东巴都会念却无法理解其内容，不过这种用东巴文字书写记录他族语言的经书和三多两个不同民族的妻子，也体现了三多融合多民族文化的特点，以及藏、纳西、白民族源远流长的友谊。二月九日清账之后，村民才开始开春的农事活动。

三多在纳西族的精神世界里是一个非常重要的保护神。不论时代如何变迁，纳西子民也不减对三多的精神依恋，吾木的三多庙被毁后，村民在东巴指导下形成了一套以家庭为单位的祭祀三多习俗。每年的二月初八或在二月属猪、羊、兔的日子里村民都会用血红的公鸡，采来高山上的“勋登”（纳西语）树枝，毛桃花、梨花、九里光花各十二枝代表纳西族的十二座神山做成祭坛。祭拜三多，祈求三多保佑一家人平安健康。近几年村民将 36 岁、49 岁的本命年祈福结合入祭三多的仪式而使其变得更接地气。

三多源自游牧时期的纳西民族，是纳西东巴崇拜自然（山神）的化身。他一直陪伴着古老的纳西民族的成长，历经岁月的沧桑，是纳西民族重要的文化智慧标志，引领着纳西人的繁衍和发展。

盛世修志，为的是总结民族一段段风风雨雨的成长历史，记住先人的丰功伟绩，以史为镜指引民族的未来！

盛世修庙，为的是重新凝聚起民族团结力量，激发民族昂扬的斗志，意气风发的走向新征程！

古老的三多文化是纳西民族精神天空中最美的一朵白云。三多文化必将在新时代的春风丽日中迎来新的辉煌、新的生命，引领纳西人民走向更美好的明天！

三多神：多民族文化交流与融合的产物

和士华

每个民族的故乡都有属于该民族的土主，每个民族的精神家园都有一个民族的保护神。三多是纳西族故乡的土主，是纳西族民族精神家园的保护神。

三多神的形成，经历了白色崇拜—白石崇拜—白神崇拜等几个阶段。白色崇拜发生在远古时代，白石崇拜阶段也仍停留在先民的泛自然崇拜时期。当进入人文宗教时期后，白色崇拜和白石崇拜升格为白神崇拜，成了一尊神。

三多的形成也可以说是经历了民众崇拜、民族土司头人尊崇、地方政权和中央王朝封禅等几个环节。南诏王异牟寻封玉龙雪山为北岳，元世祖忽必烈征大理时经过丽江，封北岳神为“大圣北岳定国安邦景帝”，至此，三多神正式形成，可以说，三多神的形象最终成型于两宋时期。

三多是不食人间烟火的神，凡人凡眼岂能见之？但几乎所有纳西民众都似亲眼见过一样，都知道他的光辉形象。三多尊者硕头宽额，银须白眉，骑一匹如高墙般的白色千里驹，使一杆能翻江倒海的银色长矛，身穿白盔白甲，风里来云里去，变幻莫测。

玉龙山下，风沙甚猛，每每狂风骤起，飞沙走石，乱云飞渡，纳西人就说阿普三多又起程了。

对阿普三多，“长官齐民，卑躬肃祀”，三多亦“求而无所不灵，祷而无所不验”。（木氏土司木公语）

纳西族的三多神，被神化为纳西族军、旅、商人的保护神。纳西人中有人外出从军、求学、宦游、经商，就要到玉龙山脚下的北岳庙进香。外出无恙而归，认为是受到了三多神的暗中保护，要到北岳庙还香，请三多神每每保护，每每外出而又每每安然无恙。

外出从军、求学、宦游、经商各族皆有之，视之为常，唯纳西族家居偏远，民族弱小，一旦走出丽江坝这块弹丸之地，马上就会产生孑然一身而深入异族他乡的恐惧之感。言语不通，盘缠微薄，孤立无援而惶惶不可终日，故对三多神的崇拜尤为殷勤，十分笃信。

因为三多是战神，是帮助纳西族将士打仗的，历代纳西先民土酋，包括元明时期的木氏土司，征战中敬仰三多自不待言，即便到了现代，这种观念和对三多的敬仰之情也不曾丢失。

下面详细介绍三多神的形成过程。话要从距今三千多年前的商武丁年代说起。董部族和术部族在神山（今凉城永兴镇老虎山）、神海（今凉城岱海）地区进行了东巴古籍中称之为“董埃术埃”（又名“黑白大战”）的部落战争，最早的纳西民族实体由此形成。董部族是源于商的一个部族，由他们带来了白色崇拜。董部族还是部落战争中的胜利者，理所当然地成了纳西先民中的王族，他们的白色崇拜也随之成了纳西先民的主体文化。

白色崇拜表现在方方面面，如“大事敛用日中”，意为“有丧事在正午时分收敛尸体”；“戒事乘翰”，意为“打仗时乘坐饰以阳鸟锦鸡的马或车子”；“牲用白”，意为“祭祀用白皮毛的牲口”；“以鸡鸣为朔”，意为“元月初一那天从鸡叫天大亮时算起”。

后由白色崇拜转入了白石崇拜阶段。光绪《丽江府志》中说：“北岳庙，一名玉龙祠。旧志：在府城北三十里雪山麓。唐时建。相传昔有人于山中得异石，负而归，至此少憩，重不可举。乡人神之，为立异石祠。”纳西族中源于商的禺—宿双合氏族搬迁到玉龙雪山脚下的北沙坝子以后，长期以来无形的白色崇拜转为有形而实在的白石崇拜。还为此造了一个民间故事：说有个叫阿波高丁的猎人到雪山脚下行猎，发现一块玲珑剔透的白石，他甚是喜爱，遂背起向家走去，背到今北沙玉龙村，卸石小憩。当他再去背时，白石似生了根似的，再也搬不动了，人们于是在此造庙供石。光绪《丽江府志》中所录即这个民间故事。源于商的禺—宿二氏造庙供石，是传统文化使然。社石神主，是先民们礼的初级形式。《淮南子·齐俗训》中还特别说明，“殷人之礼，其社用石”。如光绪《丽江府志》中所说，唐时所建的庙，并非一开始就叫北岳庙，更不叫三多庙，而叫异石祠。

后由白石崇拜转到雪山崇拜，所崇拜的雪山自然是玉龙雪山，而推动者则是南诏王异牟寻。

唐德宗兴元初年（784），南诏王异牟寻迁都羊苴咩城（今大理古城），把大蒙国改为大礼国（“大礼”二字后写为“大理”），还仿中原中央王朝帝王，在云南境内封禅，树五岳。封武定的绛云路山为东岳，景东无量山为南岳，腾冲高黎贡山为西岳，大理点苍山为中岳，丽江玉龙雪山为北岳。五岳皆有祠祀。自此，雪山为北岳，异石祠改名北岳庙。

白石崇拜转为雪山崇拜，并不费周折，雪山正是白色和白石的结合体。白石崇拜是地方土酋的小范围崇拜，改成对一座大雪山的崇拜则范围变得更大了。

1253 年，忽必烈亲率中军南征大理过丽江，他一到丽江就封北岳神为“大圣北岳定国安邦景帝”。那时，忽必烈的身份还只是“御弟”，蒙古国的大汗是他的大哥蒙哥，但他却处处以大汗身份行事，如驻军永宁日月坪，造开基桥，意为“开基封土”。忽必烈常年在外带兵征战，势力很大，经验丰富，他认为当大汗只是时间问题。果不其然，1259 年 7 月，蒙哥在合州（今重庆市合川）钓鱼城阵亡，忽必烈战胜与其争位的阿里不哥登上了汗位。中统元年（1260），忽必烈正式成为蒙古帝国的大汗，对北岳神的封禅不再是贵人之封，而是出自蒙古大汗金口玉言的敕封。北岳之神终于变成了神气十足，有上天入地、呼风唤雨之能，愿悯恤一方百姓的“定国安邦景帝”。

远眺玉龙雪山

在较长的一段时间内，所谓雪石神或北岳神尚无一个姓名，当地纳西族还不知道该如何称呼自己的民族战神。南诏时，称丽江地区为“三赕”，“赕”被认为是当地彝语，山间小平地或高原坝子谓之“赕”。“三赕”指七河坝、丽江坝和拉市坝等三个坝子，泛指丽江。后来吐蕃亦如此称呼丽江，吐蕃语往往同音异译为“萨当”。再后来，称北岳神为三赕神或萨当神，即丽江神。另外，当书写成汉语时，纳西民众爱用简单字，就写成“三多”，还在其前加上“阿普”二字。“阿普”，意为男性长者，为尊称。

吐蕃、南诏和其后的大理国对阿普三多十分崇敬，中原地区的中央王朝也很看重北岳之神阿普三多，本民族的土司头人又岂能怠慢呢？自元以来，木氏土司崛起后，十分崇敬三多神，四时进香，该修葺的修葺，从不吝惜财力人力。如明嘉靖乙未年，重修北岳庙，木公写有《重修北岳庙记》。在丽江官民的精心呵护下，北岳庙“庙貌威严，殿庭高邃，林木深稠”（木公语）。

与北岳神阿普三多有关的是，祭祀阿普三多的日子定在每年的农历二月初八，可谓：“二月三多节，纳西过节欢。北岳三多庙，香火此时旺。”

届时，丽江各族人民，或来到古城，或来到北沙乡北岳庙欢聚一堂，载歌载舞，有说有笑。谁请大家来呢？纳西歌王和文光先生的歌中说，“阿普三多请您来”。歌词中写道：

朋友喂朋友哎，请您快快来，
千里来相会哎！情意深如海。
阿瓦勒，阿瓦勒，
古老的丽江城，阿普三多请您来！

阿哩哩呀哩哩，阿卡巴拉呀哈哩，
请您来，阿普三多请您来。

朋友喂朋友哎，请您快快来，
金沙把歌唱哎！雪山笑颜开。
阿瓦勒，阿瓦勒，
热情的纳西人，手捧美酒迎您来！
阿哩哩呀哩哩，阿卡巴拉呀哈哩，
迎您来，手捧美酒迎您来。
热情的纳西人，手捧美酒迎您来。

民间传说阿普三多生肖羊，农历二月八为三多诞辰。

民间传说归民间传说，二月八节的起源，只有从远古历法的角度才能说得清楚。其实，"二月八"是距今四千多年前的夏历春节。《礼稽命征》中说："三皇三正，伏羲建寅，至禹建寅，宗伏羲。"寅为十二生肖中的虎，有句纳西语说，"尤祊拉享"，意为"正月是虎月"。说明在远古时代，纳西先民实行夏历。夏正建寅，取时于冬至后"六十度有奇"的雨水节令。即过了冬至、小寒、大寒和立春节令，共六十天后的头一天定为岁首，是为春节。按阳历计，雨水节令是固定的，如 2015 年和 2016 年，雨水节令都在 2 月 19 日。若按阴历计，则或前或后，相差较大，甚至不在二月，如 2016 年的雨水节在元月十二日，故古人找了一个大致差不多的日子，即农历二月初八。以雨水节令为岁首的二月八节，其历法是以参宿（猎户星座）的运行规律为参照而制定出来的。源于夏族，或还在夏朝时期就已分流出来的民族（即不曾在中原经历过商朝和周朝的那些少数民族）都过二月八节，如纳西族、彝族、白族、傈僳族、拉祜族等。

二月八节曾经是以上这些民族的春节，在远古时代应过得十分隆重。自然，从夏朝到今天，时间又逝去了四千多年，春节的时间也已改过多次。如到了商朝，改成了以大寒节令为岁首的春节；到了周朝，又改为以冬至为岁首的春节；再后来，又是从秦汉延至当今的春节。在这过程中人们对“二月八”的观念慢慢淡漠。如彝族和白族，以火把节为大，二月八为小（即一年分两半，大暑节令为岁末，大寒节令为岁首的商族春节为大）；拉祜族则受到南传小乘佛教的影响，称“二月八”为赕佛节；纳西族亦认为“二月八”是古代的儿童节，纳西语称“见丹节”，那天，父母给娃娃带上米面肉蛋，让他们野炊去。

当然，也还有把“二月八”过得相当隆重的人，他们不是别的民族，还是纳西族，他们就是香格里拉三坝乡的纳西族。对他们来说，如今的春节不大，二月八节也不小，从中可以体察到“二月八”原来是远古时代隆重的春节。下面是当地学者杨正文在他的专著《东巴圣地——白水台》中对纳西族过二月八节盛况的描述。

为迎接这个节日的到来，纳西人家已在几个月前就开始做各种准备了。

妇女们为二月八的盛装而赶制麻布衣服，精心编织腰带、靴带等。二月八这天，正是妇女们一展风采的好日子。

许多人家的婚礼特意选在二月八前举行，好在二月八节期间走亲认亲，亲戚们也好在二月八节中宴请新婚夫妇。

东巴经师们也在忙着准备，二月八前一天是大规模祭天的日子，需要组织村民举行十分隆重的祭天仪式。

到了二月七那天，村村寨寨，家家户户，人人个个都在忙着准备二月八那天吃的用的东西。

二月八到，第一个仪式是向白水女神乞求赐福，第二个仪式是烧天香。烧天香后进行丰盛的野炊活动。饭后是娱乐活动，跳阿卡巴拉舞、葫芦笙舞等。当晚，还要燃熊熊篝火。

人们把三多神和二月八节结合在一起，正是受到了汉文化中诞辰文化的启示。如在汉族传说中，一月十六日为盘古氏的圣诞，二月初二为黄帝圣诞，二月十三日为祝融圣诞，四月二十六日为神农大帝圣诞，九月十五日为女娲娘娘圣诞。

以上的古人有诞辰，那很自然，他们不是神，而是中华民族的祖先，他们皆父母所生，有具体的出生日期。但是，神怎么会如人一样有出生的年月呢？其实，正因为是神，造神者才如此挖空心思，用各种细节填敷神身，使之栩栩如生，好让民众信而有征，顶礼膜拜。于是，才说三多生肖为羊，诞生在农历二月初八那天。

我们应探讨三多神和二月八节何以能结合得起来，这是一个很有民族研究价值的问题。

三多神和“二月八”结合在一起，完全是民族融合的产物。我们已做过多次介绍，纳西族由源于夏的牟—和两氏和源于商的禺—宿两氏，通过部落战争“董埃术埃”，在血与火中融合而成。白色崇拜是商文化，以雨水为岁首的参宿历是夏历，这两种文化原本是相互敌对的两个部族的文化，假若没有民族融合，又哪来的文化融合呢？这两种文化融合在一起了，正是民族融合的结果，是民族融合促进了文化的包容与融合。

全面考察三多文化现象是很有趣的，不仅有商族的白石崇拜，夏族的参历文化，三多简直是我国众多民族文化的一个集合体。

在三多身上有“居于陇坻之南，巴蜀之北”的白马氐人的氐教神话中的白马氐神形象。白马氐神也是白石所化的一个白神，穿白袍，骑白马。有甘青地区古羌神羊文化，说三多生肖羊，因为是吉祥而福祚，此乃古羌神羊文化，对一种称为大头羊、原羊的西北地区野山羊的崇拜。

三多武艺高强，笃实敦厚，主持公道，怜爱弱小，专护商族，显然是纳西族所吸收的汉族的关公文化在三多上的体现。

在藏族神族中，也有三多神的传说。言三多原是莲花生祖师下护法神三兄弟中的三弟，藏名色定那古。祖师建桑鸢寺，他和他的两兄弟却领众魔拆之。祖师劝其改恶从善，不听。祖师怒，用法治之。神竟逃去。祖师随后追来，至丽江雪山。祖师欲以法治，神即忏悔。祖师谓尔有做此地土主之分，务须护国卫民，致嘱而归。

世界上的神仙分为两类，西方的神仙谈恋爱，娶妻生子，建立家庭。东方的神仙为太乙散仙，虽住洞天福地，却只与寿鹿灵禽为友，不曾娶妻生子。三多却是例外，竟娶了两个妻子。大老婆为藏族，二老婆为白族。这样，藏族、纳西族、白族，不仅是相邻的兄弟民族，还是婚姻亲家呢。

可以说，在创造三多神的过程中，众多民族都出了力。自然，造神的主角还是纳西先民。纳西先民自春秋中期从山西平陆矛津渡开始往西北迁徙以来，风云际会，与各民族交往，进行文化交流。纳西人一路走来，一路采撷，采来各族精彩文化，成功塑造了三多大神。

1986年8月29日，丽江纳西族自治县第八届人民代表大会常务委员会第十二次会议审议通过，决定每年农历二月八为纳西族的民族传统节日——三多节。每年的三多节都要开展丰富多彩的文化体育活动。民众多自发地到北沙北岳庙祭祀本民族的土主三多神。时值三多庙附近的玉峰寺内“万朵山茶花”树盛开，北沙地区热闹异常。与此同时，北京、昆明等地，凡有纳西族同胞旅居的地方都会自发地举行庆祝活动。

三多神和三多节的命题，不仅是文化的，而且是民族的和政治的，设置三多节有其积极的历史意义和现实意义。纳西族是我国56个民族之一，人口偏少，今天全国的纳西族相加也只有33万之多，但民族不分大小，56个民族都是完全平等的兄弟民族。每个民族都有属于自己的语言文字和传统文化，有设置一个特定的日子向世人集中展现自己特色文化的要求，于是一些民族传统节日被发扬光大，如蒙古族的那达慕节、傣族的泼水节、彝族的火把节等，当然也包括纳西族的二月八节。

这一天，正是纳西族向世人展现本民族风采的日子，从有形的民族服饰、民族传统饮食、民族歌舞，到无形的民族语言，乃至民族精神风貌。这一天是全国的纳西族欢歌笑语的一天，令人瞩目的一天。

平时分散在各地的纳西族同胞们，各处一处，工作繁忙，难以相聚。三多节这天，正是相互见面的好日子，大家聚在一起讲自己的母语——纳西语，不仅用来传递信息，交流思想，亦用来交流感情。不言而喻，这增进了民族内聚，加强了民族团结。

从迪庆地区的三多节说开去

杨增适

丽江玉龙雪山下的北岳庙，始建于唐代宗大历十四年（779）。史传南诏王异牟寻迁都太和城并晋封辖境内“五岳四渎”，其中玉龙雪山被封为“北岳”。因北岳庙中供奉三多神，故当地群众又称北岳庙“三多阁”，即“三多神之家”。

说到三多神，哪个纳西儿女不是深受其恩，由衷崇拜，这位传说中似玉龙雪山伟岸超群、横空出世的勇士，随时解人之危急。千百年来，三多一直被古么些后裔尊奉为本土大神，成为纳西族凝聚力量的标识。而三多以本民族及藏族、白族女子为妻室的故事，则印证了古代民族共同构筑团结和谐、互荣相生的良好愿望。

纳西族与藏族、白族的友好交往，源远流长。在纳西族开天辟地的神话传说《创世纪》中，就有藏族、白族、纳西族是一母所生的三兄弟之说。就宗教信仰而言，这三个民族的宗教观念，你中有我，我中有你。故藏族、白族也信奉三多。藏族称丽江“三赕”，称玉龙雪山“三赕神”。因此，我们可以这样认为：三多不仅是纳西族全民信仰的地方神，同时也是藏族、白族尊奉的保护神。下面简要介绍三多神在迪庆藏区的影响及传播情况。若有谬误之处，请方家赐正。

先从中甸、维西说起。

中甸，纳西语“主地”变音，意为“酋长驻地”。明代，丽江木氏土司占领中甸，并派土酋管理，故称“主地”。汉字初写“忠甸”，后写为“中甸”，其汉语音义，几近纳西语。历年人口普查数据显示，该地纳西人口数仅次于藏族、汉族，位居第三。

维西，纳西语称这一带地域为“你那”，可作两种解释：其一“黑鱼”，永春河中多产黑鱼；其二，澜沧江流经县境，古称“黑水”，用作地名。但无论哪种解释，“你那”为纳西族地名称谓并无疑义。在全县人口中，纳西族人口仅次于傈僳族、汉族，位居第三。

在中甸、维西县城，纳西居民至今仍保持原有的语言、服饰和风俗习惯，居住乡村的纳西族，自成村落，尽管有的已被汉族、藏族同化，但仍保留祭天场，沿袭祭祀三多的习俗。在当地三多节又称二月八节。史载：“仲春朔八，土人以俗祀为祭，贽币承牲，不禁百里而来，进酒献茶，不约千人而聚。”这段文字描写了中甸白水台二月八节日的盛况。在维西，纳西族聚居地二月八节连过三天，家家户户拜祭三多神，还到村后山野欢聚，饭前吹响牛角号，抛撒食物，招引乌鸦来吃。故当地又称“老鸹祀”。(《维西县志》，第 168 页）境内那玛人（白族支系）也过二月八节。并在“二月八”前后，有到兰坪县中排乡木瓜邑庙或河西共兴村大佛庙烧香拜佛、赶庙会的风俗，这无疑是三多节的演化。

下面说说德钦的三多节。在讲述正题之前，先简单介绍纳西族迁居德钦的一段历史，并以巴美村为例，见证纳西族自古以来形成的自强不息、向上进取以及亲和开放的民族精神。

德钦位于云南省最西北端，与西藏山水相连，居住民族以藏族为主，纳西族也不少，人口数位居第四。德钦境内的纳西族，多系明清时木氏土司移民和战争遗民，居住城镇经商或从事手工业者为后来迁入。

德钦纳西语地名“阿墩子”，包含一个与木天王有关的历史故事。据 1919 年出版的《云南阿墩行政区地志资料》记载：明代丽江木氏土司征伐吐蕃，得铜佛一尊，重不过百余斤，归来至德钦寺原址土墩旁歇息。翌晨欲行时佛像重达往日数倍不能起运，遂就地建寺供奉，陆续商集成市，此地就以“土墩台”命名。传说归传说，但传说却折射出历史的影子，按时间推算，德钦建镇至少已有三四百年的历史。

且说当年木天王的军队进军吐蕃，沿德钦一路修筑土堡，以供防守，土堡至今犹存。纳西族移民环堡而居，随着人口增加，自成村落。村民们说他们的祖先是“扭杰布斯那饶登”。“扭杰布”即藏语“丽江王”，泛指历代木土司。“斯那饶登”则是木氏第 19 代土知府木增的藏名。木增生于明万历十五年（1587），11 岁即袭父职，在位 26 年间颇有建树，文治武功为后人所称颂，纳西人引以为荣，故有是说。

德钦县佛山乡巴美村，深藏在澜沧江峡谷，居民全是纳西族。由于环境闭塞，少与外界交往，他们至今仍自称是扭杰布后代。这里的男人长得高大魁梧，颇具古代武士遗风；女性个个生就“胖金妹”妩媚温柔气质，待人接物彬彬有礼。巴美人穿藏装，取藏名，却乡音不改，无论老人孩童都操一口地道的纳西语。每年三多节，他们在烧香台聚会三天，祭祀祖先，纵情歌舞，古老的纳西文化在这里薪火相传，不绝于代。

在巴美，纳西族与邻近的藏族友好往来，亲如一家，还互通婚姻。历史上的民族纷争，势力消长，早已被岁月的长河冲刷殆尽，唯余民族亲和互爱的佳话世代传扬。在巴美每年如期举办的三多节狂欢人流组成的花海里，盛装的藏族青年男女如一朵朵鲜艳的格桑花点缀其间。情暖暖，意融融，组成一幅民族和谐歌舞升平的风情画卷。

这样动人的骨肉亲情故事今天仍在发生，永远讲不完。话题又回到德钦纳西族乡亲们欢度三多节的实况。明清时代，德钦三多节史无记载。民国九年（1920），纳西族藏客周尚德在阿墩城经商时出任阿墩子鹤丽商会会长，建鹤丽会馆。馆内塑有一尊三多神像，当地称三多庙。此后每年阴历二月八日馆内张灯结彩庆祝三多节。节日成为当地各族人民进行文化传播、商品交流的盛会，三天会期还有滇剧表演，附近藏民专程来赶集，出售农牧产品，采购生产生活用品，街市上人流如潮，摩肩接踵。三多节发展成为一年一度的物资交流会，一直流传至今。三多节对当地的通商及经济文化交流起了很好的作用。其实，远在四川、西藏凡有纳西人居住的地方，就能听到阿普三多的传说，就有过三多节的习俗。

更值得一提的是，巴美人与丽江纳西人同根同祖，亲情友情历经百年不断。在中华民族共同繁荣的社会主义新时代，这种传统得到发扬光大。党的十一届三中全会以后，巴美人走出大山，开始到丽江寻亲访友。对于远居藏区的巴美乡亲们，丽江市古城区的领导和广大民众一直寄予深切的关怀之情。2004 年，古城区拨出专款，对巴美的教育等基础设施予以扶持，邀请巴美村干部到丽江参观考察，还安排了一批巴美青年到古城就业。是伟大的中国共产党为居住异乡的巴美人搭起了归乡桥，圆了他们的回乡梦。

以拉萨为例。早在唐宋时期，云南、西藏之间就有一条汉族、纳西族和藏族商贸往来的人马驿道，直达拉萨，藏语称“加朗”。这条路在20世纪80年代被学者定名为“茶马古道”。因为沿这条道路交易的货物以茶叶、马匹为主。历经千百年，茶马古道久盛不衰。1941年，太平洋战争爆发后，滇缅公路被截断，沿海港口被封锁，茶马古道成为中国与外国物资往来的唯一通道。丽江是这条通道的重要中转站，一时万商云集，商号林立，马帮首尾衔接，蹄声铃声昼夜不断。这一时期，纳西族进藏经商的才能得到充分发挥。纳西藏客在拉萨等地开设商号，还自营马帮周转货物。其中两益商行、“仁和昌”“世顺和”“达记”等纳西商号，与中甸“铸记”、鹤庆“恒盛公”等，组成著名的云南商帮，在西藏商界颇具影响。

拉萨八廊街有一条名叫“八那斜”的街道，如今称吉日街，早在清末就有纳西族商人在这里筹建了云南会馆，其建筑格局为纳西四合院。因在拉萨经商和从事皮革、缝纫等手工劳动的云南人中，丽江人较多，会馆供奉丽江同乡会出资雕塑的北岳三多神像，藏语称“云南拉科（神庙）”。据说，这尊神像是民国二十二年（1933）由一位姓姚的汉族工匠塑造的。三多神身披白衣白甲，骑白色骏马，手执白色长矛，与丽江北岳庙供奉的三多神形象一致，神像顶部横匾题“雪石北岳安邦景帝”，两旁廊柱上有“向白袍而助阵，秉火剑以斩妖”的楹联。每逢农历二月八日，所有丽江人及云南同乡们都聚在这里过三多节。中甸人马义材时任云南商会会长，他虽是藏族，但对纳西人过三多节特别热心，亲自主持，筹措操办。节日期间还有滇剧表演，场上丝竹悠扬，锣鼓铿锵，非常热闹。

从以上事例得出结论，一个民族的文化和这个文化长期熏陶而形成的民族心理和民族情感，包括宗教信仰，是一代代递相传承下来的，也是不容易改变的，三多节传袭至今，即为例证。但是，还应该看到时代在不断前进，因此，传统的民族文化节日三多节自然也会融合进一些新的时代精神，以激励后代儿女团结奋进，创造崭新的生活、崭新的文化。

三多：永远的民族之魂

——农历二月八三多节四题

王德炯　和卫芳

一、多面三多神

三多是什么？三多是人，更是神。三多是什么？三多是从古至今受到纳西族景仰、崇拜、信奉的一个人、一尊神。他在民间被尊称为“阿普三多”，他是纳西族的本主神灵和最高保护神。说他是人，因为他上面还有纳西木氏王爷，他只是为木氏王爷助战的一位将军。每年在北岳三多神庙祭三多，木氏亲族是唯一可从正门出入的群体，且在三多神面前只拜不跪，说明木氏亲族和民间一样信奉崇拜敬畏三多神，但不与民间一样又跪又拜，仍然保留了木氏亲族曾经在丽江至高无上的威严。说他是人，传说中他从丽江西边迁来时，曾托梦给纳西族首领麦宗说：“麦宗，我是三多，从北方来为你作战，你是正直的南方人，有使你的王国幸福的愿望，切勿三心二意。”说他是人，是因为他有人的生活、人的家庭：三多神像左边供奉的是他的藏族大妻子，右边供奉的是他的白族二妻子，这一结合也与纳西族传说中的藏族、白族、纳西族原属三兄弟的亲密关系相吻合。还有，北岳庙又称之三多阁，是后人视为“三多之家”的地方。三多的塑像上方，除高悬“雪石北岳安邦景帝”及“雪亮”两块匾外，大殿侧面还塑有随从两名，左边一位叫“可什”将军，右边一位叫“阿波高丁”，是三多的家仆。一个有家有室的三多，一个有家眷、家将、家仆的三多，活脱脱、鲜灵灵呈现于世人面前，说明已为纳西名将的三多也是人，是一个有着平常人的七情六欲、能够嬉笑怒骂的人，一个可以走下神坛与平常人同甘共苦、有血有肉的真正意义上的人。

说三多是人，更是神，说法就更多。他完全按民心民意之所需，转化为民族守护神、胜利神、和平神、增殖神、玉龙山神、保境安民神，集萃民心之祈愿，而立为多元职能多面三多神。纳西族著名学者周善甫所题北岳庙联曰：“恩普是善牧耕、善歌唱、善战斗的神祇，曾为斯土洒热血；纳西乃多英雄、多才俊、多能手之民族，愿以自强荐心香。”传说中的三多神，是骑白马、穿白甲、戴白盔、执白矛的战神，常常显圣，保护着纳西人的安全。唐代建祠祭祀，深受纳西人的信奉。

关于三多是神的传说，一说为有一猎人（乾隆《丽江府志略》说是木氏土司先祖麦宗），在玉龙山麓的林地上打猎，突然发现一只白獐钻进一块石头后就失踪了。猎人对此心生疑窦，于是打算将石头背下山。然而石头越来越重，至今北岳庙处，猎人索性放下石头歇息。过了一会儿，他发觉这块石头已立在那里岿然不动。猎人遂认为这是玉龙雪山在显灵。纳西人都认为这块石头是神变的，便在石头落地处建庙供奉，并塑起一个威武的神像，尊称其“阿普三多”。每年农历二月八日，民众到此献牺牲羊及供品，烧香祭祀心中大神。传说此后在兵祸匪乱、天灾人祸时，或纳西人出征打仗、抵御来犯之敌，在敌强我弱之时，人们总能见到一位穿白袍、戴白盔、持白矛、骑白马的三多神，助民安邦定国、扶危平乱。传说三多属羊，因而人们每年农历二月八和八月第一个羊日都会祭祀他。二说为《崩石细哩》记载的在那场纳西部落和“崩”部落的战争中，纳西部落之所以取得胜利，是得益于三多的一个锦囊妙计。三说为三多托梦给纳西族首领麦宗，说他以后会为之倾心效力而不图回报，说完便化成白麝消失了。麦宗外出打猎时，也常见一只白麝在玉龙山时隐时现，却捕捉不到。一天，他的猎犬围着一块大石头叫个不停，人们将石头抬起，石轻如纸，下到半山，便抬不动了。人们拿米饭供献，祷告要它变轻，结果它变得轻如纸，然而到山下建北岳庙之地，又重得抬不动了。

忽必烈南征大理，纳西人出迎相助，取得胜利后人们都认为是三多战神在暗中施以良策使然，忽必烈遂敕封三多为“大圣雪石定国安邦景帝”。明万历年间，木氏土司还大兴土木，重拓三多神庙殿宇，铸大鼎、大钟，详记三多种种圣迹。自此，三多神“鉴以万能神旨理念，倡举对人对物，抱以还欠债之情怀，达以人与人亲和，人与自然和谐，关爱生态荣华，崇拜依重增殖，索取律己利他，智者兼容佛苯巫多元文化”。为铭记三多在纳西人心目中战无不胜、无坚不摧的战神之功劳，铭记三多庇护玉龙山下幸福安康、繁荣昌盛的护佑神之功劳，每年一到农历二月初八，远近的纳西族、白族、藏族同胞等，都会云集玉龙山麓的三多庙，用全羊牺牲之礼举行隆重的“三多颂”祭拜仪式。届时人山人海、香火缭绕，其气象一派庄严肃穆。

古往今来，丽江各族儿女笃信三多神，子女以誉称“三多儿”为荣。在历史长河中，纳西儿女之所以能在玉壁金川大地上生生不息、薪火相传，之所以能以不变的民族自尊心、民族自豪感自立于中华民族之林，一个重要原因就是心中有阿普三多神，他是纳西族民族英雄、民族神灵的具象，是纳西族民族脊梁、民族灵魂的具象！

二、三多节的独特价值

三多节在纳西语中又叫“三多颂”，意即“三多祭”——说明三多节在历史上由一个祭祀三多为主的庙会演变而来，且将这一日子特意选在每年农历二月八和八月第一个羊日。有首纳西族诗曰：“年年春二月，户户祝三多”，从“年年”“户户”的字里行间足以证明三多节在纳西族民众中，有着何等久远的历史传承，有着何等广泛而深厚的民众基础。地方政府顺应民心所向、民意所愿，已于1986年8月29日经丽江县第八届人民代表大会常务委员会议通过决定，每年农历二月初八为法定的纳西族传统节日。从此，历史惯例沿袭的民间农历二月八日“三多颂”（三多阁庙会），就有了名正言顺的法定名称——农历二月八日三多节，全县统一放假三天，同庆三多节。这一做法契合纳西族保护神三多的生日，同时也成为所有纳西族同胞共同的节日。每年只要一到农历二月八日，丽江所有纳西族同胞都会身着节日的民族盛装，从四面八方涌向玉龙山麓北岳庙。他们中也有大理、剑川、鹤庆等地赶来的白族同胞，以及丽江周边藏区赶来的藏族同胞。人们在三多神面前供上飘香的美酒、上好的肉食，伴着旺盛的香火，磕头祭拜，人人虔诚，拜姿端庄。人们祈愿三多神护佑一方纳西热土子民幸福安康、五谷丰登、六畜兴旺。三多庙宇四周，大树下、溪水旁，青烟缭绕，欢聚野炊。在古刹大门前的场地上，踏歌起舞、围圈打跳，尽情与三多神享受美妙时光。三多神不同于其他神灵的地方，在于他不是高高在上、只有威严没有温情的神灵，此时的三多神，想必已走下神坛，走到芸芸众生中来，与民同乐，与民共欢。农历二月的丽江，阳光和煦，春光明媚，桃红李白，菜花金黄，因而踏青游春、赏玉峰寺内“万朵山茶花”树成了人们不二的选择。因农历二月八日又是传统的见丹节（牧童节），人们自然少不了一块“打包”过。人们会郊游野炊，举行赛马、对歌、跳舞比赛等。从 1983 年起，三多节不仅成了丽江纳西族群众最盛大的节日，也成了旅居北京、昆明、成都以及其他省内外所有纳西族同胞欢庆聚会的节日。白天任是人神乐，月下笙歌不眠夜。此时此刻，什么叫一个民族的凝心聚力、团结奋斗，什么叫一个民族的民族自尊心、自豪感，什么叫一个民族血浓于水的情感，什么叫一个民族与其他兄弟民族之间相生共荣、你中有我、我中有你的各民族大团结，不用做更多的解释，也能全景式呈现得清清楚楚、明明白白了。也就是在这一天，人们还会选择以富有纳西民族特色的乐舞、服饰、书画等形式，传承纳西族的文化，共同缅怀民族护佑神三多的丰功伟绩，展示纳西民族自立、自尊、自强的丰满形象，并从中品读到隔山隔水割不断的悠悠纳西情怀。

年复一年，三多节已成为丽江纳西族地区标志性的盛大民族传统节日，这一节日早已超越了一般庙会、民间祭祀的意义。从这一节日十分完整地保留了纳西族先民的古老仪式和习俗，包括祭祀、商贸、郊游、踏青赏花、野炊、歌舞、娱乐等，从这一节日的内涵丰富、别具特色等不同角度看，它体现了古代纳西人的民俗风情、道德观念、审美情趣、族群心理，同时也从一个侧面反映了自古以来丽江纳西族地区社会经济、生产生活、民族关系、商贸活动等情况，是纳西族优秀传统文化的集中体现。2009 年，三多节被列入云南省第二批非物质文化遗产名录，可谓实至名归。

在阐述纳西学的三大支柱中，学者白庚胜提出了“仿汉文化、东巴文化、民俗文化”的大概念。当下我们讲仿汉文化、东巴文化，早已是风生水起的事情，而讲到民俗文化，讲到最能体现纳西民俗文化的节日三多节，如何像仿汉文化、东巴文化一样“学术国际化、运作市场化、传承民间化”？如何与仿汉文化、东巴文化并驾齐驱，形成一个独具特色的纳西文化大三角？窃以为丽江还有很长的路要走。纳西文化的三大支柱，不能一根强一根弱，只有都硬起来，强起来，才谈得上纳西文化真正意义上的春天。

三多节不单纯是一个吃喝玩乐的节日，它作为节日本身是通神性、通人性、有灵气、有温度、有亲和力的，最难能可贵的是，它拥有接地气、有广泛不同民族的深厚民众基础。

三多节兼具了文化的地域性、民族性、独特性，是至今活着的珍贵民俗文化遗产，它最大化地体现了纳西民族自古就有的民族认同、国家认同，具有世界意义。三多节是有思想、有灵魂的，它传递的是纳西民族自古就有的“天人合一”“人神合一”“人与自然和谐相处”的文化生态观，三多神身上折射出的民族英雄、民族保护神之光，支撑起世代纳西儿女的精神家园，他是纳西人世代相守的信仰、心中的不灭灯塔——他是“岳山之灵者，神也”，“乃圣乃神，福我之民，障我之疆”。

三多节走出大山，走向全国，三多节载入史册，是早晚的事情，只会应了“好饭不怕晚”这句话。

三、三多阁与庙宇祠堂文化

庙宇祠堂的功能不尽相同，但它们以祭祀缅怀先祖为主的功能，却是相同的。北岳三多庙又称“玉龙祠”，说明它是一个兼具庙宇祠堂双重功能的地方。

北岳三多庙虽也有祠堂功能，但它的规格形制又不同于全国各地民众自建的家庙及家族祠堂。丽江纳西族地区在历史上也有不少民众自建的家庙及家族祠堂，但能代表整个纳西族所信奉的最大祠堂，非北岳三多庙莫属。

一座北岳三多庙，在年复一年民众自发的“三多颂”活动中，让人们能找到纳西民族的根，看到纳西民族的胎记——这里因此成为纳西族世代乡愁的陈列馆，是纳西儿女灵魂的栖息地。

一座北岳三多庙，就像一位慈母，虽历尽沧桑，却是天下纳西儿女向往的地方。在这里，有纳西族先前的“董模”（规矩）。在这里，供奉着纳西民族英雄、纳西族保护神三多，供奉着“头上三尺有神灵”“天上合一”“天地人和”的大道理。在这里，有三多神的“纳西恒佑”，而让纳西民族血脉绵延、传承发展、生生不息。

一座北岳三多庙，建在以“大圣雪石定国安邦景帝”著称的巍巍玉龙山下——一个上佳风水宝地，以“玉龙展翅欲腾飞”的十三峰作为屏障，院内有千年唐柏，院外是成片聚居的纳西古村落。

一座北岳三多庙，让人触摸到纳西先人倡导的孝友家风、耕读传家之风，以及他们发自内心的“修身齐家治国平天下”的豪情壮志；让人触摸到他们在“沙场秋点兵”的关键时刻，担当起“国家兴亡、匹夫有责”的悠悠家园情怀、报国情怀；还有触摸到他们熟悉的脚步声，他们的喜怒哀乐甚至是他们的心跳呼吸之声——所有这一切，弥漫在堪称纳西族大祠堂的北岳三多庙中，使这里充满了根的情愫、家的味道。抬眼望，一阵阵草木的清香随风传入，萦绕着、包围着、浸润着每一个人。“难愚经书，不可不读”“祖宗虽远，祭祀不可不诚”，每临农历二月八念祖先，回回教诲让人如雷贯耳、如梦如醒。在这里，品质和德行是胜过一切的。每一个人定当想到“不知来路就没有出路”的至理名言，定当想到当前及今后迫需一种传承、一种期待。从古至今，家训族训的仁义之道、爱国之道、大爱之道、和谐包容之道、共生共荣之道，一直在丽江文化历史的灿烂星空中放射出自己的华彩。

一座北岳三多庙，每当人们点燃一炷虔诚的心香，在浓烈的烟火飘散中品味一种唐柏枝叶的清香时，仿佛三多神与人们无时不同在、无处不同在，顿时，心中之佛就会立刻鲜活起来、生动起来，心之魔咒就会立刻逃遁无影、烟消云散——这种伴随心香的木香，悠长绵延、如水漫溢，缓缓流淌在人们的心田，并久久地在祠堂上空盘桓不散，挥之不去。这是一种久违的清香，如同与生俱来，如母亲绵延不尽的思念，它让人们淡泊名利、心静如水，它让人们感受到亲人乡邻的气息和平淡生活的味道。

一座北岳三多庙的香火味，常年经久不散。“祭，如在”，人们总是认为先祖就在冥冥之中保佑着族群的兴旺、子孙的繁衍。祠堂祭先祖，已然成为血脉汇聚、增进感情、文化认同的纳西族群功课，以及不忘本来开创未来的人生必修课。

一座北岳三多庙，以千年不变的恒产固守在纳西人视之为神山、圣山、情山的玉龙大雪山下，始终面对广阔无限、一马平川的丽江坝——这一纳西人精神和物质的家园，它是纳西人信仰的标杆、灵魂的尺度。《祠堂是国人灵魂的栖息地》一文中说：“人有恒产，才有恒心。祠堂，就是人最本真的恒产。无祠堂，人会逆天，目光短浅。心灵无处依存，必然造成道德虚无、道德崩溃。”

北岳三多庙，之所以堪称纳西族最大的祠堂，是因为有它在，祭如在。祭如在，根就在。祭如在，魂就在。祭如在，一切在。

四、三多节与文化旅游

民族文化关系着旅游产品的竞争力。文化是旅游发展的灵魂，旅游是文化发展的依托——丽江的节俗文化，是文化旅游中不可或缺的重要组成部分。在丽江纳西族地区，最有标志性的民族节日，非每年一度的三多节莫属。北岳三多庙，已被列入云南省重点文物保护单位，三多节也被列入云南省第二批非物质文化遗产名录，这无疑是丽江之幸、纳西族之幸。现在及今后一个时期需要认真思考及面对的问题在于，如何把三多节打造为在省内外、国内外具有一定影响力的品牌民族节日。丽江人虽然年年在欢度三多节，但迄今为止它与文化旅游的深度融合、发展创新程度又有几何？三多节虽然是最具丽江特征、纳西特色的盛大民族节、民俗节，但总体从其辐射面、影响力、质量效益的最大化等来看，依然不及彝族的火把节、罗平的油菜花节、大理白族的三月街节、墨江的双胞胎节等。当下，这些各地不尽相同的民族民俗节日，无论从其规模、质量、品位、档次上看，还是从其影响力、辐射面的深度广度来看，都已成为一个地方、一个民族有别于其他地方、其他民族的标志性文化符号、文化品牌、文化亮点。三多节亦是如此，应从地方政府到全社会的层面上下大力气搞好对每年一度三多节不同文化主题的总体策划创意、总体实施方案，将其品牌知名度、影响力在原有基础上争取有一个较大的提升。

丽江有自己与众不同的特色优势，丽江的文化旅游需要三多节这样富有特色、魅力恒久的民族节日。丽江举办过的两届国际东巴艺术节，就是一个最好的实例，其成功经验完全可以用“创新”“震撼”来概括。丽江发展到今天，完全得益于文化与旅游的深度融合、相得益彰。这早已作为“丽江模式”“丽江经验”在全国推广。我们不能坐吃老本，不能叫每年近三千万来丽江的中外游客大失所望。我们不能总比人家慢半拍，我们要以 1996 年“2·3”大地震抗震救灾、灾后重建的“丽江精神”“丽江速度”来认真研究对待这个事情。我们不能总以拥有世界“三遗产”而沾沾自喜，要进一步做好盛名之下的冷思考，要居安思危，深刻领悟“逆水行舟，不进则退，慢进也是退”的道理，进一步统一认识、解放思想、锐意进取、奋发有为。目前，丽江已被列入国家全域旅游示范区，第一批国家文化消费试点城市，乘这一东风将三多节打造为又一个丽江文化旅游新品牌、新亮点，时机条件业已完全成熟，天时地利人和兼备。

“丽江承载文化，文化成就丽江。”让我们踏着 2017 年又一个农历二月八三多节的鼓点，趁着春光大好、阳光明媚，在地方党委政府的正确领导下，去打造丽江民族文化、纳西文化的新高度！

（本文写于丁酉新春正月十三）

元朝皇帝与阿普三多

杨汝凤

一、元军南下征云南的基本情况

宋理宗淳祐十二年（1252）忽必烈奉命率师征云南，秋七月二十八日率十万大军西行。

宝祐元年（1253）秋八月，师次（甘肃）临洮，遣玉律术，王军侯，王鉴谕大理，不果行（道阻而还）。

九月二十五日，师次忒剌（四川雅安地），分三道以进。大将兀良合台率西道兵，由宴当路；诸王抄合，也只烈率东道兵，由白蛮；帝由中道。

乙巳，至满陀城，留辎重。冬十月丙午，过大渡河，又经行山谷二千余里，从四川九龙地进入木里抵驻纳西族地区，后到答蕰（永宁），驻“日月和”，蒙醋醋第39代孙和字内附。略微休整后，蒙古军从西翻牦牛山到金沙江边，从下头（拉西卡）用羊皮口袋和木筏过江（革囊渡江）到罗邦（拉伯—宝山）、罗寺（拉汝）。

十一月十四日，复遣玉律术等使大理。

十一月丁酉，师至打郭寨（大具坝），其主将出降，其侄坚壁据守，攻拔杀之，不及其民。

十一月二十三日，师次三甸（丽江坝）。先头部队于二十三日到丽江坝今古城“涡洛可—营盘罗”一带，二十五日师次白沙（三皇庙—北岳山神庙—雪山庙）。

十二月十日军薄大理城，帝既入大理曰：“城破而我使不出，计必死矣。”十三日西道兵至（大理）。

兀良合台是在九月二十六日在四川雅安地区与忽必烈分道后，可能越夹金山、大渡河，折多山经理塘南下至中甸纳西族地区，么西二部酋长唆火脱因、塔里马迎降，后从小中甸向西翻三碧海岭至金沙江边。兀良合台分兵入察罕章，所在寨栅以次攻下，独阿塔剌（蒙醋醋第39代孙和迭）所据半空和寨，依山枕江，牢不可拔。激战七天七夜，戮和迭。

同样，以勇猛善战著称的兀良合台攻打昆明城，也只用了七天，然而，据记载，这是最为激烈残酷的一战。

忽必烈攻破大理城后，因事赶回京都，留兀良合台继续南下。

二、先礼后兵，不及其民

忽必烈“仁明英睿”，广交四方学士，问以治道，他带兵南下，采取“恩威并重，招降安抚”的策略。

蒙古军南征的主要目的地——大理，忽必烈曾先后两次派使臣前往招降，对沿途地方部落先礼后兵。

例如，中路军到丽江打郭寨时，虽杀了拒绝投降的寨主之侄，但不及其民。在大理，尽管高祥杀害了三个蒙古使臣，但蒙古军并未因此屠城，“由是大理之民赖以全活”。忽必烈在委任地方首脑时，是选用当地势力最大的部落首领，如和迭固守半空和寨，激战七天七夜，“剿杀无噍类”，但仍命和迭之子阿乾为当地首领。蒙古军攻破大理城，虽杀了高祥，但命刘时中为宣抚使，与段氏同安揖大理。对迎降的各地首领“赐甚厚，宠渥优礼，并授官职，予以重任”。

三、忽必烈率中道兵在丽江休整营地

1. 永宁日月坪

日月坪位于永宁坝开基桥西南侧，原为一块草地，开基河从草地间穿过，将草地一分为二，草地南部形似太阳，北部形似弯月，故名“日月和”，土民称“拉巴特里”。旧时，进藏学习深造的喇嘛，临行前夜在其地搭帐篷过夜，与亲友饯别。新任喇嘛寺活佛，由拉萨接到永宁时，先要在日月和驻锡，然后由寺内堪布率全体喇嘛列队出迎，将活佛接到寺中举行隆重的坐床仪式。

宋理宗宝祐元年（1253）十一月，忽必烈率南征的中路军在此驻跸，作短暂休整后，从西翻牦牛山到金沙江边。

2. 古城涡洛可（营盘罗）

涡洛可，北有金虹山，西有狮子山，中有玉水河、甘泽泉，东南是一片开阔地，背风向阳，用水方便，是放马宿营的好地方。

忽必烈从拉卡西渡江到宝山，然后到大具，先头部队于十一月二十三日到丽江古城的涡洛可一带扎营，至今还有叫“营盘罗”的街道名称。

3. 白沙俄敦罗

俄敦罗，是近千亩沼泽地，在白沙新善与玉龙村之间，其内泉水纵横，水草茂盛，摇摇欲陷的草煤层深厚，迷路者很难走出来。湿地周边更是杂草丛生，至今还有叫“汝棵罗”的一片田地，虽是冬天，其地干草青草连片。

十一月二十五日，忽必烈率部在此扎营。至今草地边还有叫“绕跨硕捞当”（即“定马掌场”）的一片田地。

指挥部设在三多庙内，忽必烈总部就设在玉峰寺旧房遗址的雪山庙及邻近的僧房内。

元《一统志·通安洲山川条下》曰：“神外龙雪山，在洲北三十里，条冈百里，岀岀千峰，上播云霄，下临丽水，顶端积雪，冬夏不解，岩崖涧谷，清泉飞流。唐时南诏尝封是山为北岳，庙基尚存。癸丑年（1253），世祖圣德神功文武皇帝南征大理，师次于此。”

我国著名的建筑学家、教育家刘敦桢于1938年底到丽江考察古建筑时曾到白沙壁画—三多阁—玉峰寺并留下文墨：“十二月十一日，星期日，晴……十一时半，出村西北行（指白沙村），五公里抵雪山麓至玉龙寺，即南诏时北岳庙。正殿五间，歇山顶，清中叶重建，自此陟西峰，约一公里至玉峰寺。寺创于唐，元世祖南征时驻跸于此。”

清丽江文人桑映斗有诗《元世祖驻跸处》，诗曰：

岂料革囊胜汉槎，不劳铁锁卫金沙。
貔貅旧说屯千帐，烟火如今进万家。
山下园丁烧黑土，樽前胡拍怨清笳。
回头五百年间事，落日城边止暮鸦。

四、纳西民众的心声

十一月二十五日，忽必烈在酋长麦良的引领下进入白沙坝，受到当地纳西民众的热烈欢迎。忽必烈惊奇地发现，前来欢迎的人个个都带着香火，躬身向他祷告，表示欢迎和祝福，并随部队向三多庙而来。麦良告诉忽必烈，他们要到三多阁为百姓的平安幸福、为天兵的降临祷告求愿，因为阿普三多是纳西人的保护神，是求而无所不灵、祷而无所不验的至圣神灵，他也是纳西人的救命恩人。忽必烈到了三多庙前，见庙内烟火缭绕，民众川流不息，之后随部将进庙祭拜三多神，稍做交代后前往三皇庙（玉峰寺旧址）驻跸处。指挥部设在三多庙内。随后的十多天里，麦良不断派人送来各种军需物资。

每天都有各地的信使来呈报军情，其中提到一个问题说，每天都有成群结队的民众前来三多阁祭香，为了保密和安全考虑：是否禁止民众进庙烧香？忽必烈曰："民心所向，岂可制止，且他们是善意者，愿三多神保佑我们。"其间，忽必烈听本地头人讲了许多关于三多神的传奇故事，说三多如何保佑他的子民，战胜敌人，战胜自然灾害，战胜病魔，给民众带来平安幸福，等等。

十二月十三日，按照纳西人的习俗，忽必烈一早离开住地到三多阁祭香饯别，见成百上千的民众和军士挤满了庙前的空地迎送，面对手拿香火依依不舍挥手祷告的情景，忽必烈感慨万分，默默地进庙祭香，当麦良讲到三多两旁的是藏族和白族的两位女子，旁边的是纳西人阿波高丁时，他深有感触地对旁人说："真乃圣神矣，吾岂有一席之地？"部将答曰："会有的。"当即写下了"大圣北岳定国安邦景帝"十个大字交给麦良。

明儒士朱云在《白沙庙》一文中曰：

古木丛中庙像新，岁无虚日赛神灵；
林鸦得食常迎客，山兽驯廊不避人。

蒙氏皇封遐若迩，元朝圣号俨然真；
非惟定国安邦祚，享祀明皇万万春。

五、忽必烈对丽江纳西人的未了情结

忽必烈回京都后说“云南善地，朕所亲历，倘非天命有归，愿封于此足矣”，足见丽江、大理给他留下的美好印象。特别是丽江，他住了近半个月，是他出师一年多以来，部队驻地休整时间最长的一次，因为这里环境幽静，粮草充足，且受到民众热烈欢迎，得到地方首领的慷慨赞助。另因西道兵未到指定地点，稍有等候之意。

和锡典老先生在《别时谢礼——白沙细乐》一文中曰：“木氏款待忽必烈旬余，专以丽江特味供奉，即当时的丝糖糕和烙油饼等，招待极精。”

为了忽必烈在丽江的夙愿，朝廷在三皇庙边旨建了“纪念房——万岁院”（今茶花院）内置“皇帝万岁万岁万万岁”的牌位以纪，并修了守护禅房（今十里香院）。

忽必烈在丽江，至今民间还流传着许多动人的故事。关于麦良和忽必烈的传说，说世祖来丽江，麦良亲自到拉伯渡口迎接，慰劳远征士兵；忽必烈则带领士兵帮助开金矿，兴修了三思渠，疏凿了漾弓江。两人因此结下了深厚的友谊，离别时还留下了乐队和曲谱，取名《别时谢礼》《夜分手》《一封书》等。另外还有忽必烈与纳西姑娘情缘的故事，有关白沙细乐与忽必烈的传说，有木氏先辈与忽必烈遗孤的传说，等等。

作品、故事和传说刻画了历史上纳西族和蒙古族友好交往的动人情景，歌颂了民族团结，歌颂了纯真的友谊，歌颂了多民族国家的统一。